Gregg Braden

Der Jesaja Effekt

Gregg Braden

Der Jesaja Effekt

Das verborgene Wissen von Prophezeiungen
und Gebeten alter Kulturen neu entschlüsselt

Titel der Originalausgabe:
»The Isaiah Effekt:
Decoding the Lost Science of Prayer and Prophecy«
Copyright © 2000 by Gregg Braden
Original English Language Publication by Harmony Books,
a division of Random House Inc. New York
Dieses Werk wurde vermittelt durch die Literarische Agentur
Thomas Schlück GmbH, 30827 Garbsen

Aus dem Englischen von Silvia Autenrieth
Lektorat: Nayoma de Haën, Birgit-Inga Weber
1. Auflage September 2009

Deutsche Ausgabe: © KOHA-Verlag GmbH Burgrain
Alle Rechte vorbehalten
Gesamtherstellung: Karin Schnellbach
Druck: CPI Moravia Books
ISBN 978-3-86728-107-2

Inhalt

Anfänge 9

Einleitung 14

1. LEBEN WIR IN DEN LETZTEN TAGEN DER PROPHEZEIUNGEN?
Hinweise der Geschichte auf die heutige Zeit 23

2. VERLORENE WORTE EINES VERGESSENEN VOLKES
Jenseits von Wissenschaft, Religion und Wundern 51

3. DIE PROPHEZEIUNGEN
Stille Visionen einer vergessenen Zukunft 77

4. WELLEN, FLÜSSE UND STRASSEN
Die Physik der Zeit und der Prophezeiungen 115

5. DER JESAJA-EFFEKT
Das Mysterium des Berges 147

6. BEGEGNUNG MIT DEM ABT
Die Essener in Tibet 159

7. DIE SPRACHE GOTTES
Die in Vergessenheit geratene Wissenschaft des Gebets und der Prophetie 183

8. DIE WISSENSCHAFT VOM MENSCHEN
Geheimnisse des Gebets und der Heilung 219

9. HERZEN HEILEN NATIONEN
Ein neues Manuskript für unsere Zukunft
in den prophezeiten Tagen   265

Ausklänge   303

Anmerkungen   306

Die Quantenphysik verweist auf die Existenz vieler möglicher Zukünfte für jeden Augenblick unseres Lebens.

Jede Zukunft schlummert so lange, bis sie durch Entscheidungen in der Gegenwart zum Leben erweckt wird.

Um eben solche Möglichkeiten geht es in einer zweieinhalb Jahrtausende alten Schriftrolle, verfasst vom Propheten Jesaja, in einer Sprache, die wir gerade erst zu verstehen beginnen. Neben seinen Visionen zu unserer Zeit beschrieb Jesaja eine ungewöhnliche Wissenschaft, die uns lehrt, wie wir durch eigene Wahl unsere Zukunft gestalten.

Jedes Mal, wenn wir eine solche Wahl treffen, erleben wir den Jesaja-Effekt. Uralte Überlieferungen erinnern uns daran, dass wir vor allem aus einem Grund auf diese Welt gekommen sind: Wir sind hier, um zu lieben, um eine Liebe zu finden, welche noch größer ist als alle Liebe, die den Engeln des Himmels bekannt ist.

Dieses Buch ist unserer Suche nach Liebe gewidmet und der Erinnerung an unsere Fähigkeit, den Himmel auf die Erde zu bringen.

ANFÄNGE

Ich spitzte die Ohren, um genau mitzubekommen, was die Stimme im Radio sagte. Die Leuchtknöpfe auf dem Armaturenbrett meines gemieteten Kleintransporters wirkten noch fremd und deplatziert. Ungeschickt tastete meine Hand nach dem Lautstärkeregler. Es galt, den erbarmungslosen Wind zu übertönen, der von der Seite gegen die Karosserie drückte. Ein winterlicher Sturm bahnte sich an, schon bei Sonnenuntergang hatte er sich angedeutet. Soweit ich auf der abendlichen Landstraße blicken konnte, war da nichts als der Widerschein ferner Lichter, den die tief hängenden Wolken reflektierten. Beim Blick in den Rückspiegel konnte ich das Asphaltband verfolgen, auf dem wir gerade entlanggefahren waren. Irgendwo verlor sich seine Spur in der Schwärze, die uns überall umgab. Nicht einmal ein Aufleuchten näher kommender Scheinwerfer hinter uns am Horizont. Wir waren allein, absolut allein auf dieser Fernstraße durch den Norden Colorados. Gleichzeitig fragte ich mich, wie viele Leute außer mir jetzt wohl ebenfalls im Auto oder zu Hause hörten, was der Radiosprecher sagte.
Der Moderator interviewte einen Gast und fragte ihn gerade, wie er das bevorstehende Ende unseres Jahrtausends und die Geburt des einundzwanzigsten Jahrhunderts sehe. Der Gast, ein bekannter Schriftsteller und Pädagoge, sollte sich dazu äußern, was die Menschheit seiner Meinung nach in den bevorstehenden zwei, drei Jahren zu erwarten habe. Das Radiogerät knisterte, während der Befragte eine beunruhigende Zukunft auszumalen begann. Dabei sprachen Sicherheit und Autorität aus seinen Worten: Ein weltweiter Zusammenbruch der Technik am Ende des Jahrhunderts

sei unausweichlich, besonders im Hinblick auf alles, was auf Computern basiere. Im schlimmsten Fall, so sein Szenario, werde uns eine Zukunft erwarten, in der die grundlegenden Bestandteile der uns bekannten Lebensweise über Monate oder gar Jahre hinweg schwer oder gar nicht mehr verfügbar seien. Er nannte eine Verknappung von Strom, Wasser, Erdgas, Nahrungsmitteln sowie einen Ausfall der Kommunikationswege als erste Anzeichen für einen Zusammenbruch nationaler und regionaler Regierungen. Es folgten Spekulationen über eine nicht allzu ferne Zukunft, in der vorübergehend die rechtsstaatlichen Gesetze außer Kraft gesetzt würden und man stattdessen Kriegsrecht verhängen müsse, um die öffentliche Ordnung aufrechtzuerhalten.

Doch damit nicht genug, so der Gast. Zu all diesen Angst einflößenden Umständen käme noch die zunehmende Bedrohung durch sich unkontrollierbar ausbreitende Krankheiten sowie das Zerstörungspotenzial eines mit Massenvernichtungswaffen geführten dritten Weltkriegs. All das zusammen genommen werde die Weltbevölkerung um nahezu zwei Drittel dezimieren, um rund 4 Milliarden Menschen also, und das innerhalb von drei Jahren.

Natürlich hörte ich solche Schreckensprognosen nicht zum ersten Mal – angefangen bei den Visionen biblischer Propheten bis zu den Prophezeiungen von Nostradamus und Edgar Cayce im sechzehnten beziehungsweise zwanzigsten Jahrhundert. Ansteigende Meeresspiegel, ausgedehnte Binnenmeere und Erdbebenkatastrophen hatten immer wieder die Vorhersagen für das Ende des zweiten Jahrtausends durchzogen. Doch an diesem Abend war irgendetwas anders. Vielleicht lag es daran, dass wir allein mit unserem Auto auf dem Highway waren. Möglicherweise rührte es auch daher, dass ich wusste: So viele andere lauschten in diesem Moment der gleichen Sendung; auch in ihr Zuhause, ihr Büro oder ihr Fahrzeug wurde die Respekt einflößende Stimme dieses unsichtbaren Gastes übertragen.

Ich durchlief eine ganze Palette von Empfindungen – von überwältigender Hoffnungslosigkeit und Tränen tiefer Traurigkeit bis zu Ärger und aufsteigender Wut. »Nein!«, platzte es laut aus mir heraus. »So muss es nicht sein! Noch ist unsere Zukunft ja nicht eingetreten. Sie ist noch im Entstehen begriffen, und wir entscheiden, wie sie ausgeht.«

An dieser Stelle erreichte die Straße einen Gebirgskamm und führte abwärts in ein Tal, sodass der Empfang zunehmend schlechter wurde. Im letzten Teil des Interviews, den ich hören konnte, riet der Gast den Zuhörern, in den Bergen Zuflucht zu suchen und darauf gefasst zu sein, dass sich die Sache lange hinziehen würde. Für all jene, die diesen »Tipp« aufgrund von Armut nicht umsetzen konnten und die am Rande der Gesellschaft lebten, oder für jene, welche die Zeichen der Zeit nicht wahrnahmen, fiel der Kommentar des Gastes sehr kurz aus: »Gott stehe ihnen bei.« Hier gingen die Radiostimmen endgültig in lauten Störgeräuschen unter und verloren sich schließlich ganz, doch ihr Eindruck wirkte nach.

Ich erzähle diese Geschichte, da die Sichtweise, die damals in den nächtlichen Äther geschickt wurde, nicht mehr war als eine mögliche Sichtweise unserer Zukunft, eine von vielen – keine Gewissheit. Ja, die Propheten in alter Zeit schilderten Szenen, die von Tragödien und Verzweiflung geprägt waren, doch sahen sie auch gleichermaßen realisierbare Zukünfte vorher, aus denen Frieden, Kooperation und große Heilung für die Völker auf der Erde sprach. In wenigen, mehr als zwei Jahrtausende alten Manuskripten hinterließen sie uns die Geheimnisse einer später in Vergessenheit geratenen Wissenschaft, die es uns ermöglicht, sowohl vorhergesagte Katastrophen als auch die großen Herausforderungen des Lebens in Schönheit und Würde zu transzendieren.

Auf den ersten Blick wirkt diese Wissenschaft, deren Prinzipien verschlüsselt in den ungewöhnlichen Dokumenten enthalten sind, eher wie frei erfunden oder zumindest wie aus einem Science-Fiction-Film. Betrachten wir diese Prinzipien jedoch mit den Augen von Physikern des zwanzigsten Jahrhunderts, so zeigen sie unsere Rolle bei der Steuerung des Verlaufs unserer Geschichte in einem neuen Licht: Völlig neue Möglichkeiten tauchen auf. Die zerfledderten Textfragmente schildern eine in Vergessenheit geratene Wissenschaft, mit der man imstande ist, allen Kriegen, aller Krankheit und allem Leiden dauerhaft ein Ende zu setzen, um eine nie zuvor erlebte Ära des Friedens und Zusammenwirkens von Regierungen und Nationen einzuläuten, verheerende Klimamuster zu entschärfen, bleibende körperliche Heilung zu erzielen und uralte Prophezeiungen von Zerstörung und katastrophaler Vernichtung neu zu definieren.

Neuere Entwicklungen in der Quantenphysik stützen exakt solche Prinzipien und verleihen auch Massengebeten und der alten Kunst der Prophetie neue Glaubwürdigkeit. Die ersten Hinweise auf diese Weisheit von der uns innewohnenden Macht fand ich in Übersetzungen aramäischer Texte, die mehr als fünfhundert Jahre vor Christi Geburt verfasst wurden. In den gleichen Texten wurde vermerkt, dass Aufzeichnungen heiliger Überlieferungen während des ersten Jahrhunderts nach Christus aus der Heimat ihrer Verfasser im Nahen Osten fortgeschafft und zur sicheren Verwahrung in die Berge Asiens gebracht wurden.

Im Frühjahr 1998 hatte ich Gelegenheit, für eine zweiundzwanzigköpfige Gruppe eine Pilgerreise ins Hochland von Zentraltibet zu organisieren. Wir wollten die Überlieferungen, von denen in diesen zweitausend Jahre alten Texten die Rede ist, mit eigenen Augen sehen. Die Erfahrungen dieser Reise und die Ergebnisse groß angelegter Forschungsprojekte in Städten der westlichen Welt verleihen diesen uralten Traditionen neue Glaubwürdigkeit. Sie erinnern uns an unsere Fähigkeit, das Leiden unzähliger Menschen zu beenden, einen dritten Weltkrieg abzuwenden und alle heute lebenden Kinder, Frauen, Männer sowie zukünftige Generationen ernähren zu können.

Erst nachdem ich zu den Klöstern hinaufklettern, die Bibliotheken ausfindig machen und die uralten Praktiken in der heutigen Zeit beobachten konnte, kann ich mich mit Überzeugung zu den Feinheiten derartiger Überlieferungen äußern. Da die Wissenschaft unserer Tage unablässig bestätigt, dass eine Beziehung zwischen den äußeren und inneren Welten besteht, wird es zunehmend wahrscheinlicher, dass es da eine vergessene Brücke gibt – eine Brücke, welche die Welt unserer Gebete mit der Welt unserer Erfahrung verbindet. Vielleicht stellt diese Verbindung das Beste von allem dar, was Wissenschaft, Religion und Mystik zu bieten haben, und lässt sich auf Ebenen übertragen, die nie zuvor möglich schienen. Die Schönheit einer solchen innerlichen Technologie liegt darin, dass sie auf menschlichen Qualitäten aufbaut, die wir bereits besitzen. Im behaglichen Rahmen unserer eigenen vier Wände, ohne äußerliche Zeichen von Wissenschaft oder Philosophie, sind wir schlicht eingeladen, uns zu erinnern. So stärken wir unsere Familien, unsere Nachbarschaft und alle, die uns am Herzen liegen, mit einer lebensspendenden Botschaft der Hoffnung, von der der Schleier der Zeit uns bislang trennte. Propheten, die uns in ihren Träumen sahen, erinnern uns daran, dass wir in der Ehrung allen Lebens nichts Geringeres sichern als das Überleben unserer Spezies und die Zukunft des einzigen Zuhauses, das wir kennen.

Gregg Braden, Nord-Neumexiko, Januar 1999

Einleitung

Gibt es vielleicht eine vergessene Wissenschaft, die es möglich macht, dass wir den Krieg, die Zerstörung und das Leid transzendieren, das seit Langem für unsere Epoche vorhergesagt wurde? Kann es sein, dass irgendwo im Nebel uralter Erinnerungen ein Ereignis eintrat, das eine klaffende Lücke in unserem Verständnis von unserer Beziehung zur Welt und zu anderen Menschen hinterlassen hat? Wenn ja, könnte dann das Schließen dieser Lücke die größten Tragödien abwenden, vor denen die Menschheit je gestanden hat? Zweieinhalbtausend Jahre alte Texte lassen genauso wie die moderne Wissenschaft darauf schließen, dass die Antwort auf diese und ähnliche Fragen ein klares »Ja!« sein muss. Ferner erinnern uns unsere Vorfahren an zwei ermächtigende Techniken, die eine unmittelbare Bedeutung für unser heutiges Leben haben: Die erste ist die Wissenschaft der Prophetie; sie erlaubt uns, die zukünftigen Auswirkungen der Entscheidungen zu sehen, die wir heute treffen. Die zweite ist die komplexe Technik einer in Vergessenheit geratenen Form des Betens, durch die wir selbst wählen können, welche der prophezeiten Zukünfte wir erleben werden. Die Geheimnisse dieser verlorenen Wissenschaft scheinen in vergangenen Gesellschaften und Traditionen offen dargelegt worden zu sein. Die letzten Spuren ihrer Weisheit gingen dem Abendland im vierten Jahrhundert nach Christus mit dem Verschwinden einzigartiger Texte verloren. Im Jahr 325 wurden der Öffentlichkeit zentrale Elemente dieses bereits damals uralten Erbes entzogen und den esoterischen Traditionen der Mysterienschulen, elitären Priesterschaften und heiligen Orden überlassen. Moderne wissenschaftliche Betrachtungen und neuere Übersetzungen von Texten aus Qumran und den gnostischen Bibliotheken Ägyptens haben neues Licht ins Dunkel gebracht und Türen zu Möglichkeiten aufgetan, die wir aus alten Volkserzählungen und Märchen kennen. Erst jetzt, fast zwei Jahrtausende nach der Entstehung dieser Schriften, können wir die dort beschriebene Kraft bestätigen als unsere reale Fähigkeit, das Leiden zu beenden und unserer Welt dauerhaften Frieden zu bringen. In uralter Zeit und in den Worten ihrer Epoche haben uns die Verfasser ihre bestärkende Botschaft der Hoffnung hinterlassen. Die Visionen des Propheten Jesaja zum Beispiel wurden mehr als fünfhundert Jahre vor Christus niedergeschrieben. Es gelang, das einzige intakte Manuskript auseinanderzurollen, das man 1946 unter den Schriftrollen am Toten Meer entdeckte: die Jesaja-Schriftrolle. Es ist heute, auf einen vertikalen Zylinder montiert, im »Schrein des Buches« im Jerusalemer Israel-Museum ausgestellt. Für dieses unersetzliche Schriftstück existiert eigens ein Mechanismus, um es im Fall eines atomaren Angriffs in einem Stahltresor verschwinden zu lassen, damit es für künftige Generationen bewahrt bleibt. Aufgrund ihres Alters, ihrer Vollständigkeit sowie der Tatsache, dass es sich bei ihr um schriftliches Material handelt, bietet die Jesaja-Schriftrolle Forschern eine einmalige Gelegenheit, sie als stellvertretend für viele Prophezeiungen zu untersuchen, die sich auf unsere Zeit in der Geschichte beziehen. Hier findet man weit mehr als konkrete Angaben zu ganz bestimmten Ereignissen. Vielmehr offenbart der Blick auf die Gemeinsamkeiten alter Vorhersagen Themen, die sich wie ein roter Faden hindurchziehen. Gleich, wer es damals war, der einen Blick in unsere Zukunft warf – immer folgen die Prophezeiungen einem klar erkennbaren Muster: Auf Beschreibungen einer Katastrophe folgt unmittelbar eine Vision von Leben, Freude und ungeahnten Möglichkeiten.

Als ältestes uns bekanntes Manuskript dieser Art beginnt die Jesaja-Schriftrolle ihre Vision möglicher Zukünfte mit einer ausführlichen Schilderung einer Zeit weltweiter Zerstörung nie gekannten Ausmaßes. Jesaja schildert diesen ominösen Moment als eine Zeit, wo »der Erdkreis ... verschmachtet und verwelkt«[1] sein wird. Sein Blick in eine auch uns noch bevorstehende Zeit spiegelt recht exakt die Beschreibungen vieler Prophezeiungen anderer Traditionen, darunter die der Hopi- und Navajo-Indianer Nordamerikas sowie der Maya aus Mexiko und Guatemala. In den Strophen, die auf Jesajas Schilderung der Verwüstung folgen, verlagert sich seine Vision jedoch in einer drastischen Kehrtwendung auf ein Motiv des Friedens und der Heilung: »Denn es werden Wasser in der Wüste hervorbrechen und Ströme im dürren Lande. Und wo es zuvor trocken gewesen ist, sollen Teiche stehen, und wo es dürre gewesen ist, sollen Brunnquellen sein.«[2] Zusätzlich malt Jesaja aus: »Zu der Zeit werden die Tauben hören die Worte des Buches, und die Augen der Blinden werden aus Dunkel und Finsternis (heraus) sehen.«[3]

Fast zweieinhalbtausend Jahre lang deuteten die Gelehrten derartige Visionen im Großen und Ganzen als Schilderung von Ereignissen, die man exakt in der Reihenfolge erwartete, in der sie in der Jesaja-Schriftrolle beschrieben wurden: zuerst eine Heimsuchung in Form großer Zerstörung, gefolgt von einer Zeit des Friedens und der Heilung. Ist es möglich, dass diese Visionen aus früherer Zeit etwas ganz anderes aussagen? Spiegeln die Erkenntnisse der Propheten womöglich die Kunstfertigkeit geschickter Meister, die zwischen den Welten möglicher Zukünfte hin- und herschlüpften und für künftige Generationen aufzeichneten, was sie dabei erlebten? Wenn ja, könnten die Einzelheiten ihrer Reisen höchst aufschlussreiche Hinweise auf die uns bevorstehende Zeit bieten.

Die alten Propheten vertraten die Sichtweise, dass die Zeit und der Lauf unserer Geschichte ein Weg seien, der sich in zwei Richtungen benutzen lässt: rückwärts und vorwärts. Hierin glichen sie den Physikern des zwanzigsten Jahrhunderts. Sie erkannten, dass ihre Visionen zu einem bestimmten Augenblick lediglich *Möglichkeiten* waren, nicht Ereignisse, die mit Sicherheit eintreten würden. Und jede Möglichkeit wiederum basierte auf den Bedingungen zum Zeitpunkt der Prophezeiung. Veränderte Bedingungen würden sich in dem Ausgang spiegeln, den die Prophezeiung vorhersah. *Die Kriegsvision eines Propheten zum Beispiel konnte man als eine Zukunft sehen, die nur für den Fall zu erwarten war, dass die sozialen, politischen und militärischen Umstände, die zum Zeitpunkt der Prophezeiung gegeben waren, ungehindert fortbestehen würden.*

Folgen wir diesem Argumentationsgang weiter, so erinnert er uns daran, dass wir durch Veränderung unseres Handelns im jetzigen Augenblick, und sei es manchmal nur minimaler Art, unserer gesamten Zukunft eine neue Richtung geben können. Dieses Prinzip gilt für individuelle Lebensumstände wie Gesundheit und zwischenmenschliche Beziehungen genauso wie auch für das allgemeine Wohlergehen unserer Welt. Was einen Krieg anbelangt, so könnte die Wissenschaft der Prophetie es einem Visionär erlauben, in eine zukünftige Zeit zu blicken und die Menschen seiner Tage vor den Konsequenzen ihrer Handlungen zu warnen. Tatsache ist, dass viele Prophezeiungen von einem mitfühlenden Flehen um Veränderung begleitet sind: Sie sind bemüht, genau das zu vermeiden, was die Propheten vorhersahen. Die Einblicke der Propheten in ferne Möglichkeiten erscheinen wie parallele Straßen, Wege der Möglichkeiten, die in unsere Zukunft führen wie auch in unsere Vergangenheit. Ab und zu scheinen die kurvigen Straßen einander ganz nahe zu kommen. An solchen Punkten, glaubten die alten Propheten, seien die Schleier zwischen den Welten nur sehr dünn: Je dünner die Schleier, desto einfacher werde es, der Zukunft eine neue Richtung zu geben, indem man von einem Weg auf den anderen springt.

Moderne Wissenschaftler überdenken solche Möglichkeiten sorgfältig und erfinden Namen für die Ereignisse selbst sowie für die Stellen, an denen die Welten miteinander verbunden sind. Durch die Sprache der Zeitwellen, Quantenergebnisse und Entscheidungspunkte nehmen Prophezeiungen wie jene von Jesaja eindrucksvolle neue Bedeutungen an. Sie sind nicht länger Vorhersagen von Ereignissen, die eines Tages in unserer Zukunft zu erwarten sind, sondern flüchtige Einblicke in die Konsequenzen von Entscheidungen, die in der Gegenwart fallen.

Solche Schilderungen erwecken das Bild eines gigantischen kosmischen Simulators, der es uns ermöglicht, die langfristigen Auswirkungen unserer Handlungen vor uns zu sehen. Jesaja kommt hier den Quantenprinzipien überraschend nahe, die besagen, dass Zeit eine Ansammlung formbarer und vielfältiger Ergebnisse sei; er geht sogar noch einen Schritt weiter, indem er uns daran erinnert, dass die Möglichkeiten unserer Zukunft von kollektiven Entscheidungen in der Gegenwart bestimmt werden. Indem eine Vielzahl von Individuen gemeinsam die gleiche Wahl treffen, kann deren Wirkung verstärkt werden und beschleunigt damit das Ergebnis. Die deutlichsten Beispiele für dieses Quantenprinzip finden sich in Massengebeten für ein Wunder; in plötzlichen Sprüngen von einem zukünftigen Ausgang der Ereignisse in das Erleben eines anderen.

Anfang der 1980er-Jahre wurden die Auswirkungen konzentrierten Gebets durch kontrollierte Experimente in Stadtbezirken mit hohen Kriminalitätsraten dokumentiert.[4,5] Lassen sich die gleichen Prinzipien auf umfassendere Bereiche anwenden, vielleicht sogar im globalen Maßstab?

Als Entscheidung für den Frieden zu einer Zeit, in der in vielen Teilen der Welt die politischen Spannungen eskalierten, wurde am Freitag, 13. November 1998 weltweit ein Massengebet durchgeführt. Mit besonderem Interesse verfolgte man an diesem Tag den Ablauf eines dem Irak auferlegten Ultimatums, der Forderung der Vereinten Nationen nach Inspektionen auf Waffenlager zu entsprechen. Nach monatelangen erfolglosen Verhandlungen um den Zutritt zu sensiblen Lokalitäten des Iraks hatten die Nationen des Westens klar herausgestellt, dass eine Nichteinwilligung der Iraker zu massiven, ausgedehnten Bombenangriffen führen würde, die das Ziel verfolgten, als Waffenlager verdächtigte Stellen zu zerstören. Ein derartiges Vorgehen hätte selbstverständlich zu hohen Verlusten in der Zivilbevölkerung wie auch beim Militär geführt. Über das World Wide Web verbunden, trafen an diesem Abend mehrere Hunderttausend Menschen aus aller Welt zu einem genau vereinbarten Zeitpunkt in einem Massengebetsprojekt eine Entscheidung für den Frieden. Während der Gebete kam es zu einem Ereignis, das viele als Wunder betrachteten: Dreißig Minuten nach Beginn des Luftangriffs erhielt der Präsident der Vereinigten Staaten ein Schreiben von offiziellen irakischen Stellen, demzufolge sie nun die geforderten Inspektionen auf Waffenlager zulassen würden, und erteilte den US-Streitkräften daraufhin den seltenen Befehl »Auflösen« – dies ist der militärische Ausdruck für den Abbruch einer Mission.[6]

Die Chancen sind gering, dass ein solches Ereignis rein zufällig innerhalb des gleichen Zeitfensters stattfindet wie das weltumspannende Gebet. Skeptiker betrachteten die Synchronizität in diesem Beispiel als »Zufall«. Angesichts der Tatsache jedoch, dass man zuvor bei Ereignissen im Irak, in den Vereinigten Staaten und Nordirland ähnliche Ergebnisse beobachtete, legt schon die wachsende Menge an Beweismaterial den Schluss nahe, dass die Wirkung des Massengebets mehr als ein Zufall ist. Es bestätigt den Grundsatz, der in jahrhundertealten Schriften entdeckt wurde, demzufolge sich die Entscheidung vieler *auf eine bestimmte Weise fokussierter* Menschen unmittelbar und messbar auf unsere Lebensqualität auswirkt.

An normalen Maßstäben gemessen mögen solche Veränderungen vielleicht unerklärlich wirken. Nach den Quantenprinzipien lassen sie sich als das Ergebnis der Kraft einordnen, die kollektiven Entscheidungen innewohnt. Vielleicht kryptisch in uralten Überlieferungen verschlüsselt, bis das Denken unserer Tage sie erkennen würde, verweist uns die in Vergessenheit geratene Wissenschaft des Gebets auf einen Weg des Handelns, durch den sich alles umgehen lässt, was an Krankheit, Zerstörung, Krieg und Tod für unsere Zukunft prophezeit wurde. Unsere individuellen Entscheidungen verschmelzen zu einer kollektiven Reaktion auf die Gegenwart, deren Auswirkungen wenige Tage oder viele Generationen weit reichen können. Nun haben wir die Sprache, um diese kraftvolle Botschaft der Hoffnung und der offenen Möglichkeiten in jeden Moment unseres Lebens hineinzutragen.

Obwohl uns das volle Ausmaß dessen, was Jesaja in seinen düstersten Visionen prophezeite, noch bevorsteht, glauben immer mehr Wissenschaftler, Philosophen und Forscher, dass wir bereits Vorläufer von vielen der Ereignisse beobachten können, die laut Vorhersagen noch zu unseren Lebzeiten eintreten sollen. Haben uralte Schlüssel wie die Jesaja-Schriftrolle vielleicht mehr als zwei Jahrtausende überdauert, um eine Botschaft zu vermitteln – eine Botschaft, die uns solche Macht zuspricht, dass wir sie nicht erkennen konnten, bevor wir tieferen Einblick in das Wesen unserer Welt hatten? Vielleicht wird unsere Bereitschaft, eine solche Möglichkeit zuzulassen, für uns ja zur Orientierung, um jenes Leid zu umgehen, das etliche Visionen für unsere Zukunft vorhersagen.

»Und ich sah einen neuen Himmel und eine neue Erde … Und ich hörte eine mächtige Stimme vom Himmel herabtönen: ›Gott wird alle Tränen aus ihren Augen fortwischen, und es soll keinen Tod mehr geben, keinen Kummer, keine Tränen, keine Schmerzen. Denn alles Vergangene ist ausgelöscht.«

DAS ESSENER BUCH DER OFFENBARUNGEN

1

LEBEN WIR IN DEN LETZTEN TAGEN DER PROPHEZEIUNGEN?

Hinweise der Geschichte auf die heutige Zeit

Aus irgendeinem Grund blieb mein Blick an dem Mann hängen, als ich an den Toiletten und Telefonkabinen vorbei den Gang entlangschlenderte. Vielleicht war es der Schmuck, mit dem er hantierte und der schlicht in einer handgearbeiteten, mit Filz ausgekleideten Schachtel ausgestellt war. Höchstwahrscheinlich jedoch waren es die drei Kinder, die um ihn herumstanden. Das älteste von ihnen war wohl knapp acht Jahre alt, und die beiden anderen jeweils zwei Jahre jünger. Tolle Kinder, dachte ich, als ich in der Eingangshalle des Restaurants an ihrer Ausstellung vorbeikam. Ich hatte gerade ein schon lange fällig gewesenes Essen mit Freunden hinter mir. Wir trafen uns in der Nähe einer kleinen Küstenstadt nördlich von San Francisco. Da ich mitten in den Vorbereitungen für einen Workshop steckte, der die nächsten drei Tage laufen würde, hatte ich mich beim Abendessen etwas im Hintergrund gehalten. Von meinem Sitzplatz an der Schmalseite des Tisches betrachtet, schienen sich die Gespräche überall um mich herum abzuspielen, während ich mir wie ein Beobachter vorkam. Der Rest der Gruppe war bald in lebhafte Paargespräche vertieft gewesen, um sich das Neueste über berufliche Entwicklungen, die Liebe und Zukunftspläne zu

erzählen. Ich sann darüber nach, ob ich diesen Sitzplatz wohl absichtlich gewählt hatte, um auf meine Art eine direkte Beteiligung zu vermeiden und dabei dennoch die Gegenwart alter Freunde und die Atmosphäre vertraulicher Gespräche genießen zu können. Mehr als einmal hatte ich mich dabei ertappt, wie ich durch die großen Spiegelglasscheiben spähte, die mich von der Pier und der steigenden Flut trennten. Meine Gedanken waren bei der Präsentation am nächsten Abend. Was würde ich zur Eröffnung sagen? Wie konnte ich ein bunt gemischtes Publikum, das die unterschiedlichsten Dinge glaubte und dachte, am besten mit einer uralten Botschaft voll lebensbejahender Hoffnung im Hinblick auf unsere heutige Zeit bekannt machen?
»Na, geht's gut?«, fragte der Mann mit den Kindern und dem Schmuck, als ich auf ihn zukam.
Die unerwartete Begrüßung durch einen Fremden brachte mich mit einem Ruck in die Gegenwart. Ich lächelte und nickte. »Ja, sehr«, gab ich zurück, ohne darüber nachzudenken. »Sieht so aus, als hätten Sie gute Helfer«, sagte ich und deutete auf seine Kinder.
Der Mann lachte, und als ich stehen blieb, befanden wir uns im Nu mitten in einer lebhaften Unterhaltung – über seinen Schmuck, die kunsthandwerklichen Arbeiten seiner Frau und die vier Kinder der beiden. »Ich habe bei jedem meiner Kinder Hebamme gespielt«, sagte er. »Meine Augen waren die ersten, die sie sahen, als sie auf diese Welt kamen. Meine Hände waren die ersten, die ihren Körper berührten.« Seine Augen schimmerten feucht, während er erzählte, wie seine Familie gewachsen war. Es dauerte nur Momente, und dieser Mann, dem ich noch nie zuvor begegnet war, begann das Wunder der Geburt zu beschreiben, das er und seine Frau viermal miteinander erlebt hatten.
Ich war sofort berührt von seinem Vertrauen und der Auf-

richtigkeit in seiner Stimme, als er mich an intimen Details zu jeder Geburt teilhaben ließ.

»Es ist einfach, ein Kind auf die Welt zu bringen«, meinte er. Du hast leicht reden, dachte ich im Stillen. Was würde deine Frau wohl sagen, wenn ich sie zum Kinderkriegen befrage?

Kaum war mir der Gedanke in den Sinn gekommen, da tauchte eine Frau am anderen Ende des Flurs auf. Ich wusste sofort, dass sie und der Mann zusammengehörten. Es war eines dieser Paare, bei denen beide einfach so aussehen, als wären sie ein Teil vom anderen. Sie kam zu uns herüber und legte mit einem warmen Lächeln den Arm um ihren Mann. Ich wäre im Flur weiter hinten noch an ihrem Ausstellungstisch vorbeigekommen, wenn ich nicht bei ihrem Mann stehen geblieben wäre.

Schon als ich sie ansprach, wusste ich die Antwort auf meine Frage: »Sind Sie die Mutter dieser fantastischen Kinder?«

Der Stolz in ihren Augen verriet ihre Antwort, noch bevor sie ein Wort gesagt hatte. »Ja«, antwortete sie. »Alle fünf.« Mit dem breiten Grinsen jahrelanger Vertrautheit kniff sie ihren Mann in den Arm und lachte. Ich verstand sofort. Sie bezeichnete ihn als ihr fünftes Kind. Sie hielt das vierte und jüngste Kind auf dem Arm, einen kleinen Jungen von vielleicht zwei Jahren. Als er sich in ihren Armen zu winden begann, stellte sie ihn auf den gefliesten Boden des Restauranteingangs. Er tapste zu seinem Vater, der ihn mit einer schwungvollen Bewegung hochhob. Der Kleine richtete sich auf, damit er seinem Vater direkt in die Augen sehen konnte, und so blieb er für den Rest unseres Gesprächs. Offenbar war es etwas, das er schon viele Male zuvor getan hatte.

»Es ist also einfach, das Kinderkriegen?«, hakte ich nach, um an unser Gespräch anzuknüpfen, bevor die Frau aufgetaucht war.

»Meistens ja«, antwortete er. »Wenn sie so weit sind, sind

sie sowieso kaum noch zu bremsen. Sie flutschen einfach heraus.« Seinen jüngsten Sohn noch immer auf dem Arm, beugte sich der Mann leicht nach vorn, um spielerisch zu imitieren, wie ein Sportler mit den Armen einen Ball oder eben ein Baby auffängt.

Wir lachten alle, während er und seine Frau sich einen tiefen Blick zuwarfen. Dann senkte sich eine Stille über das Paar und seine Kinder.

Ab und zu kreuzt jemand genau im richtigen Moment unseren Weg und sagt genau die richtigen Worte, um schlagartig unsere Erinnerungen zu aktivieren und tief in uns schlummernde Möglichkeiten zu wecken. Ich glaube, dass wir auf unausgesprochenen Ebenen in dieser Form zusammenarbeiten. In der Unschuld des Unerwarteten entfaltet sich ein magischer Augenblick. Ich wusste, dies war ein solcher Augenblick.

Der Mann sah mich geradeheraus an. Sein Gesichtsausdruck und ein Gefühl in meinem Herzen sagten mir, dass das, was jetzt gleich geschehen würde, der Grund für unsere Begegnung war.

»In der Regel gibt es keine Probleme«, fuhr der Mann fort. »Aber ab und zu kommt es schon einmal vor, dass etwas schiefgeht.« Mit einem Blick auf den kleinen Jungen auf seinem Arm zog der Mann das Kind noch enger an sich heran und strich ihm mit der Hand das Haar aus der Stirn. Einen Augenblick lang sahen sie sich unverwandt in die Augen. Ich fühlte mich geehrt, dass sie mich an ihrer Liebe teilhaben ließen, ohne mir dabei als Beobachter vorzukommen.

»So war es bei ihm hier«, fuhr der Mann fort. »Mit Josh hatten wir etwas Probleme.«

Ich hörte aufmerksam zu, während er weitersprach.

»Alles lief bestens, genau so, wie es sein sollte. Bei meiner Frau war schon die Fruchtblase geplatzt und die Wehen waren so weit fortgeschritten, dass wir wussten, unsere vierte Hausgeburt war im Gange. Josh steckte schon im Geburtskanal, als plötzlich alles ins Stocken geriet. Er kam einfach nicht weiter heraus. Ich wusste, dass da etwas nicht stimmte. Aus irgendeinem Grund erinnerte ich mich an ein Einsatzhandbuch der Polizei, in dem ich vor Jahren einmal geblättert hatte. In diesem Buch war in einem Kapitel über Notfallentbindungen ein Abschnitt zu möglichen Komplikationen. Meine Gedanken rasten zu diesem Abschnitt. Ist es nicht eigenartig, wie uns im passenden Augenblick genau das Richtige in den Sinn kommt?« Er lachte ein bisschen nervös, während seine Frau näher herantrat. Wie sie so den Arm um ihren Mann und ihr jüngstes Kind legte, wusste ich, dass die drei miteinander ein Erlebnis teilten, das ein kostbares Band der Intimität und des Wundersamen zwischen ihnen geschaffen hatte. »In dem Handbuch hieß es, dass das Kind bei der Geburt gelegentlich am Steißbein der Mutter hängen bleibt. Manchmal ist es der Kopf, manchmal ist die Schulter eingekeilt. Es ist relativ einfach, dann nach innen zu greifen und das Kind zu befreien. Und genau das schien sich gerade bei Josh abzuspielen. Ich führte die Hand in meine Frau hinein, und da geschah etwas ganz Erstaunliches: Ich ertastete ihr Steißbein, wanderte mit der Hand ein wenig weiter nach oben, und da fühlte ich – wie konnte es anders sein – Joshs Schulterblatt, das dort festsaß. Ich wollte ihn gerade drehen, da spürte ich eine Bewegung. Ich brauchte einen Moment, bis ich begriff, was da geschah. Es war Joshs Hand. Er führte sie auf das Steißbein seiner Mutter zu, um sich selbst zu befreien! Wie sein Arm meine Hand streifte – das war ein Erlebnis, das wohl nur sehr wenigen Vätern je geschenkt worden ist.«

An diesem Punkt seiner Erzählung standen uns allen die Tränen in den Augen.

»Damit ist die Geschichte aber noch nicht vorbei«, ergänzte

die Frau des Mannes leise. »Komm, erzähl den Rest«, flüsterte sie ihrem Mann ermutigend zu.
»Zu dem Teil komme ich gerade.« Er grinste, während er sich mit der Hand über die Augen wischte. »Als sein Arm meine Hand streifte, hörte Josh auf, sich zu bewegen, nur für ein paar Sekunden. Ich glaube, er versuchte zu verstehen, was er da gefunden hatte. Dann spürte ich ihn wieder. Dieses Mal brachte er den Arm nicht nach oben, um sich vom Steißbein seiner Mutter zu befreien. Dieses Mal galt die Bewegung mir! Ich spürte, wie sich seine winzige Hand über meine Finger bewegte. Zuerst war seine Berührung unsicher, tastend sozusagen. Es dauerte nur Sekunden, und es kam Kraft in seinen Griff. Ich spürte, wie mein ungeborener Sohn mir die Hand entgegenstreckte und zutraulich die Finger um meine schloss, als würde er mich kennen! In diesem Moment wusste ich, dass Josh wohlauf sein würde. Wir drei arbeiteten also mit vereinten Kräften daran, Josh auf diese Welt zu bringen – und hier ist er heute.«
Wir alle blickten den kleinen Jungen auf seinem Arm an. Als er sämtliche Blicke auf sich gerichtet fühlte, verbarg Josh sein Gesicht an der Schulter seines Vaters.
»Er ist noch ein bisschen schüchtern«, bemerkte der Mann lachend.
»Ich verstehe, warum er sich so zu Ihnen hingezogen fühlt«, sagte ich. »Sie beide haben ja eine unglaubliche Geschichte miteinander erlebt.«
Wir blickten einander aus tränenverschleierten Augen an. Ich erinnere mich noch an das Gefühl der Ehrfurcht und des Staunens angesichts der Intensität dieses Austauschs. Vielleicht war es auch eine gewisse Überraschung. Wir alle lachten, um uns in diesem etwas verlegenen Moment zu entlasten, aber auch unser Lachen minderte nicht die Eindrücklichkeit des gerade Erlebten.

Nach ein paar weiteren Worten und vielen herzlichen Umarmungen wünschten wir uns eine gute Nacht. Ich sah die Familie nie wieder. Jetzt, drei Jahre später, weiß ich nicht einmal mehr, wie sie heißen. Was bleibt, ist ihre Geschichte, ihre Offenheit und Bereitschaft, einen intimen Moment ihres Lebens mit mir zu teilen. Ihre Aufrichtigkeit hatte mich tief berührt. Obwohl wir uns weniger als zwanzig Minuten kannten, hatten wir zu dritt eine einprägsame Erinnerung geschaffen, von der ich in den nächsten Monaten viele Male erzählte. Es war einer dieser Momente, die keine Erklärung brauchen. Wir versuchten es nicht einmal.

Ein neues Zeitalter

Nach dem bekannten Lehrsatz des Vaters der Alchemie, Hermes Trismegistos, spiegeln unsere Alltagserfahrungen, wie etwa die Geburt eines neuen Lebens, kosmische Ereignisse viel größeren Ausmaßes. Mit beeindruckender Schlichtheit heißt es in diesem Grundsatz: »Wie oben, so unten.« Die Chaostheorie, ein Spezialgebiet der Mathematik, führt diese Erklärung noch einen Schritt weiter: Auch unsere Erfahrungen sind holografischer Natur. In einer holografischen Welt spiegelt sich die Erfahrung eines bestimmten Elements in jedem anderen Element des gesamten Systems. Angenommen, dass unser Kosmos so funktioniert, lässt sich der Lehrsatz auch auf Erfahrungen anwenden, die uns viel näher sind als die Beziehung zwischen unserem Körper und unserer Erde. Während sich die Familie in meiner Gegenwart an die Geburt ihres jüngsten Mitglieds erinnerte, hatte ich den hermetischen Lehrsatz im Sinn. Plötzlich wurde die Geschichte davon, wie Josh sich einen Weg in unsere Welt bahnte, zu einer überzeugenden Analogie für unseren Planeten, der eine neue Welt gebiert.

Wenn wir uns für einen Moment vorstellen, wir selbst kämen auf diese Erde aus einer Welt, die das Wunder der Geburt nicht kennt, so eröffnet die Geschichte von Josh eine neue Sichtweise der Ereignisse unserer Zeit. Mitzuerleben, wie neues Leben in diese Welt hineingeboren wird, ist auf jeden Fall eine magische Erfahrung. Das Ergebnis des Geburtsprozesses zu kennen, muss jedoch in irgendeiner Weise unsere Einstellung zu diesem Erlebnis ändern. Inwiefern wäre unsere Perspektive anders, wenn wir nicht wüssten, worauf das alles hinausläuft? Was, wenn wir die Wehen mit ansehen würden, ohne zu verstehen, dass hier gerade ein neues Lebewesen in unsere Mitte gerufen wird? Wir würden zunächst eine Frau sehen, die offensichtlich leidet. Ihr Gesicht ist schmerzverzerrt, ihre Schreie begleiten die Wehen; Blut und andere Körperflüssigkeiten fließen aus ihrem Leib. Vermutlich würden wir als Zeugen der Wehen, welche die Geburt neuen Lebens begleiten, sie als genau dieselben Symptome wahrnehmen, die auf unserer Welt häufig den Verlust von Leben kennzeichnen. Woher sollten wir wissen können, dass die zu beobachtenden Schmerzsymptome in eine Geburt münden?

Kann es sein, dass wir im Hinblick auf die Geburtswehen einer neuen Erde von den gleichen Prämissen ausgehen, wie es jemand beim Beobachten einer menschlichen Geburt tun würde, wenn ihm Wehen fremd wären? Den alten Überlieferungen zufolge entfaltet sich zurzeit genau dieses Szenarium. Wir sind Zeugen der zyklischen Geburt einer neuen Welt. In den prophetischen Visionen des Matthäus-Evangeliums verwendet der Schreiber das Bild der Geburt sogar als Metapher zur Schilderung von Ereignissen, die von vielen Menschen unserer Zeit vielleicht erwartet werden: »Denn es wird sich ein Volk gegen das andere erheben und ein Königreich gegen das andere; und es werden Hungersnöte sein und Erdbeben hier und dort. Das alles aber ist der Anfang der Wehen.«[1]

Im letzten Viertel des zwanzigsten Jahrhunderts wurden von Wissenschaftlern in der Tat nie da gewesene Ereignisse dokumentiert. Vom Innersten des Erdkerns bis zu den äußersten Rändern des uns bekannten Universums zeichnen Instrumente Ereignisse auf, die in ihrer Stärke und Dauer alle vorherigen Messungen übertreffen, mitunter um mehrere Größenordnungen. Im Herbst 1997 begannen Berichte über katastrophale Erd- und Gesellschaftsveränderungen das Internet, Magazine und andere Medien zu überschwemmen, die sich mit derartigen Themen befassen. Die Artikel schilderten die verschiedensten potenziell chaotischen, zerstörerischen Ereignisse: Sie reichen von Mega-Erdbeben über einen Anstieg des Meeresspiegels und Beinahe-Zusammenstöße mit Asteroiden bis hin zu verhängnisvollen neuen Viren und zum Zusammenbruch des anfälligen Friedens im Nahen Osten. Viele dieser Phänomene entsprechen jahrtausendealten Vorhersagen für diesen Zeitpunkt der Geschichte. Alte sowie moderne Prophezeiungen lassen darauf schließen, dass die Ereignisse von 1997 den Anfang eines ungewöhnlichen Zeitraums kennzeichneten, in dem wir noch weitere dramatische Veränderungen erwarten können.

Die Sprache der Veränderung

Es war die zweite Juliwoche 1998. Meine Frau und ich waren gerade von einer längeren Reise zurückgekehrt. Sie hatte uns unter anderem für drei Wochen nach Tibet und für fünf Wochen in den Süden Perus geführt. Gemeinsam hatten wir Pilgerreisen zu einigen der unberührtesten und abgelegensten Orte geleitet, die uns heute auf der Erde geblieben sind. Der vorrangige Sinn dieses Unternehmens lag darin, klare und relevante Beispiele für eine uralte Weisheit zu dokumentieren, die der westlichen Welt vor siebzehnhundert Jahren verloren gegangen war. Unsere Reisen zu entlegenen Orten mit Gebräuchen, die über Hunderte von Generationen bewahrt worden waren, gaben uns Gelegenheit, mit denen zu sprechen, die diese Praktiken noch heute in ihrem Leben befolgen. Statt über die Gültigkeit verblasster Schriften zu debattieren oder in Vergessenheit geratene Sprachen von Inschriften an Tempelwänden zu übersetzen, sprachen wir direkt mit den Mönchen, Nonnen und Schamanen dieser Regionen. Dank unserer Führer und Dolmetscher sowie unserer eigenen Sprachkenntnisse hatten wir hier die Gelegenheit, zu den Praktiken, bei denen wir anwesend sein durften, gezielte Fragen zu stellen.

Obwohl wir uns in den größeren Städten nach Möglichkeit die Fernsehnachrichten angesehen hatten, waren Melissa und ich für die Zeit unseres Unterwegsseins nicht recht in Kontakt mit der »Außenwelt« gewesen. Ich kehrte genau in dem Moment in mein Büro zurück, als das Faxgerät den Eingang einer Nachricht signalisierte. Schon zuvor hatte sich eine ganze Kaskade von zusammengerollten Faxpapierseiten auf dem Fußboden verteilt. Ich ließ die ersten Seiten aus dem Gerät flattern und überflog die Papiere. Es handelte sich um unzählige Seiten mit Informationen diverser wissenschaftlicher Institutionen: von der »National Aeronautics and Space Administration« und der »United States Geological Survey« bis hin zu größeren Universitäten und Nachrichtenagenturen. Jedes Blatt war randvoll mit Tabellen, Kurven und Statistiken, anhand derer ungewöhnliche Ereignisse im Lauf der letzten Monate dokumentiert wurden. Offenbar hatten Wissenschaftler mich über diese Ereignisse auf dem Laufenden gehalten, und ich kam genau zu dem Zeitpunkt in mein Büro, als wieder ein neues Update eintraf.

Die ersten Datenblätter enthielten detaillierte Angaben zu

einem beispiellosen kosmischen Ereignis: Am 14. Dezember 1997 entdeckten Astronomen eine Explosion am Rand des uns bekannten Universums, von der Größenordnung her gleich nach dem Urknall rangierend. Wie fast sieben Monate später in den wissenschaftlichen Fachzeitschriften berichtet wurde, hatten Wissenschaftler des »California Institute of Technology« die Explosion dokumentiert. Sie konnten zeigen, dass sie ein bis zwei Sekunden dauerte und mit einer Helligkeitsentwicklung einherging, die der des gesamten restlichen Universums entsprach.[2] Nach dem ersten Knall waren noch weitere Explosionen ähnlicher Größenordnung geschildert worden.

Es folgten Berichte vom Juni 1998, als Wissenschaftler den Aufprall zweier Kometen auf unsere Sonne beobachtet hatten – ein Ereignis, das man noch nie zuvor gesehen oder dokumentiert hatte. Dem Aufprall folgte jeweils innerhalb von Stunden ein »dramatischer Ausstoß heißer Gase und magnetischer Energie, der als ›koronaler Massenauswurf‹ (Coronal Mass Ejection, CME) bezeichnet wird«.[3] Sonneneruptionen dieser Art sind Auslöser für erhebliche Störungen im Magnetfeld der Erde, die das Kommunikationsnetz und die Stromversorgung oft in weiten Gebieten lahmlegen. Viele Wissenschaftler erinnern sich noch gut an die Auswirkungen ähnlicher Störungen durch Sonneneruptionen im März 1989.[4, 5]

Die nächsten, im April 1998 veröffentlichten Arbeiten enthielten Details zu Klimastudien, in denen dokumentiert wurde, was viele in den letzten Jahren bereits vermutet hatten. Zum ersten Mal bestätigte hier ein internationales Team, dass die Temperaturen auf der nördlichen Erdhalbkugel im letzten Jahrzehnt höher gestiegen waren als in jedem anderen Zeitraum in den letzten sechshundert Jahren.[6] Ferner hatten die Untersuchungen gezeigt, dass in der Vergangenheit aufgrund eines Fehlers in den Satellitendaten, der die Anzeichen für steigende Lufttemperaturen verdeckte, die Interpretation der Wetterentwicklung undeutlich war.[7] Wissenschaftler vom »National Snow and Ice Data Center«, die einen ähnlichen Anstieg für die südliche Halbkugel annahmen, staunten immer noch angesichts der Geschwindigkeit, mit der sich eine zweihundert Quadratkilometer große Eismasse vom Larsen-B-Eisschelf in der Antarktis gelöst hatte und von den Satellitenaufnahmen verschwunden war. Am 15. Februar hatte sie noch intakt gewirkt, elf Tage später war sie verschwunden, im Wasser versunken. In dem Bericht wurde die Sorge geäußert, das gesamte Larsen-B-Schelf, das mehr als zehntausend Quadratkilometer bedeckt, könne »in nur ein bis zwei Jahren auseinanderfallen«.[8] In zusätzlichen Studien wurde dann die Bedeutung solcher Ereignisse erklärt und berechnet, dass »ein Zusammenbruch antarktischen Eises den Meeresspiegel um sechs Meter ansteigen lassen«[9] könnte.

Seit Anfang 1997 hatte ein anormales Klimaphänomen, das unter dem Namen El Niño von sich reden machte, auf globaler Ebene schlimmen Schaden über Ernten, Industrie und das Leben Hunderttausender von Menschen hereinbrechen lassen. In wissenschaftlichen Fachaufsätzen wurde festgehalten, dass weltweit mehr als sechzehntausend Menschen ums Leben gekommen waren und dass sich der geschätzte Schaden auf eine Höhe von fünfzig Milliarden Dollar beläuft. Konventionelle Klimamodelle hatten komplett dabei versagt, dieses Muster vorherzusagen, das aus einem Zusammenbruch und einer Umkehr der Strömungen im Ozean resultierte.

In weiteren Arbeiten wurde auf die Entdeckung mysteriöser neuer Signale verwiesen, die aus dem Zentrum unserer Galaxie kamen[10], und bestätigt, dass der magnetische Nordpol der Erde seit 1949/50 um mehr als fünf Grad gewandert ist.[11, 12] Begleitet waren die Artikel von Kommentaren führender Wissenschaftler zur Beschleunigung und zunehmenden Intensität der Phänomene. Ereignisse aus vergangenen Jahren, die viele als isolierte Anomalien betrachtet hatten, wie etwa die Sonneneruptionen in den späten 1980er-Jahren, wurden nun als Vorstufen der sich aktuell präsentierenden Entwicklung zu noch größeren Extremen gesehen. Alles war innerhalb eines Zeitfensters von nur neun Jahren geschehen.

Nicht dass es mich überraschte, aber ich staunte doch über die Vielzahl und das Timing der Ereignisse. Viele Wissenschaftler haben den Verdacht, dass diese ungewöhnlichen physischen Ereignisse den Anfang des katastrophalen Veränderungszyklus darstellen könnten, der in so vielen Überlieferungen und Prophezeiungen vorhergesagt wurde. Ohne Bezugsrahmen mögen derartige Berichte Furcht einflößend sein. Die Vielfalt der zeitlich so dicht aufeinanderfolgenden Ereignisse scheint mehr als reiner Zufall. Jedes einzelne ist für sich genommen schon die Aufmerksamkeit führender Wissenschaftler und Staatsoberhäupter wert. Die Tatsache, dass innerhalb weniger Wochen so viele auftraten, lässt darauf schließen, dass sich derzeit womöglich ein anderes Szenarium entfaltet, dem unsere gesellschaftlichen und naturwissenschaftlichen Modelle nicht Rechnung tragen.

Viele Gelehrte, moderne Propheten und Laien glauben, dass derart eindrückliche Beispiele für extreme Vorkommnisse in der Natur und im sozialen Gefüge in der Tat die Vorboten von Ereignissen darstellen, welche die seit Langem bestehenden Prophezeiungen von Krieg und Zerstörung erfüllen werden. Betrachtet man die gleichen Prophezeiungen jedoch in ihrer Gesamtheit, so halten sie eine Botschaft völlig anderer Art für uns bereit. Mit den Augen der neueren Forschung gesehen, verlieren die uralten Vorhersagen ihren Schrecken und bieten uns vielmehr eine Perspektive der Hoffnung und der offenen Möglichkeiten.

Die Geschichte verweist auf das Jetzt

Ich war nur für Augenblicke in der Warteschleife gewesen, als ich über Telefon die Stimme des Tontechnikers hörte: »Wir gehen in drei Minuten auf Sendung, mit einer Senderkennung um zwanzig nach und um halb«, sagte er.
Das Radio ist für mich schon immer ein gutes Medium gewesen. Dennoch durchflutete nun die mir wohlvertraute Welle von Emotionen meinen Körper. Schließlich wusste ich, dass jedes Wort, das ich während der nächsten drei Stunden sprach, über angeschlossene Sender im ganzen Land ausgestrahlt wurde. Monate-, mitunter jahrelang würden manche meiner Aussagen dieses Abends zitiert werden. Gleichzeitig war mir bewusst: Die Botschaft, dass wir es bei den Prophezeiungen zur Zukunft mit reinen Möglichkeiten zu tun haben, würde den Zuhörenden eine Perspektive der Hoffnung bieten. Ich atmete tief durch, um mich zu konzentrieren und vorzubereiten. Es war ein Live-Interview ohne vorherige Probe. Mein unmittelbarer Gedanke war: Wie wird wohl die erste Frage lauten?
Als hätte er meinen Gedanken aufgeschnappt, schaltete sich plötzlich wieder der Techniker dazu: »Wir würden gerne damit anfangen, Sie auf Ihren Optimismus anzusprechen. Wie können Sie angesichts so vieler Prognosen, die für das Jahrtausend-Ende katastrophale Zerstörung vorhersagen, dennoch so positiv über die Zukunft unserer Welt denken?«
»Gut«, gab ich zurück, »wir fangen also mit den einfachen Fragen an.«
Unser gemeinsames Gelächter löste die Anspannung dieser

letzten Minuten vor Programmbeginn. Nur Augenblicke später begann der Moderator der Sendung mit dem Interview. Unser Gespräch wendete sich bald den Fragen von Spontananrufern zu und drehte sich besonders um die Herausforderungen, die wir beim Übergang in das einundzwanzigste Jahrhundert zu erwarten hätten. Die Formulierungen variierten zwar, aber der Grundtenor war durchgängig die Besorgnis über möglicherweise bevorstehende zerstörerische Veränderungen für die Völker der Erde. Die Stimme einiger Anrufer zitterte, während sie Erkenntnisse ihrer Kultur und ihre persönlichen Visionen für das Ende des Jahrhunderts mitteilten. Ein indianischer Stammesältester – es wurde nicht erwähnt, von welchem Stamm – schilderte bestimmte Erdveränderungen, die seinen Ahnen zufolge die letzte der drei »großen Erschütterungen« auf der Erde kennzeichnen würden; dazu gehörten Erdbeben, Veränderungen der Klimamuster und der Zusammenbruch bestimmter Regierungsformen. Aus der Sicht seines Volkes hatten die prophezeiten Veränderungen bereits begonnen.

Ich hörte aufmerksam zu. Soweit ich es beurteilen konnte, trafen die Aussagen der einzelnen Anrufer zu den Vorhersagen im Detail zu; sie gaben die Prophezeiungen durchaus so wieder, wie auch ich sie gehört hatte. Zugleich war das, was sie erzählten, unvollständig. In den Visionen derer, die vor uns kamen, war katastrophale Zerstörung nur ein möglicher Ausgang, den unsere Zukunft nehmen mochte. Viele Prophezeiungen verweisen jedoch auch auf einen anderen Verlauf der Ereignisse. Doch genau diese zusätzlichen Möglichkeiten der Zukunft, die von Freude und Hoffnung geprägt wären, scheinen bei der Weitergabe der Prophezeiungen von Generation zu Generation zunehmend vernebelt oder ganz verloren gegangen zu sein.

Unsere Sendung lief bis in die frühen Morgenstunden. Vorsichtig fügten der Moderator und ich einen Rahmen zusammen, in den sich die extremen Phänomene in Natur und Gesellschaft einordnen ließen und einen Sinn zu ergeben begannen. Ich kam auf für lange Zeit verloren gegangene Offenbarungen zu sprechen, die man kürzlich in vorchristlichen Texten entdeckt hatte. Gestützt von der neueren Forschung, die derartigen Überlieferungen Gültigkeit zuspricht, konnte ich den Hintergrund für meinen Optimismus deutlich machen. Die Herausforderungen, vor die wir gestellt sind, mögen zwar mit jedem Tag gewaltiger scheinen. Doch mein Vertrauen in unsere kollektive Fähigkeit, über die Ereignisse hinauszuwachsen, ist nur stärker geworden.

Fenster zu den inneren Welten

Viele Wissenschaftler sehen für die Extreme, die man in jüngster Zeit in unserem Sonnensystem, unseren Klimamustern, in geophysikalischen Verschiebungen und sozialen Gefügen verzeichnet, keinen Bezugsrahmen innerhalb westlicher Verständnismodelle. Nach allem zu urteilen, was ihnen an der Universität beigebracht wurde, müssten sie die beobachteten Anomalien als spontan auftretende und in keinerlei Zusammenhang stehende Phänomene betrachten – Rätsel ohne Kontext. Die Überlieferungen alter Kulturen und Ureinwohner wie etwa der Indianer Nord- und Südamerikas, der Tibeter und Qumran-Gemeinden am Toten Meer dagegen bieten einen solchen Bezugsrahmen, durch den wir dem scheinbaren Chaos in unserer Welt einen Sinn abgewinnen können. Diese Lehren bieten uns eine einheitliche Sicht der Schöpfung und erinnern daran, dass unser Körper aus den gleichen Stoffen besteht wie unsere Erde.
Die klarsten Erkenntnisse im Hinblick auf unsere Beziehung

zu unserer Welt sowie die Wissenschaft der Zeit und der Prophezeiung halten vielleicht die alten Essener für uns bereit, die geheimnisvollen Urheber der Schriftrollen vom Toten Meer. Diese zweieinhalbtausend Jahre alten Schriften stellen die These auf, dass die Ereignisse, die wir in der Welt um uns herum beobachten, die Entwicklung unserer innersten Überzeugungen spiegeln. Auch Schriftstücke aus dem vierten Jahrhundert zum Beispiel, die in den Privatbibliotheken des Vatikans aufbewahrt werden, beschreiben nähere Einzelheiten dieser Beziehung, indem sie uns in Erinnerung rufen: »Denn der Geist des Menschensohnes wurde aus dem Geist des Himmelsvaters geschaffen, und *sein Körper aus dem Körper der Erdenmutter.*« Und: »Wahrlich, ich sage euch, *der Mensch ist der Sohn der Erdenmutter;* und von ihr erhielt der Menschensohn seinen Körper ... Ihr seid eins mit der Erdenmutter; sie ist in euch und ihr seid in ihr ...«[13] (Hervorhebung Gregg Braden).

In den ihnen bekannten Worten erinnern uns die Essener an eine Beziehung, deren Bestehen die moderne Wissenschaft mittlerweile bestätigt hat. Die Luft in unseren Lungen ist dieselbe Luft, die über die größten Meere zieht und durch die höchsten Bergpässe braust. Das Wasser, das bis zu achtundneunzig Prozent des Bluts in unseren Adern ausmacht, ist das gleiche Wasser, das einmal in den großen Meeren und Gebirgsbächen war. Durch die Schriften aus einer anderen Zeit fordern uns die Essener auf, uns als eins mit der Erde zu sehen statt als getrennt von ihr.

Diese uralte Weltsicht bietet uns zwei Schlüsselprinzipien an, die uns Führung und Beistand geben können, während wir die größten Herausforderungen unserer Zeit durchleben. Erstens werden wir daran erinnert, dass sich ein Ungleichgewicht der Erde in Erkrankungen unseres Körpers spiegelt. Die alten Traditionen sehen etwa das Zusammenbrechen unseres Immunsystems oder Krebsgeschwüre in unserem Körper als inneren Ausdruck eines kollektiven Zusammenbruchs, der dazu führt, dass wir von unserer Umwelt nicht mehr mit dem für uns Lebensnotwendigen versorgt werden können. Zweitens stellt dieses Denken eine Einladung an uns dar, Erdbeben, Vulkanausbrüche und Klimamuster als Spiegel großer Veränderungen im menschlichen Bewusstsein zu sehen. Natürlich wird aus dieser Perspektive das Leben zu viel mehr als einem Konglomerat alltäglicher Erfahrungen, die nach dem Zufallsprinzip verteilt auftreten. Vielmehr sind die Ereignisse in unserer Welt lebendige Barometer: Sie zeigen uns unsere Fortschritte auf einer Reise an, die vor langer Zeit begann. Bringen wir die Veränderungen in Natur und Gesellschaft mit unseren persönlichen Beziehungen in Verbindung, dann erkennen wir Veränderungen in uns selbst. Diese ganzheitliche Sichtweise lässt den Gedanken aufkommen, dass die globalen Veränderungen eine seltene Chance bieten, auf drastische Weise die Folgen unserer Entscheidungen, Überzeugungen und Werte zu ermessen – sozusagen ein Feedback-Mechanismus. Wenn wir diesen Mechanismus in uns erkennen, entstehen neue Möglichkeiten und viel größere Entscheidungsspielräume in unserem Leben.

In Stammestraditionen und in der vorchristlichen Prophetie sind derartige Möglichkeiten der Heilung über Hunderte von Generationen still erhalten geblieben. Mit den Augen derer betrachtet, die vor uns kamen, geht alles seinen folgerichtigen Gang: Jetzt ist der Zeitpunkt der großen Veränderung. Wenn unsere äußere Welt in der Tat ein Spiegel unserer Überzeugungen und Werte ist, ist es dann möglich, Schmerz und Leid auf der Erde durch eine Entscheidung für Mitgefühl und Frieden in unserem Leben zu beenden? Das Szenario schmelzender Polkappen, gefährlich ansteigender Meeresspiegel, einer weltweiten Zunahme der Erdbebenaktivität und eines dritten Weltkriegs ist gerade erst in den Anfängen. Jedes dieser Ereignisse für sich genommen kann schon als ernste Bedrohung für das nackte Überleben der Menschheit betrachtet werden.

Die Botschaft der Hoffnung lautet, dass sich diese Szenarien noch nicht vollendet haben. Der Schlüssel zur Bewältigung dieses Geschehens liegt im Timing: Je früher wir unsere Beziehung zur Welt um uns herum wahrnehmen, desto eher werden wir erkennen, wie sich unsere innerliche Entscheidung für Frieden in sanfteren Klimakurven, einem Heilungsprozess unserer Gesellschaftssysteme und als Frieden zwischen den Nationen spiegelt. Wir verfügen bereits über die Beweise für die wirkungsvolle Technik, die vor langer Zeit vergessen wurde und die tief in unserer kollektiven Erinnerung vergraben ist. Wir erleben den Beweis für diese empfindungsorientierte Technik jeden Tag: in der Freude neuen Lebens und dauerhafter Liebe, aber auch anhand der Umstände, die uns unsere Freude nehmen. Genau diese innere Wissenschaft verleiht uns die Fähigkeit, mit Schönheit und Würde die zerstörerischen Prophezeiungen zukünftiger Zeiten und die Herausforderungen des Lebens zu transzendieren. In unserer kollektiven Weisheit liegt die Chance zu einer neuen Ära des Friedens, der Einheit und der weltweiten Kooperation, wie sie die menschliche Geschichte noch nicht erlebt hat.

Quantenprophetie in den Tagen der Hoffnung

Die Anfang des zwanzigsten Jahrhunderts entwickelte Quantenphysik bietet Prinzipien an für die Möglichkeit, dass Zeit, Gebet und unsere Zukunft auf eine Weise verknüpft sind, die wir gerade erst zu verstehen beginnen. Zu den frappierenden Merkmalen der Quantentheorie gehört die Tatsache, dass dort von der Existenz vieler möglicher Ausgänge für einen bestimmten Moment in der Zeit die Rede ist. An den Passus in der Bibel erinnernd, in dem es heißt: »In meines Vaters Hause sind viele Wohnungen« [Johannes 14,2 (Anm. d. Übers)], sind im »Haus« unserer Welt viele mögliche Ergebnisse der Entwicklungen angesiedelt, die wir in unserem Leben erschaffen. Anstatt zu sagen, dass wir unsere Wirklichkeit *erschaffen,* ist es vielleicht zutreffender, zu sagen, dass wir die Zustände erschaffen, die bereits feststehende *künftige Ausgänge anziehen* und in den Brennpunkt der Gegenwart rücken.

Durch die Entscheidungen, die wir als Einzelne treffen, wählen wir, welche dieser Wohnungen, welche *Quantenmöglichkeit* wir in unserem persönlichen Leben erfahren. Da sich unsere individuellen Entscheidungen im Hinblick auf unsere Welt grob in die Kategorie lebensbejahend oder lebensverneinend einteilen lassen, münden sämtliche unserer Entscheidungen in eine einzige, kollektive Reaktion auf die Herausforderungen des Augenblicks. So zieht zum Beispiel die Entscheidung für Vergebung, Mitgefühl und Frieden Zukünfte an, die Qualitäten dieser Art spiegeln. Die Schönheit unserer vorherigen Analogie zu dem Glaubenssatz des Hermes Trismegistos – »Wie oben, so unten« – liegt darin, dass uns die Bedeutung jeder einzelnen Entscheidung vor Augen geführt wird: aller Entscheidungen, die jeder Mann und jede Frau jeglichen sozialen Hintergrunds in jedem Augenblick fällt. Unabhängig von Geld oder Privilegien haben alle Entscheidungen das gleiche Gewicht und den gleichen Wert. Unseren Kurs durch die Möglichkeiten des Lebens zu bestimmen, ist eindeutig ein Gruppenprozess. *In der Quantenwelt gibt es kein verborgenes Tun, und jede Handlung eines jeden einzelnen Menschen zählt. Wir leben in einer Welt, die wir gemeinsam erschaffen. Weder alte noch aktuelle Prophezeiungen können unsere Zukunft vorhersagen – wir fällen ja schließlich in jedem Augenblick neue Entscheidungen!* Es mag zwar den Anschein erwecken, dass wir uns auf einem Weg befinden, dem ein spezieller Ausgang bestimmt ist, und doch können wir radikal die Richtung ändern, um ein anderes, ganz unerwartetes Ergebnis zu produzieren (bei unserem Beispiel der Bombardierung des Iraks geschah der Wandel innerhalb von nur dreißig Minuten). Vorhersagen bieten nur Möglichkeiten an. Der Physiker Richard Feynman, für viele einer der größten Neuerer des Denkens seit Albert Einstein, sprach genau diesen Schlüssel der Prophezeiungen an, als er konstatierte: »Wir wissen nicht, wie sich ein Ereignis unter vorgegebenen Umständen voraussagen lässt. Unsere Möglichkeiten beschränken sich auf die Vorhersage der Eintrittswahrscheinlichkeit zweier verschiedener Geschehnisse.«[14]

Die vielleicht stärksten Passagen unserer für lange Zeit verlorenen vorchristlichen Texte beziehen sich auf eine uralte Wissenschaft, die wir heute als *Gebet* kennen. Das Gebet, das die Vereinigung von Denken, Fühlen und Emotion darstellt und für viele die Wurzel aller Technik ist, steht für unsere Chance, in unserer Welt sowie in unserem Körper die Sprache der Veränderung zu sprechen. In den Worten einer anderen Zeit werden wir an das Potenzial erinnert, das durch das Gebet in unser Leben gelangen kann. Mittlerweile bietet die moderne Forschung in der Sprache unserer heutigen Wissenschaft dieselben Einsichten an.

In den späten 1980er-Jahren wurde die Wirkung von Massengebet und -meditation auf die Kriminalitätsrate anhand von Studien in Großstädten dokumentiert. Während Gebetsvigilien für den Frieden, die von geschulten Personen durchgeführt wurden, ging die Anzahl von Gewaltverbrechen deutlich zurück.[15] Bei den Untersuchungen wurden jegliche »Zufälle« ausgeschaltet, die auf natürliche Zyklen, Veränderungen in der Sozialpolitik oder bei den Vollzugsbehörden zurückgehen könnten. Es war deutlich zu erkennen: Während *innerhalb* der untersuchten Gruppen ein Zustand des Friedens und der Ruhe geschaffen wurde, waren die Auswirkungen ihres Bemühens auch noch jenseits der Mauern der Gebäude zu spüren, in denen sie sich befanden. Über ein unsichtbares Netz, das bis in die inneren Einstellungen und Organisationen aller Bevölkerungsschichten der Innenstädte zu reichen schien, gelangte die Entscheidung einiger weniger für den Frieden bis hinein in das Leben von vielen. Es zeigte sich eine unmittelbare, beobachtbare und messbare Korrelation zwischen Gruppen, die sich konzentriert dem Gebet und der Meditation widmeten, und Veränderungen des menschlichen Verhaltens.

Wurde die Veränderung tatsächlich durch die Menschen hervorgerufen, die sich klar auf Frieden ausgerichtet hatten? Oder verweist die Wirkung der Gebete noch auf eine weitere Möglichkeit, eine Möglichkeit von großer Tragweite, die bislang jedoch nur im Labor dokumentiert wurde? Sollten die zuvor erwähnten Quantentheorien recht haben, so existierte für jedes Verbrechen, das man in einer Stadt beobachtete, bereits genau in dem Moment, in dem es geschah, ein anderer Ausgang der Situation, nämlich ohne das Verbrechen. In der Wissenschaft spricht man hier von einer »Überlagerung«, da hier ein neuer möglicher Ausgang der Ereignisse wie eine Decke über eine Wirklichkeit gelegt wird.

Gibt es bestimmte Arten von Gebet, die solche Überlagerungen in die Aufmerksamkeit der Gegenwart rufen? Damit dies zum Beispiel bei den obigen Versuchen möglich sein konnte, mussten der Ausgang Frieden und der Ausgang Verbrechen *im gleichen Moment* existieren, da eines der Aufmerksamkeit für das andere Platz machte. Dass zwei Dinge gleichzeitig ein und dieselbe Stelle einnehmen können, ist für unser Denken eine Unmöglichkeit, oder?

In seinem vor nicht allzu langer Zeit erschienenen Buch »Die verborgene Botschaft der Bibel« offenbart Dr. Jeffrey Satinover außerordentliche Forschungsansätze, die uns neue Erkenntnisse zu eben solchen Möglichkeiten eröffnen. In einer dieser Studien, so berichtet Satinover, gelang es, zwei Atome mit sehr unterschiedlichen Eigenschaften bei einem Vorgang zu dokumentieren, der den heute bekannten Naturgesetzen trotzt. Sofern die entsprechenden Bedingungen vorlagen, nahmen die beiden Atome zu exakt demselben Zeitpunkt exakt denselben Platz ein![16] Bevor diese Studien verifiziert wurden, hatte man ein derartiges Phänomen für unmöglich gehalten. Nun wissen wir, dass dem nicht so ist. In jedem Moment entsteht der Verlauf der Ereignisse in dieser Welt durch Menschen, Maschinen, die Erde, die Natur. Auf ihrer fundamentalsten Ebene bestehen diese möglichen Ausgänge aus Atomen. Wenn zwei der Grundbausteine unserer Welt im gleichen Moment koexistieren können, so öffnet sich in unserem Verständnis eine neue Tür: Also könnten auch viele Atome genau das Gleiche tun, was dann in vielen verschiedenen möglichen Ausgängen resultiert. Der einzige Unterschied liegt vielleicht im Maßstab.

Anhand der Sprache unserer Quantenphysik haben wir nun ein Vokabular, das differenziert und präzise beschreiben kann, auf welche Weise wir am Ausgang unserer Zukunft beteiligt sind. Die Alten haben erkannt, dass die Erfahrungen in unserem Leben als Ereignisse existieren, die sich in einem zeitlichen Ablauf aneinanderreihen, und erinnern uns daran, dass wir nur einen neuen Ablauf zu wählen brauchen. Der Unterschied zwischen diesem Gedankengang und der Idee, dass wir unsere Wirklichkeit erschaffen, indem wir die Textur der Schöpfung manipulieren, ist gigantisch und gleichzeitig sehr subtil. *Der Schlüssel, auf den die Meister der passiven Veränderung in der Geschichte verwiesen, bezieht sich vielleicht gar nicht auf unsere Fähigkeit, Veränderungen in unserer Welt zu erschaffen beziehungsweise zu erzwingen, sondern vielmehr auf unsere Gabe, den eigenen Fokus zu verändern.* Buddha, Gandhi, Jesus von Nazareth und auch die Menschen, die sich im November 1998 an dem weltumspannenden Gebet beteiligten – sie alle erlebten den Effekt eines solchen Wandels. In der Quantenphysik heißt es, *dass wir uns durch Neuausrichtung unseres Fokus* – worauf wir unsere Aufmerksamkeit richten – *auf einen neuen Gang der Ereignisse konzentrieren, während wir gleichzeitig einen bis dahin existierenden Gang der Ereignisse loslassen, der uns nicht mehr dienlich ist.*

Genau das geschah vielleicht an jenem Novemberabend beim Militärschlag gegen den Irak. In der Vergangenheit mag es uns genutzt haben, politische Ziele mit militärischer Gewalt durchzusetzen, doch vielleicht haben wir jetzt einen Zeitpunkt erreicht, wo wir aus solchen Taktiken herausgewachsen sind. So seltsam es klingen mag: Die ehemals bestehende Gefahr der gegenseitigen Vernichtung zwischen ungefähr gleich starken Supermächten sorgte de facto für eine der längsten relativ friedlichen Epochen, die unsere Welt in den letzten Jahren kannte. Dennoch änderte sich etwas an diesem Novemberabend. Mit vereinter Stimme entschied sich unsere globale Familie dafür, ihre Aufmerksamkeit auf die darübergelagerte Möglichkeit des Friedens zu richten, statt darauf, diesen Frieden mithilfe militärischer Mittel zu erreichen. Die rund dreißig Länder, in denen man sich an diesem Abend am Gebet beteiligte, mögen zwar nur einen kleinen Bruchteil unserer Welt darstellen, und doch waren die Auswirkungen der Gebete überwältigend. An diesem Abend waren im Irak keine Todesopfer durch Militärflugzeuge zu beklagen. Könnte es so einfach sein, Frieden in unser Leben zu bringen: lediglich eine konzertierte Aktion, ein vereintes Bemühen, sich so stark auf Frieden zu konzentrieren, als würde er bereits existieren? Alte Überlieferungen stellen uns die Frage, warum wir es uns denn schwerer machen wollen.

Unsere Zukunft neu schreiben

Die Membran zwischen zukünftigen Möglichkeiten kann so dünn sein, dass wir es gar nicht merken, wenn wir durch sie hindurch und zu einem neuen Ausgang des Ganzen gelangt sind. Der plötzliche Drang beispielsweise, sich mehr Bewegung zu verschaffen, seine Ernährung umzustellen oder es noch einmal mit einer gescheiterten Beziehung zu versuchen, stellt eine neue Entscheidung dar, mit der die Struktur des derzeitigen Musters durchbrochen wird und die ein neues Ergebnis verheißt. Obwohl wir vielleicht das Gefühl haben, dass die Entscheidung *spontan* oder ganz *natürlich* erfolgte, können wir durch diese Veränderung in unserer Gesundheit oder Beziehung eine Möglichkeit erfahren, von der wir in der Vergangenheit kaum zu träumen wagten. Das Gebet ist die Sprache, die es uns erlaubt, unsere Träume auszudrücken und sie in unserem Leben Realität werden zu lassen. Was wäre, wenn wir unsere Entscheidungen wirklich bewusst und mit klarer Absicht träfen?

Mehr als zu jedem anderen Zeitpunkt in der Menschheitsgeschichte liegt die Entscheidung, welchen Ausgang alles nehmen wird, jetzt bei uns. Nachdem wir die Worte gelesen, die Möglichkeiten erkannt und uns selbst mit neuen Ideen auseinandergesetzt haben, können wir nicht mehr zur Unschuld des vorigen Augenblicks zurück. Wir haben etwas gesehen, und nun müssen wir das Erlebte irgendwie interpretieren. Wir können es abtun mit der Begründung, uns reichten die Beweise oder die Daten nicht, oder wir können uns erlauben, die Möglichkeit eines neuen Weges anzunehmen. Der magische Augenblick entsteht im Moment der Entscheidung, wenn wir alle neuen Möglichkeiten miteinander vereinbaren können. Während unsere Welt eine neue Erde gebiert, bezeugen Landmassen, Klimamuster, Polkappen und magnetische Verschiebungen die stattfindenden Veränderungen. Welches Potenzial birgt die weltweite praktische Umsetzung von Weisheitslehren aus zweitausend Jahre alten Schriften? Können wir die Herausforderungen des neuen Jahrtausends in Heilung, Frieden und einen sanften Übergang zum Neuen münden lassen? Die Wehen haben bereits eingesetzt, während die Geschichte darauf hinweist, dass *jetzt* die letzten Tage der Prophezeiungen stattfinden.

»Ich habe die innere Vision erlangt, und durch Deinen Geist in mir habe ich von Deinem wunderbaren Geheimnis erfahren.«

BUCH DER HYMNEN, SCHRIFTROLLEN VOM TOTEN MEER

2

VERLORENE WORTE EINES VERGESSENEN VOLKES

Jenseits von Wissenschaft, Religion und Wundern

Es war so schnell gegangen. Zuweilen hält das Gefühl, das mit einem Ereignis einhergeht, länger an als das Ereignis selbst. So war es auch hier. In meinem Geist lief die Szene im Zeitlupentempo immer wieder ab. Ich studierte die Einzelheiten, suchte nach etwas in meinem Wissensfundus, das mir eine Erklärung liefern würde. Der alte Herr war mir nur Augenblicke zuvor aufgefallen, als ich quer über den Parkplatz zum Strandrestaurant schlenderte. Ich hatte ihn mit einer alten Dame, vermutlich seine Frau, gesehen, wie sie sich durch einen kleinen Pulk von Menschen auf dem Gehweg vor dem Eingang ihren Weg bahnten. Die beiden waren gerade zusammen durch die Schwingtür des Lokals in die heiße, schwüle Luft eines Sommerabends an der Küste Georgias hinausgetreten. Bei jedem Schritt, den der Greis tat, tastete er sich mit dem Edelstahlgestänge seiner Gehhilfe vor, einen sicheren Stand suchend, von dem aus er schlurfend die Füße nachziehen konnte. Plötzlich veränderte sich der Rhythmus. Unerwartet hatte der alte Herr eine hohe Bordsteinkante erreicht. Wie in Zeitlupe beobachtete ich, dass seine Gehhilfe unsicher zu wanken begann, kippte und dann geräuschvoll auf den Asphalt aufschlug, der noch die flimmernde Hitze

eines erbarmungslos heißen Tages abstrahlte. Der Mann sackte mit seinem hilfreichen Gefährt zu Boden, wo er wie ein Häufchen Elend reglos auf dem Gestänge liegen blieb.
Wie in einer surrealistischen Szene verharrte ich einen Moment bewegungslos auf der Straße. Still. Beobachtend. Mit dem Wind drangen Fetzen der Entsetzensschreie zu mir herüber. »Hilfe!«, rief die Frau des Gestürzten. »Helfen Sie uns! ... Bitte!« Die Kraftlosigkeit ihrer Stimme verriet ihren zarten, zerbrechlichen Körper.
Innerhalb von Sekunden war ich neben den beiden auf der Straße. Doch sosehr ich mich beeilt hatte – ich war nicht der Erste. Mir war sonst niemand in der Nähe aufgefallen und ich hatte auch niemanden kommen sehen. Und dennoch kniete neben dem gestürzten Mann bereits eine fremde Frau und hielt seinen Kopf auf ihrem Schoß. Eine glitzernde Zickzackspur von Blut lief unmittelbar unter seinem Ohr an seinem Hinterkopf entlang. Die Frau drehte den Kopf des Gestürzten sachte zum Licht hin, um zu prüfen, von wo das Blut stammte. Im schwachen Schein des Lichts vom Restauranteingang konnte ich sehen, wie die überlappenden Falten seiner Haut die Verletzung verbargen, welche die Ursache der Blutung war. Vorsichtig zog die Frau eine Falte nach der anderen auseinander, bis sie die Wunde fand. Im kalten Licht der Straßenlaterne nahm das Blut eine seltsame Farbe an. Zuerst wirkte es auf mich wie eine weitere Hautfalte. Dann sah ich eine dunklere Stelle, ein Schimmern in der Tiefe, als sie die Falte beiseiteschob. Ohne ein Wort zu sagen, berührte die Frau das aufgeplatzte Gewebe und begann dann über die Wunde zu streichen, als streichele sie ein winziges Tier. Ich sah in ihr Gesicht. Ihre Augen waren geschlossen, während sie den Kopf in den Nacken gelegt hielt und zum Himmel blickte.
Mittlerweile hatte sich eine kleine Menschentraube aus Res-

taurantgästen um uns gebildet, die den Zwischenfall von innen mitbekommen hatten. Bis auf ein leises Tuscheln gelegentlicher Neuankömmlinge war kein Wort zu hören. Alle verharrten regungslos und stumm, als hätten sie sich wortlos abgesprochen. Später an diesem Abend sagten einige der Zuschauer, sie hätten in diesem Augenblick etwas Heiliges gespürt. Einige gingen sogar so weit zu vermuten, es hätte sich ein Akt göttlicher Gnade vollzogen.

Das Geschehen vor unseren Augen schlug uns in Bann. Zuerst waren wir nicht sicher, was es war. Unsere Sinne gaben uns das eine ein, unsere Logik diktierte etwas anderes. Dort, auf dem spärlich beleuchteten Parkplatz dieses kleinen Restaurants, wurde ich Zeuge von etwas, das die moderne Wissenschaft als Wunder betrachten würde: Während die Frau wortlos über den Riss strich, begann unter den Blicken von wohl einem Dutzend Zeugen die Platzwunde zu verschwinden ... Es dauerte nur Augenblicke, bis die Wunde verheilt war, und nicht mehr die leiseste Spur zeigte die Sturzverletzung an, die sich der alte Mann nur Momente zuvor zugezogen hatte.

Unterdessen hatte jemand im Restaurant einen Krankenwagen gerufen, sodass kurze Zeit später die Sanitäter eintrafen. Die Menge teilte sich, um die Helfer in den kleinen Kreis hineinzulassen, in dem der Mann noch immer mit dem Kopf auf dem Schoß der Frau lag. Die Frau, weiterhin Kopf und Schultern des Mannes haltend, rückte ein wenig zur Seite, und wir sahen zu, wie der Sanitäter die Blutspuren auf dem Hemd des Mannes begutachtete. Fachmännisch verfolgte er sie bis zum Hinterkopf des Gestürzten und dann bis zu der Stelle unmittelbar unter seinem Ohr. Genau wie es soeben die Frau getan hatte, spreizte der Helfer die Hautfalten an der Stelle, wo sich das Blut gesammelt hatte. Und siehe da: Zur Verblüffung der Sanitäter und des ehrfürchtig staunenden Pub-

likums zeigte sich, dass keine Wunde vorhanden war! Das Blut schien einfach an einem bestimmten Punkt am Hals des Mannes hervorgetreten und ein Stück weit in seinen Kragen hineingelaufen zu sein. Es fand sich keine Spur einer Wunde, Öffnung oder Narbe. Das noch feuchte Blut auf der Haut des Mannes schien quasi von nirgendwoher zu kommen.
Fragen schossen mir durch den Kopf, während ich die Szene beobachtete: Wie war das möglich? Wie kommt es, dass eine so hoch entwickelte Wissenschaft, die Einblick in die Welt eines Atoms nimmt und bis zum Rand unserer Galaxie gelangende Maschinen baut, eine Heilung als Wunder betrachtet, deren Zeuge ich gerade geworden war?

Verloren gegangene Worte

Auch wenn unsere westliche Wissenschaft ein derartiges Ereignis nicht einzuordnen weiß, fügt es sich doch problemlos in den Rahmen von Überlieferungen alter Kulturen und Schriften. Diese Traditionen erinnern auch daran, dass wir gerade jetzt, wo so viele Zeitzyklen ineinandermünden, die Bedeutung solcher Wunder erkennen werden. Wenn wir Ereignisse beobachten, die alle Raster des etablierten Wissenschaftsbetriebs sprengen, wecken wir die Erinnerung an eine Kraft, die seit Hunderten von Generationen jedem von uns innewohnt. Fast zwei Jahrtausende lang hat diese Kraft in uns geruht, während wir uns den diversen Herausforderungen der Menschheitsgeschichte stellten. Die gleichen Traditionen deuten an, dass wir nun diese Gaben wiedererwecken werden, um uns noch größeren Herausforderungen in unserem Leben zu stellen. Damit öffnen wir einer nie da gewesenen Ära des Friedens und der Kooperation die Tür, während wir gleichzeitig dafür sorgen, dass kommende Generationen eine Zukunft haben.

Warum sind die Extreme im Hinblick auf die Natur und die sozialen Unruhen in unserer heutigen Welt dem westlichen Verständnis dann ein solches Rätsel? So gut unsere bislang gefundenen Erklärungen für natürliche Prozesse funktioniert haben: Könnte es sein, dass unser Verständnis unvollständig ist? Fehlt ihm etwas? Ist es möglich, dass wir in den verborgenen Winkeln unserer kollektiven Weisheit ein Wissen aus den Augen verloren haben, das uns einen Sinn in scheinbar Sinnlosem erkennen lässt?
In der zweiten Hälfte des zwanzigsten Jahrhunderts wurden Dokumente zutage befördert, die einiges Licht auf diese oft gestellte Frage werfen. Jahrhundertealte Manuskripte aramäischen, äthiopischen, koptisch-ägyptischen, griechischen und lateinischen Ursprungs stützen die Überlieferung der Urvölker und legen den Schluss nahe, dass man diese Frage zuversichtlich mit einem »Ja!« beantworten kann.

Vergessene Technologie

Vor siebzehnhundert Jahren gingen wesentliche Elemente unseres uralten Erbes verloren und waren von da an einer Priester-Elite sowie den esoterischen Traditionen der jeweiligen Epoche vorbehalten. In dem Bemühen, die lose organisierten Religionen und historischen Traditionen seiner Zeit zu vereinfachen, berief der römische Kaiser Konstantin im vierten Jahrhundert nach Christus einen Rat von Historikern und Gelehrten ein. Die später als das Konzil von Nicäa bekannt gewordene Versammlung erfüllte ihren Auftrag und sprach die Empfehlung aus, wenigstens fünfundzwanzig Dokumente aus dem bestehenden Schriftenkanon zu entfernen oder zu modifizieren.[1] Das Gremium befand viele der untersuchten Texte als redundant, voll von mehrmals erzählten Geschichten und wiederkehrenden Gleichnissen. Andere Manuskripte waren so abstrakt oder so mystisch, dass man ihnen keinen praktischen Wert beimaß. Daneben wurden weitere zwanzig Hilfsdokumente aus dem Kanon entfernt, um als lediglich ergänzendes Material fortan dem Zugriff ausgewählter Forscher und Gelehrter vorbehalten zu sein. Die verbliebenen Bücher wurden gestrafft und umarrangiert, damit sie für den normalen Leser mehr Sinn ergäben und leichter zugänglich wären.

Jede dieser Entscheidungen trug zur weiteren Verdunkelung des Mysteriums bei, das unseren Daseinszweck, unsere Möglichkeiten und unsere Beziehung zueinander umgibt. Nachdem das Konzil seine Aufgabe erfüllt hatte, legte es als Ergebnis im Jahr 325 nach Christus ein einziges Dokument vor. Dieses Resultat seiner Arbeit ist uns bis heute erhalten geblieben als einer der vielleicht meistumstrittenen Texte in der Geschichte der heiligen Überlieferungen überhaupt: die Bibel. Noch eintausendsiebenhundert Jahre später bestimmen die Konsequenzen des Konzils von Nicäa die Politik und Technik, gesellschaftliche Strukturen und religiöse Auffassungen in unserem Leben. Obwohl wir in einer hoch gebildeten, wissenschaftsorientierten Welt leben, wurzeln die Grundannahmen, die zu unseren technischen Errungenschaften hinführten, fest in unseren Überzeugungen im Hinblick auf unsere Beziehung zu unserer Welt. Das in Tausenden von Jahren entwickelte Verständnis davon ist zum Fundament unserer Wissenschaft geworden. Inwiefern wäre zum Beispiel die erdölabhängige Technologie, die heute unsere Wirtschaft antreibt, anders, wenn wir stattdessen die Gesetze der Harmonie erkannt hätten; wenn wir also unsere Maschinen einfach dadurch antrieben, dass wir sie auf die Sieben-Zentimeter-Bandbreite der Energie einstellten, die unsere Welt durchdringt? Eine solche Technologie ist jedoch nur im Bewusstsein der holistischen Gesetze der Natur möglich – mit der Kenntnis jener Grundsätze, die vor fast zweitausend Jahren aus unseren heiligen Überlieferungen verschwanden. Vielleicht spiegelt sich unser Unvermögen, diese Beziehungen zu erkennen, in einer Technologie, die von dem Glauben beseelt ist, man müsse Verbrennungsprozesse oder explodierende Formen von Energie domestizieren, um Energie für unsere Welt zu erhalten. *Derartige Technologien im Äußeren könnten unser innerlich erlebtes Getrenntsein spiegeln.*

Diese Folgen konnten die Mitglieder des Konzils von Nicäa vor beinahe zweitausend Jahren natürlich nicht vorhersehen, nicht einmal die Übersetzer derartiger Texte Hunderte von Jahren danach. So zum lässt Beispiel eine Aussage des Erzbischofs William Wake von Canterbury auf eine gewisse Unschuld schließen, was die redaktionelle Überarbeitung durch das Konzil angeht: Auf die Frage, warum er sich damit geplagt habe, Texte zu übersetzen, anstatt die schöpferische Freiheit zu genießen, eigene Dokumente zu veröffentlichen, antwortete er: »Weil ich hoffte, dass Schriften wie diese auf breitere und unvoreingenommenere Akzeptanz bei allen Arten von Menschen stoßen würden als alles, was ein heute lebender Mensch schreiben könnte.«[2] Woher sollten die Mitglieder des Konzils im vierten Jahrhundert wissen, dass das Buch, das sie erstellten, die Grundlage einer der Weltreligionen würde?

In jüngster Zeit wurden einzelne Dokumente wie auch ganze Bibliotheken, die nach dem Tod Christi verloren gegangen waren, wiederentdeckt, übersetzt und der Allgemeinheit zugänglich gemacht. Meines Wissens existiert keine Sammlung, in der die gesamten Informationen enthalten sind, denn die Übersetzungen wurden von verschiedenen Autoren erarbeitet, die im Lauf der Jahrhunderte in verschiedenen

Sprachen wirkten. Von Zeit zu Zeit gab es jedoch Gruppenübersetzungen. Dank der Arbeit moderner Wissenschaftler wurde Mitte des zwanzigsten Jahrhunderts eine solche Anthologie verloren gegangener biblischer Bücher veröffentlicht.[3] Zu den Dokumenten, die aus unserer heutigen Bibel herausgestrichen und als solche identifiziert wurden, zählen die folgenden Bücher:

Barnabas	Maria
Clemens I	Magnesier
Clemens II	Nikodemus
Christus und Abgarus	Paulus und Seneca
Apostolisches Glaubensbekenntnis	Paulus und Thekla
Hermas I – Visionen	Philipper
Hermas II – Gebote	Philadelphier
Hermas III – Gleichnisse	Polykarp
Epheser	Römer
Kindheit Jesu I	Trallianer
Kindheit Jesu II	Briefe von Herodes und Pilatus

Nachfolgend findet sich eine auszugsweise Zusammenfassung von Hilfstexten, die im vierten Jahrhundert entfernt wurden. Diese Texte blieben seitdem Gelehrten vorbehalten:[4]

Das Erste Buch von Adam und Eva	Simeon
Das Zweite Buch von Adam und Eva	Levi
Die Geheimnisse Henochs	Judah
Die Psalmen Salomons	Issachar
Die Oden Salomons	Zebulon
Das Vierte Buch Makkabäer	Dan
Die Geschichte von Ahikar	Naphatali
Das Alte Testament von Ruben	Gad
Asher	Benjamin
Josef	

Die Konsequenzen der Entfernung oder Veränderung dieser einundvierzig Bücher und vielleicht weiterer Schriften, in denen Einzelheiten zu unserem Erbe und unserer Beziehung zum Kosmos beschrieben wurden, sind noch heute spürbar. Das Fehlen derart zentraler Texte könnte das Empfinden vieler Menschen erklären, dass unsere biblischen Aufzeichnungen eklektisch und unvollständig sind. Für ernsthafte Wissenschaftler und Hobbyhistoriker gleichermaßen bedeutet das Wissen um die Existenz dieser Dokumente die Lösung eines Rätsels. Es hat viel von einem modernen Mysterium, dass wir erst jetzt, fast zwei Jahrtausende nach ihrem Verschwinden aus der allgemein zugänglichen Literatur, unsere Geschichte vervollständigen können.
Zwar trägt jedes der uns verloren gegangenen Bücher zum Verständnis unserer Vergangenheit bei, doch gibt es einige, deren Auswirkungen größer sind als die von anderen. Zu den wichtigsten gehören jene, in denen das Leben von Menschen beschrieben wird, bei denen man mit der Zeit zu der Auffassung gelangt ist, sie hätten Übermenschliches vollbracht. Das biblische Buch über Maria, die Mutter Jesu, ist hier nur ein Beispiel von vielen. Jahrhundertelang haben Gelehrte spekuliert, dass Maria im Leben Jesu eine viel größere Rolle spielte,

als wir den verkürzten Darstellungen unseres heutigen Bibelkanons entnehmen können. Durch das Buch, das über sie verfasst wurde, erhalten wir Einblick in ihre Herkunft und in die Wertvorstellungen ihrer Familie, die Maria zu ihrer Rolle als Mutter Jesu hinführten. Aus den Texten, die dem Buch Marias folgen, erfahren wir, wie Maria ihren Sohn anleitete und ihm die erforderlichen Werte vermittelte, damit seine heilenden und prophetischen Fähigkeiten den Menschen seiner Welt und darüber hinaus besser dienen würden. Zum Beispiel waren Marias Eltern Abkömmlinge des Geschlechts David, einer der ursprünglichen Stämme Israels. Ihr Vater und ihre Mutter, Joachim und Anna, waren schon rund zwanzig Jahre verheiratet, als es zur Empfängnis ihrer ersten und einzigen Tochter kam. Marias Seele trat in Annas Leib ein, nachdem Anna einen Traum gehabt hatte, den am gleichen Abend an einem anderen Ort auch Joachim erlebte. In der Gegenwart eines »Engels des Herrn« legten beide ein Gelübde ab, dass ihre Tochter »von frühester Kindheit an dem Herrn geweiht und im Leib ihrer Mutter mit dem Heiligen Geist erfüllt« sein würde.[5] Ihre Tochter sollte Maria heißen, und eben ihre Reinheit würde es ihr ermöglichen, im vierzehnten Lebensjahr in eine ungewöhnliche Empfängnis einzuwilligen. Zusätzliche Bücher beschreiben die Zeit vor und unmittelbar nach Jesu Geburt sowie anderweitig nicht erwähnte Wunder, die Jesus in seiner Kindheit wirkte.

Einige der größten Erkenntnisse zu unserer Rolle in der Geschichte sowie unserer heutigen Vorstellungswelt bieten wohl die Bücher von Adam und Eva. Das Erste Buch von Adam und Eva beginnt nach dem Zeitpunkt der Schöpfung und beschreibt die Lage »des Gartens«, womit wohl der Garten Eden gemeint ist. Der Garten war »im Osten der Erde« gepflanzt, »an der östlichen Grenze der Welt, jenseits derer man gegen Sonnenaufgang nichts als Wasser antrifft, und der die ganze Welt umspannt sowie bis an die Grenzen des Himmels reicht. Und nördlich des Gartens findet sich ein See mit einem Wasser, das rein und klar schmeckt wie nichts sonst.«[6]

Nach der Vertreibung von Adam und Eva aus dem Paradiesgarten werden die beiden in eine ungewöhnliche Chronologie eingeweiht: Aus ihr geht die Dauer ihres Exils hervor, das sich noch auf ihre gesamten Nachkommen bis zu einem bestimmten Zeitpunkt in der Geschichte erstrecken soll. In vielleicht der ersten der großen Prophezeiungen erfahren Adam und Eva von ihrem Schöpfer, dass er »auf dieser Erde Tage und Jahre verfügt hat, und ihr und eure Nachkommen sollt auf ihr wohnen und wandeln, bis die Tage und Jahre erfüllt sind.« Dieser Zeitpunkt der Erfüllung, so stellt man sich vor, folgt auf die »großen fünfeinhalb Tage«, die im Folgenden als »fünftausendfünfhundert Jahre« umrissen werden. Zu eben diesem Zeitpunkt, zum Abschluss eines umfangreichen zeitlichen Zyklus, würde dann *der Eine* kommen und Adam und seine Nachkommen erlösen.

Fast zweitausend Jahre lang haben die Menschen Spekulationen über die fehlenden Zeiten und die offenkundigen Lücken in den biblischen Berichten angestellt. Nun hat die Entdeckung der einst verlorenen Bücher der Bibel ein neues Licht hierauf geworfen und vielleicht die Tür zu noch größeren Fragen hinsichtlich unseres Weltbildes aufgetan. Was wir wissen ist, dass unsere Deutung der Geschichte und unserer Rolle in der Schöpfung bestenfalls unvollständig ist. Ist es möglich, dass das Fundament unserer Gesellschaft und Kultur, unserer Sprache, Religion, Wissenschaft, Technik, ja sogar unserer Art, einander zu lieben, auf einem unvollständigen Verständnis unserer heiligsten und uralten Geschichte basiert? Was haben wir vergessen, wenn es um unsere Beziehung zu den Kräften geht, die in unserer Welt wirken? Welches Wissen fehlt uns, dass wir nicht in der Lage sind, eine Heilung wie jene auf dem abendlichen Parkplatz in Georgia zu verstehen? Vielleicht lässt sich die Lücke in unserem Verständnis nun endlich schließen. Betrachten wir das Ganze im Licht neuer Offenbarungen einer Weisheit, die das Fundament der großen Weltreligionen bildet: die uralten Lehren der Essener.

Die geheimnisvollen Essener

Fünfhundert Jahre vor Christi Geburt lebte eine geheimnisvolle Gruppe von Gelehrten in Gemeinschaften nach einer uralten Weisheitslehre, deren Anfänge lange vor der uns bekannten Geschichtsschreibung lagen. Man kannte diese Menschen unter dem Sammelnamen »Essener« – diverse religiöse Splittergruppen, zu denen auch die Nazaräer und Ebioniten gehörten. Römische und jüdische Gelehrte nannten die Essener »eine eigene Rasse Mensch, bemerkenswerter als jede andere der Welt.«[7] Teile ihrer Traditionen lassen sich in uralten Schriftzeugnissen wie etwa in der Keilschrift der Sumerer von 4000 vor Christus wiederfinden. In nahezu jedem heute existierenden Glauben gibt es Elemente, die sich zu dieser ursprünglichen Weisheitslehre zurückverfolgen lassen – darunter die Glaubensvorstellungen Chinas, Tibets, Ägyptens, Indiens, Palästinas, Griechenlands und Südwestamerikas. Auch die Wurzeln vieler bedeutender Traditionen des Westens, etwa die der Freimaurer, Gnostiker, Christen und Kabbalisten, sind hier zu finden.[8] Die Essener, auch unter dem Namen »die Auserwählten« oder »die Aussersehenen« bekannt, waren die Ersten, die offen die Sklaverei, das Halten von Dienstboten und die Tötung von Tieren zum Verzehr verurteilten. Sie betrieben Ackerbau und betrachteten körperliche Arbeit als eine heilende Kommunion mit der Erde. Sie führten ein Leben in inniger Verbundenheit mit der Natur, der sie ihr Leben verdankten. Die Essener betrachteten das Gebet als die Sprache, durch die wir die Natur und die schöpferische Intelligenz des Kosmos ehren; sie unterschieden nicht zwischen diesen beiden. Sie praktizierten das regelmäßige Gebet. Sie beteten zum ersten Mal, wenn sie vor dem Morgengrauen aufstanden, um auf den Feldern zu arbeiten. Dem folgten Gebete vor und nach jeder Mahlzeit und wenn sie sich am Ende des Tages zur Ruhe begaben. Für sie war das mit solcher Regelmäßigkeit praktizierte Gebet eine Gelegenheit, am Schöpfungsprozess ihres Lebens teilzuhaben – nicht ein vorstrukturiertes Ritual, das ihnen im Lauf des Tages in bestimmten Abständen abverlangt wurde. Die Mitglieder der Essener-Gemeinschaften waren nach heutigen Maßstäben strenge Vegetarier. Sie verzichteten auf den Genuss von Fleisch und Zubereitungen, die Blut enthielten, sowie auf vergorene Getränke. In der nachfolgenden Passage aus den Schriftrollen vom Toten Meer findet sich vielleicht eine der explizitesten Erklärungen für ihre Ernährungsweise: »Tötet weder Mensch noch Tier, noch die Nahrung, die euer Mund aufnimmt. Denn wenn ihr lebendige Nahrung esst, wird sie euch beleben, aber wenn ihr eure Nahrung tötet, wird euch die tote Nahrung ebenfalls töten. Denn Leben kommt nur von Leben, und vom Tod kommt immer nur Tod. Denn alles, was eure Nahrung tötet, tötet auch euren Körper.«[9] Dank ihrer Lebensweise erreichten die Essener ein hohes Alter; sie wurden hundertzwanzig Jahre und älter und blieben dabei gesund und vital. Die Essener waren gewissenhafte Gelehrte, die ihre Überlieferungen aufzeichneten und dokumentierten, für künftige Generationen in einer Welt, die sie sich nur vorstellen konnten. Das beste Beispiel für ihre Arbeit entdeckt man vielleicht in den verborgenen Bibliotheken, die sie auf der ganzen Welt hinterließen. Ihre systematisch platzierten, wie Zeitkapseln funktionierenden Manuskripte liefern uns Momentaufnahmen, die das Denken eines alten Volkes und eine vergessene Weisheit zeigen. Wie lautete ihre Botschaft an uns Menschen heute?

Die Schriftrollen vom Toten Meer

Eine der am besten zugänglichen und zugleich am meisten umstrittenen dieser verborgenen Essener-Bibliotheken wurde 1946/47 in der Gegend von Qumran, oberhalb des Toten Meeres, von Beduinen entdeckt. Sie wurden unter dem Sammelnamen »Die Schriftrollen vom Toten Meer« bekannt. Man geht davon aus, dass es sich um fast eintausend Dokumente handelte, die man dort in Höhlen in Sicherheit gebracht hatte. Das beträchtliche Alter der ersten sieben Manuskripte wurde im Frühjahr 1948 von Spezialisten der »American School of Oriental Research« bestätigt: Sie kamen zu dem Ergebnis, dass das Handbuch der Disziplin, die Patriarchen-Geschichten, die Erntedankpsalmen, der Habakuk-Kommentar, die Kriegsrolle und das Buch Jesaja (in zweifacher Ausfertigung) ein paar Hundert Jahre früher verfasst worden waren als jeder andere Text, den man bislang im Heiligen Land entdeckt hatte. Bis 1956 spürte man insgesamt elf Höhlen auf. Zusammengenommen enthielten sie die Überbleibsel von schätzungsweise einst achthundertsiebzig Schriftrollen: mehr als zweiundzwanzigtausend Fragmente aus Papyrus, Tierhäuten und Metallrollen. In einer einzigen dieser Fundstätten, Höhle Nummer vier, lagen zirka fünfzehntausend Fragmente – das größte Versteck von Texten am Toten Meer, das man bis dahin ausfindig gemacht hatte.

Über die Übersetzung und Publikation der Schriftrollen streiten sich die Gelehrten seit Jahrzehnten. Bis vor wenigen Jahren hatte ausschließlich ein achtköpfiges Wissenschaftlerteam Zugang zur Bibliothek vom Toten Meer. Erst in den 1990er-Jahren wurden die Inhalte dieser Schriftrollenbibliothek aufgrund zunehmenden Drucks von Politik und Wissenschaft der Öffentlichkeit zugänglich gemacht. 1991 gab die Huntington Library in Südkalifornien bekannt, dass sie sich im Besitz eines kompletten Satzes von Fotografien der Schriftrollen vom Toten Meer befinde und sie der Allgemeinheit zugänglich machen wolle. Ihrem Beispiel folgend, verkündete Emanuel Tov, Leiter des offiziellen Qumranschriften-Teams, im November des gleichen Jahres den »freien und bedingungslosen Zugang zu sämtlichen Fotografien der Schriftrollen vom Toten Meer, auch im Hinblick auf bislang unveröffentlichte Schriftrollen.«[10]

Angesichts der anhaltenden Kontroversen über die Schriftrollen liegt es nahe, immer wieder die gleiche Frage zu stellen: Welche Botschaft könnte bloß auf diesen zweitausend Jahre alten Fragmenten aus Kupfer, Tierhäuten und Papyrus stehen, dass diese fast ein halbes Jahrhundert nach ihrer Entdeckung von der Öffertlichkeit ferngehalten wurden?

Ein Grund für die hinausgezögerte Veröffentlichung der Übersetzungen liegt darin, dass die Schriftrollen aus den Höhlen offenbar die frühesten Fassungen unserer heutigen Bibel darstellen. So spannend eine solche Entdeckung zunächst klingen mag: Das Problem liegt in den Abweichungen zwischen den von den Essenern überlieferten Urtexten und den heute akzeptierten Versionen der Bibel. Die Dokumente, die man in den Höhlen am Toten Meer fand, waren nicht der Überarbeitung des Konzils von Nicäa im vierten Jahrhundert unterzogen worden; man hatte sie weder in die Sprachen des Abendlandes übersetzt, noch waren sie in den letzten zweitausend Jahren immer wieder der Auslegung von Gelehrten ausgesetzt.

Die Schriftrollen enthalten Erzählungen, Parabeln und eine Geschichtsschreibung, die man seit der Entfernung der Texte aus unserem Bibelkanon Anfang des vierten Jahrhunderts nicht mehr zu Gesicht bekommen hatte. Die auf Hebräisch und Aramäisch verfassten Schriftrollen liefern auch Texte, die in einigen Fällen von den Engeln selbst stammen sollen. Außerdem gewährt die Bibliothek seltene Einblicke in das Leben von Propheten wie Henoch und Noah und umfasst mindestens zwölf bis dato unbekannte Texte, die Moses verfasste. Keines dieser Dokumente wurde in unseren heutigen Bibelkanon aufgenommen. Die Schriftrollen aus den Qumran-Höhlen öffnen Türen zu neuen Möglichkeiten, wenn es um unsere Beziehung zur kollektiven Vergangenheit der Menschheit und zueinander geht. Und das ist erst der Anfang.

Geheimnisse der Essener

Ein Auszug aus den Schriftrollen vom Toten Meer lässt verstehen, warum sich die alten Essener von den städtischen Siedlungen ihrer Zeit absonderten und ihre eigenen Gemeinden in der Wüste gründeten: »Immer haben die Kinder des Lichts dort gelebt, wo die Engel der Erdenmutter frohlocken: In der Nähe von Flüssen, in der Nähe von Bäumen, in der Nähe von Blumen, in der Nähe der Musik der Vögel, wo Sonne und Regen den Körper umfangen können, welcher der Tempel des Geistes ist.«[11] Die Natur und ihre Gesetze spielten bei der Lebensweise der Essener eine wichtige Rolle. Ihre Überzeugungen im Hinblick auf die Beziehung zwischen dem menschlichen Körper und den Elementen der Erde erklären uns ihr Verständnis der Welt.

Für die Essener von Qumran beschrieb das Wort »Engel« unter anderem die Elemente unserer Welt, die wir heute als elektrische und magnetische Kräfte wahrnehmen. Einige dieser Kräfte waren sichtbar und fassbar, andere hingegen ätherisch, wenngleich nicht weniger gegenwärtig. So zum Beispiel können bei Nennung des »Engels der Erde« der Engel der Luft und die Engel des Wassers und des Lichts mit inbegriffen sein. Auch emotionale und Bewusstseinskräfte wurden als Engel bezeichnet, wie etwa die Engel der Freude, Arbeit und Liebe. Derartige Einblicke in das Denken der Essener erlauben uns, ihre Worte zweieinhalbtausend Jahre später mit neuer Hoffnung und neuem Verständnis zu betrachten.

In der Sprache ihrer Zeit boten die Verfasser der Schriftrollen vom Toten Meer eine Weltsicht, die das Bestehen einer ganzheitlichen und geeinten Beziehung zwischen der Erde und unserem Körper berücksichtigt. Mit einprägsamen Worten und poetischen Bildern erinnern uns die Qumranschriften daran, dass wir aus einer ganz besonderen Vereinigung hervorgegangen sind: aus einer *heiligen Vermählung* zwischen der Seele des Himmels und dem Stoff, aus dem unsere Welt besteht. Nach diesem Prinzip sind wir alle ausnahmslos mit unserer gesamten Erfahrungswelt vernetzt. Durch unsichtbare Fäden und Verbindungen hängen wir mit jeder Form von Leben zusammen. Jeder Stein, jeder Baum und Berg, jeder Fluss und jedes Meer ist ein Teil von uns. Und was vielleicht am wichtigsten ist: Wir alle werden daran erinnert, dass wir jeweils Teil des anderen sind.

In den Überlieferungen der Essener wird dies als die Einheit zwischen »unserer Erdenmutter« und »unserem Himmelsvater« bezeichnet: »Denn der Geist des Menschensohns wurde aus dem Geist des Himmelsvaters erschaffen, und sein Körper aus dem Körper der Erdenmutter.« … »Wahrlich, ich

sage euch, ihr seid eins mit der Erdenmutter; sie ist in euch und ihr seid in ihr. Aus ihr seid ihr geboren, in ihr lebt ihr, und zu ihr werdet ihr zurückkehren.« ... »Der Mensch ist der Sohn der Erdenmutter, und von ihr erhielt der Menschensohn seinen Körper, so wie auch der Körper des neugeborenen Kindes aus dem Schoße seiner Mutter geboren wird.«[12]
Wir sind die ungeschlechtliche Vereinigung dieser Kräfte, der männliche »Himmelsvater«, verschmolzen mit der weiblichen »Erdenmutter«.
Dieser Blickwinkel der Einheit legt uns nahe, dass sich durch das gemeinsame Band, das unsere Körper mit der Erde verbindet, die Erfahrungen des einen in denen des anderen spiegeln. Solange diese »Ehe« in Ehren gehalten wird, besteht der Bund zwischen Erde und Geist und leben die weichen Tempel unserer Körper fort. Wird die Vereinbarung nicht geehrt, endet der Bund, unser Tempel stirbt, und die Kräfte der Erde und des Geistes kehren jeweils zu ihrem Ursprung zurück.
Essenische Weisheitslehren mit derartig feinsinnigen Vorstellungen wurden bei der redaktionellen Überarbeitung der Manuskripte im Rahmen des Konzils von Nicäa im vierten Jahrhundert aus dem Kanon herausgenommen. Die elegante Schlichtheit, mit der sich die erhabenen Lehren der Essener mit wesentlichen Elementen unseres heutigen Lebens verweben lassen, wurde Anfang des zwanzigsten Jahrhunderts in den großen Bibliotheken des deutschen Adelsgeschlechts der Habsburger und der katholischen Kirche wiederentdeckt. Die exzellent erhaltenen Handschriften, welche der Vatikan mehr als eintausendfünfhundert Jahre lang aufbewahrte, gehörten zu den Schlüsseldokumenten, die Dr. Edmond Bordeaux Székely bewogen, überarbeitete Übersetzungen dieser ungewöhnlichen essenischen Schriften zu veröffentlichen. 1928 brachte er den ersten Band einer Reihe heraus, die unter

dem Namen »Das Friedensevangelium der Essener« bekannt werden sollte. Das Werk führte zu neuen Erkenntnissen und fachte die Hochachtung vor dieser Lehrtradition an, die älter ist als die meisten Weltreligionen unserer Tage.

Die Nag-Hammadi-Bibliothek

Bereits im Dezember 1945, etliche Monate vor Entdeckung der Schriftrollen vom Toten Meer, hatte man eine Bibliothek mit uralten Weisheitslehren entdeckt, die unser Bild vom frühen Christentum für immer verwandelt hat: In der Nag-Hammadi-Region in Oberägypten fanden zwei Brüder in einem im Erdreich vergrabenen, versiegelten Krug eine Sammlung von Schriftrollen. Die auf uraltem Papier aus Papyrusstreifen geschriebenen Texte bestanden aus zwölf kompletten Handschriften sowie acht Seiten aus einem dreizehnten Manuskript. Sie wurden unter dem Sammelnamen Nag-Hammadi-Bibliothek bekannt und befinden sich heute im Koptischen Museum in Kairo. Die Manuskripte der Nag-Hammadi-Bibliothek wanderten durch eine erstaunliche Vielzahl von Händen, bevor sie am 4. Oktober 1946 identifiziert, für echt befunden und ins Museumsverzeichnis eingetragen wurden. Obwohl einige der Schriftrollen als Brennstoff in den Öfen der ortsansässigen Bevölkerung landeten und vernichtet wurden, sind die übrigen bis zum heutigen Tag bemerkenswert gut erhalten und ermöglichen neue und in manchen Fällen unerwartete Einblicke in alte gnostische und frühchristliche Überlieferungen. Die Entstehung der auf das vierte Jahrhundert zurückgehenden Nag-Hammadi-Bibliothek beginnt etwa in der Epoche, in der die Schriftrollen vom Toten Meer aufhören. Nie zuvor erschloss sich uns eine solche Kontinuität in den spirituellen und religiösen Lehren der frühen Christen, bis hin zu Prophezeiungen, welche die damalige Sicht unserer Zeit zeigen. Die gnostische Tradition entstand in einer Periode, in der die frühchristlichen Doktrinen in Umformung begriffen waren. Die Gnostiker identifizierten sich mit den zentralen Lehren des Christentums in ihrer Ursprungsform. Sie unterschieden sich damit von der allgemeinen Tendenz der christlichen Tradition, sich den wechselnden Zeiten anzupassen und damit vom Ursprung ihres Glaubens zu entfernen. Als sich das Römische Reich zum konventionellen Christentum bekannte, wurden die Gnostiker als radikale Sekte eingestuft und schließlich ganz aus dem Bewusstsein der Christenheit ausgelöscht. Bücher wie das Evangelium Marias, die Apokalypse des Paulus, Jakobus und Adam sowie das Buch Melchizedek haben bis heute überdauert, um Zeugnis abzulegen von der Weisheit der gnostischen Christen, die darauf bestanden, kostbare Lehren für künftige Generationen zu erhalten.

DIE APOKALYPSE DES ADAM

Da der Gnostizismus anerkanntermaßen den Überlieferungen des frühen Christentums entsprang, finden sich zu vielen der gnostischen Schriften Gegenstücke in den Erzählungen, Mythen und Parabeln frühchristlicher Texte. Besonders erwähnenswert unter den Nag-Hammadi-Dokumenten ist eine ungewöhnliche Schrift, die unter dem Namen »Apokalypse des Adam« bekannt wurde: eine Anthologie von Lehren, die als von Gott eingegeben und übermittelt gelten. Sie berichtet über den Adam, den wir aus der Schöpfungsgeschichte kennen. Was die Apokalypse des Adam so einzigartig macht: Sie bezieht sich in keiner Weise auf älteres Material. Es scheint, dass dieser Text als frühere Form des Gnostizismus bereits komplett war, lange bevor die Zeit der christlichen Literatur anfing.

Adam beginnt seinen Bericht, indem er die Gegenwart dreier Besucher vom Himmel schildert, Führer, die ihn durch seine Visionen geleiten, in denen er zukünftige Zeiten der Menschheit durchwandert. Kurz vor seinem Tod diktiert er das ihm Offenbarte seinem Sohn Seth. Ähnlich wie die Lehren des Propheten Henoch, der seinem Sohn Methusalem in fortgeschrittenem Alter die Geheimnisse der Schöpfung diktierte, beginnt der Text damit, dass Adam seinen Sohn »im siebenhundertsten Jahr«[13] belehrt. Nach kurzer Klärung der Geschichte seines Lebens mit Eva, Seths Mutter, lässt Adam ihn an seinen Visionen zu Ereignissen teilnehmen, die noch bevorstehen: »Jetzt nun, mein Sohn Seth, werde ich dir das offenbaren, was jene Männer offenbart haben, die ich früher vor mir gesehen habe …«[14] Adam erzählt ausgiebig von der Zeit Noahs und der Sintflut, die damals noch bevorstand, mit genauen Angaben zu Noahs Familie und der Arche, die ihnen das Leben rettete.

Am bedeutsamsten in den Offenbarungen Adams ist vielleicht seine Schilderung eines Erlösers, den er als den »Erleuchter« bezeichnet. Adam erzählt von einer Erde, die unentwegt von Überschwemmungen und Bränden verwüstet wird, bis zum dritten Mal der Erleuchter erscheint. Nach seinem Erscheinen stellen die großen Machthaber der Welt ungläubig seine Macht, Autorität und Fähigkeiten infrage. In dreizehn aufeinanderfolgenden Szenarien schildert Adam dreizehn Königreiche, in denen man sich die unterschiedlichsten falschen Bilder von der Herkunft des Erleuchters macht – etwa, er sei aus »zwei Erleuchtern« oder »einem großen Propheten« entstanden und aus einer anderen Zeit, »einem Äon, der unten ist …«. Erst die Generation in Adams Zukunft – »das königslose Geschlecht« – identifiziert die Herkunft des Erleuchters korrekt: Dieser sei von Gott aus allen Zeiten, vergangenen wie zukünftigen, auserwählt und in die Gegenwart gebracht worden: »Gott hat ihn aus allen Äonen erwählt. Er hat veranlasst, dass eine Erkenntnis des Unbefleckten der Wahrheit [durch ihn] entstehe.«[15] Derartige Texte eröffnen eindeutig neue Perspektiven und frische Einblicke in die bruchstückhaften Details, die allgemein in »autorisierten« Fassungen unseres Vermächtnisses erhalten geblieben sind.

DER DONNER: DER VOLLKOMMENE VERSTAND

Eine Rarität unter den Nag-Hammadi-Werken ist der machtvolle Text einer Frau aus der gnostischen Tradition unter dem Titel »Der Donner: Der vollkommene Verstand«. Einer der englischen Übersetzer des Textes, George W. MacRae, bezeichnet dieses Werk als »buchstäblich einzigartig in der Nag-Hammadi-Bibliothek und sehr ungewöhnlich«.[16] Das in der ersten Person abgefasste Manuskript ist in Dialogform gehalten, ein Dialog, in dem die namentlich nicht genannte Autorin verkündet, wie sie selbst viele Widersprüche der menschlichen Erfahrungswelt erlebt habe: »Denn ich bin die Erste und die Letzte. Ich bin die Geehrte und Verachtete. Ich bin die Hure und die Heilige. Ich bin die Frau und die Jungfrau. Ich bin die Unfruchtbare, und viele sind ihre Söhne.«[17] In einer Sammlung von Versen, die an die in den Schriftrollen vom Toten Meer gefundene Lyrik erinnern, vergegenwärtigt sie uns, dass in jeder Person sämtliche Möglichkeiten der Erfahrung anzutreffen sind: vom hellsten Licht bis zur dunkelsten Finsternis. Der Text schließt mit der Mahnung, nicht zu vergessen, was die Menschen an ihrer letzten Ruhestätte erwartet: »... und sie werden mich dort finden, und sie werden leben, und sie werden nicht wieder sterben.«[18]

DAS THOMASEVANGELIUM

Ein umstrittenes Dokument der Nag-Hammadi-Schriften ist als das Thomasevangelium bekannt. Zumindest ein Teil dieser Handschrift wurde als aus dem Griechischen ins koptische Ägyptisch übersetzt identifiziert – die Sprache, die Anfang des ersten Jahrtausends in den christlichen Klöstern Ägyptens verwendet wurde. Das Thomasevangelium ist eine außergewöhnliche Anthologie: Sie enthält Sprüche, Parabeln, Geschichten und direkte Zitate Jesu, von denen man glaubt, sie seien vom Bruder Jesu, Didymos Judas Thomas, aufgezeichnet worden. Es handelt sich um den gleichen Thomas, der später christliche Kirchen im Osten begründete.

Teile des Evangeliums weisen eine starke Ähnlichkeit mit dem Manuskript von Evangelium Q auf,[19] einem Quellentext, von dem man glaubt, er gehe auf das erste Jahrhundert zurück. Die »Q«-Texte – benannt nach dem deutschen Wort »Quelle« – wurden, wie man heute weiß, von den Verfassern des Neuen Testaments als Quelle verwendet. Es gibt jedoch viele Abschnitte des Thomasevangeliums, die sich im Evangelium Q nicht finden. Das legt den Schluss nahe, dass es sich um eine unabhängige Quelle handelt, die zur Bestätigung und Validierung anderer, aus der gleichen Zeit stammender Texte dienen kann.

Der Text des Thomasevangeliums gehört zu den mystischsten der gnostischen Schriften. Gleichzeitig gewinnen seine Worte im Kontext der Schriftrollen vom Toten Meer neue Bedeutung und ermöglichen weitere Erkenntnisse. So wird zum Beispiel im Thomasevangelium verzeichnet, wie Jesus als Antwort auf die Frage seiner Jünger nach ihrem Ende auf dieser Welt eine Parabel verwendet: »Denn ihr habt fünf Bäume im Paradies, die sich im Sommer (und) im Winter nicht bewegen und deren Blätter niemals abfallen. Wer sie (er)kennen wird, wird den Tod nicht schmecken.«[20] Ohne erklärenden Bezugsrahmen für die »fünf Bäume« bieten diese Worte einen mystischen Spruch, über den man nachsinnen kann. Bezieht man sich jedoch auf die essenische Lehre von den Engeln des Lebens, dann werden diese Worte zu einer Bestätigung der uralten Wissenschaft vom ewigen Leben: Es sind die fünf Schlüssel Denken, Fühlen, Körper, Atem und Nahrung. Noch mehr Glaubwürdigkeit erhält die Interpretation dieses mystischen Verweises auf das ewige Leben durch Texte, die bestätigen, dass Jesus ein Meister aus der essenischen Tradition war.

Jenseits von Wissenschaft, Religion und Wundern

Die gleichen Texte, in denen die Prophezeiungen erhalten geblieben sind, legen uns auch die Möglichkeit nahe, die vorhergesagten katastrophalen Veränderungen umzuwandeln, selbst solche, die unmittelbar bevorzustehen scheinen. Aus Texten wie den Evangelien der Essener und der Nag-Hammadi-Bibliothek sprechen Weisheitslehren, die es uns ermöglichen, unsere individuellen lebensbejahenden Visionen zu einem kollektiven Willen zusammenzuführen und unserer Zukunft ein neues Gesicht zu geben. Damit vollziehen wir eine Neudefinition uralter Visionen von ansteigenden Meeresspiegeln, verheerenden Erdbeben, lebensbedrohlichen Sonneneruptionen und weltweitem Krieg. So unterschiedlich die Einzelheiten dieser Texte in mancher Hinsicht auch sein mögen: Es gibt gemeinsame Themen, die sie heute zu einer aussagekräftigen Quelle von Informationen machen. In all diesen vorgeschichtlichen Weisheitslehren werden wir daran erinnert, *dass sich lebensbejahende Entscheidungen aus der Welt unserer eigenen Gedanken, Gefühle und Emotionen durch Frieden und Vergebung in der umfassenderen Welt unserer Familie und Gemeinde spiegeln.* Ebenso zeigen sich Entscheidungen, die das Geschenk des Lebens in unserem Körper negieren, in unseren Städten, Regierungen und Nationen als Unruhen, Unterdrückung und Krieg. Erneut erhalten wir einen Anstoß, uns zu erinnern, dass unsere innere und äußere Welt einander spiegeln. Die bloße Erinnerung hieran, in all ihrer Einfachheit, macht es möglich, dass wir Wunder wie etwa die Heilung, von der zu Beginn dieses Kapitels berichtet wurde, erwarten können, statt lediglich auf sie zu hoffen. Betrachten wir die Elemente, die bei der redaktionellen Überarbeitung des Konzils von Nicäa im vierten Jahrhundert abhanden kamen, so ist die Wissenschaft der Prophetie und des Gebets vielleicht eine Komponente, aus der wir die allergrößte Kraft schöpfen können.

»Ich las hierin, was immer gewesen, was nun war, und was sein würde.«

DAS FRIEDENSEVANGELIUM DER ESSENER

3

Die Prophezeiungen

Stille Visionen einer vergessenen Zukunft

Die meisten jahrhundertealten Traditionen erinnern uns daran, dass unsere Lebenszeit keine gewöhnliche Zeit in der Geschichte der Menschheit oder der Erde darstellt. Unsere Vorgänger hinterließen uns in heiligen Texten, mündlichen Überlieferungen und Zeitrechnungssystemen verschlüsselte prophetische Botschaften: Sie richten sich an ein Volk, das sie sich nur in ihren Träumen vorstellen konnten. Im Lauf der Zeit wurden die Themen dieser Visionen, die in manchen Fällen älter sind als unsere Geschichtsschreibung, in eine Reihe religiöser Überlieferungen und spiritueller Übungen integriert. So verschieden sie wirken mögen: Die andeutungsweisen Ähnlichkeiten in derartigen Traditionen bieten Hinweise auf die Bedeutung dieser heiligen Worte heute. Mithilfe von Computern und anderen Hilfsmitteln der modernen Wissenschaft wurden erst kürzlich Verweise dieser uralten Visionen der Zukunft bestätigt.

Bewahrer der Zeit: Die rätselhaften Maya

Auch in der Morgendämmerung des einundzwanzigsten Jahrhunderts gehören die Maya noch immer zu den ungelösten Rätseln unserer Vergangenheit. Fast ebenso plötzlich, wie sie vor fast anderthalb Jahrtausenden in den entlegenen Regionen der Halbinsel Yucatán in Erscheinung traten, verschwanden diese Erbauer mächtiger Tempel und Observatorien um das Jahr 830 auch wieder. Neben ihren weitläufigen Plätzen und Steintürmen hinterließen sie in ihren unübertroffenen Zeitberechnungen Hinweise auf ihre Vergangenheit und vielleicht auch auf unsere Zukunft.

Der Mayakalender gehört zu den ältesten und genialsten Zeitberechnungssystemen, die wir kennen. Bis zum Aufkommen unserer auf der Schwingung des Cäsiumatoms basierenden Atomuhren machte die Genauigkeit des Mayakalenders allen bekannten Zeitmessern Konkurrenz. Bis zum heutigen Tag erfolgt die Zeit- und Datumsberechnung der Maya mithilfe eines Systems, das nach Expertenmeinung »in über fünfundzwanzig Jahrhunderten keinen einzigen Tag übersprungen hat.«[1] Der Mayakalender, der die Natur als sich wiederholenden Zyklus von Ereignissen versteht, spiegelt damit das Verständnis des Mayavolkes, dass sich die Zeit aus einem System ineinandergreifender Perioden zusammensetzt.

Bei den Maya gingen die Hüter der Zeit von einer zweihundertsechzig Tage umfassenden Zählweise aus, die man »Tzolkin« oder »Heiliger Kalender« nannte. Der Tzolkin, der auch bei anderen mesoamerikanischen Kulturen geläufig ist, ist die Schnittstelle zwischen zwanzig namentlich genannten Tagen und einem Zähler, der auf der Ziffer dreizehn basiert. Die Maya gingen bei ihrer Zeitberechnung jedoch noch einen Schritt weiter. Wie ein Zahnrad greift der Tzolkin mit einem zweiten Kalender ineinander, dem »Haab« (»Ungefähres Jahr«), einer Runde von dreihundertfünfundsechzig Tagen. Die beiden Zeitzyklen bewegten sich wechselseitig vorwärts wie die Zähne zweier Zahnräder, bis der seltene Moment gekommen war, wo ein Tag auf dem heiligen Kalender dem gleichen Tag des Haab entsprach. Dieser lebhaft gefeierte Tag kennzeichnete das Ende eines zweiundfünfzig Jahre umspannenden Zyklus. Den »Großen Zyklus« wiederum, die vorangegangenen fünftausendzweihundert Jahre, maß man als einhundert dieser zweiundfünfzig Jahre währenden Zyklen. Die Maya-Aufzeichnungen stützen sich auf die Berechnungen und Überlieferungen der zuständigen Priester. Ihnen zufolge begann unser letzter Großer Zyklus zur biblischen Zeit Moses, 3114 vor Christus, und endet in unserer nahen Zukunft im Jahr 2012.

Die Maya-Visionen zu unserer Zukunft und das Zeitberechnungssystem der Maya hängen eng zusammen. Diese alten Propheten sagten, dass Zeitzyklen jeweils unverwechselbare Kennzeichen aufwiesen. Sie basierten auf einer »großen Welle«, die in periodischen Abständen durch den Kosmos wandere. Wenn die Welle durch die gesamte Schöpfung schwinge, synchronisiere sie in einem zyklisch wiederkehrenden Turnus alles Leben und die Naturgewalten. Die Vollendung unserer Runde im derzeitigen Zyklus gilt als besonders wichtig für die Erde und für die Menschheit. Dr. José Arguelles, ein anerkannter Experte auf dem Gebiet der Maya-Kosmologie, stellt die These auf, der aktuelle Unterzyklus von zwanzig Jahren, der 1992 begann, kennzeichne »das In-Erscheinung-Treten nicht materialistischer, ökologisch verträglicher Technologien ... als Ergänzung für die neue dezentralisierte Mediarchie und Informationsgesellschaft ...«[2] Die Maya-Ältesten von heute glauben, dass der Abschluss dieses großen Jahrtausendzyklus noch zu unseren Lebzeiten eintreten wird, im Jahr 2012, und seit über dreitausend Jahren vorhergesehen wurde. Sie betrachten diesen seltenen Moment als das Ende und gleichzeitig als die Geburt einer Zeit ungewöhnlicher Veränderungen. Dr. Arguelles spricht – und hierin findet sich der Glaube der Maya wieder – von spezifischen Attributen, die den einzelnen Zyklen zugeschrieben werden, und kommt zu dem Schluss, dass mit der Übereinstimmung der Maya-Zyklen unser Daseinszweck, »den Geist der Erde in seiner Ganzheit zusammenzubringen ... und mit der Harmonie der Sternensaat zu besiegeln«[3], erfüllt sei.

Auf ähnliche Weise verfolgt man bei den Azteken Zentralmexikos die großen Phasen der Erdgeschichte. Dort nennt man die einzelnen Zyklen »Sonnen«. Die aztekische Überlieferung erzählt von der Zeit der Ersten Sonne, »Nahui Ocelotl« genannt, als unsere Welt von Riesen bevölkert war, die im Innern der Erde lebten. Ähnlich wie die Welt, auf die in der Bibel hingewiesen wird, beschreibt das uralte Buch die Tage, in denen die empfangenden Frauen Riesen hervorbrachten: »Sie aber wurden schwanger und gebaren dreihundert Ellen* lange Riesen, die den Erwerb der Menschen aufzehrten.

Als aber die Menschen ihnen nichts mehr gewähren konnten, wandten sich die Riesen gegen sie und fraßen sie auf ...«[4]
Dieser Zeitraum endete, als das Tierreich das Menschenreich bezwang. Es fehlen Hinweise auf Überlebende aus dieser ungewöhnlichen Ära in der Geschichte der Erde.

Die Zweite Sonne, der nächste große Zyklus, »Nahui Ehecatl« genannt, wurde als die Zeit vermerkt, in der neue Menschenwesen mit dem Züchten und Kreuzen von Pflanzen begannen. Der Abschluss dieser Periode war von einem hef-

---

* Die Elle war in alter Zeit ein Längenmaß: Es entsprach der Strecke von der Spitze des längsten Fingers bis zum Ellbogen der Person, die gerade an der Macht war. Offenbar variierte diese Länge also. Durchschnittlich betrüge ein solches Längenmaß heute bei einem männlichen Erwachsenen 43 bis 56 Zentimeter. [Anm. d. Übers.: Unter www.judaica-frankfurt.de findet man die zitierte Stelle mit der Angabe von 3000 (!) Ellen.]

tigen Wind gekennzeichnet, der über die Erdoberfläche fegte und alles beiseiteschaffte, was ihm im Weg war.
Während der Dritten Sonne, »Nahui Quiahuitl«, konstruierte die Bevölkerung der Erde große Tempel und Städte. Es heißt, gigantische Risse in der Erde und ein »Feuerregen« hätten das Ende dieses Zyklus gekennzeichnet. Geologische Spuren verweisen darauf, dass es in der Tat eine Zeit gab, in der Teile der Erde offenbar mit Bränden überzogen wurden. Es wird allgemein angenommen, dass diese Versengung auf den unmittelbaren Aufprall eines Objekts, vermutlich ein Asteroid, vor fast fünfundsechzig Millionen Jahren zurückging.
Das Ende der Vierten Sonne – mit Eis und einer großen Flut einhergehend – wird geologisch wie auch in mündlichen und schriftlichen Überlieferungen aus der ganzen Welt bestätigt. Dem aztekischem Kalender zufolge leben wir heute in den letzten Tagen der Fünften Sonne. Das Ende dieser fünften Welt kommt laut Vorhersagen noch zu unseren Lebzeiten, womit es mit dem letzten Maya-Zyklus zusammenfällt und dem nächsten großen Zyklus den Weg bahnt: der Geburt der Sechsten Sonne.
Viele alte Überlieferungen nehmen solche Ereignisse der Vergangenheit zum Vorbild, wenn sie die Tage der Veränderung als Zeiten der Heimsuchung und Reinigung beschreiben. In solchen Zeiten sind wir eingeladen, die ungewöhnliche und mitunter zerstörerische Demonstration der Naturgewalten als eine Chance zu betrachten, zu wachsen und uns auf noch größere Veränderungen vorzubereiten, die in unserer Welt bevorstehen. Zu den gemeinsamen Grundthemen der Prophezeiungen für diese Zeit in der Geschichte gehören ungewöhnliche Klimaphänomene, der Verlust von Küstengebieten durch steigende Meere sowie Hungersnöte, Dürren, Erdbeben und der Zusammenbruch globaler Infrastrukturen.

Propheten des zwanzigsten Jahrhunderts wie etwa Edgar Cayce sagten massive Erdveränderungen vorher, durch die gegen Ende der 1990er-Jahre und bis ins einundzwanzigste Jahrhundert hinein die Landkarte Nordamerikas gründlich verändert würde. Hierzu gehören zum Beispiel Visionen eines großen Binnensees, der den Golf von Mexiko mit den Großen Seen verbindet, sowie das Absinken weiter Teile der westlichen und östlichen Küstenstriche. Plastische Schilderungen unserer Zukunft, mitunter vor Hunderten oder Tausenden von Jahren entstanden, haben einen neuen Standard für die Möglichkeiten der inneren Technologie und der Prophezeiung geschaffen. Wie konnte es sein, dass unsere Vorfahren Ereignisse sahen, die erst heute eintreffen? Und was vielleicht noch wichtiger ist: Wie zutreffend sind ihre Zukunftsvisionen?

Fernsichtung: Propheten des zwanzigsten Jahrhunderts

Das Wort »Prophet« beschwört Bilder von Männern in Kapuzenroben herauf, Seher in einer längst vergangenen Zeit, die sich mit offenen Augen auf Traumreisen in spätere Zeiten begaben. Das mag auf die überlieferten biblischen Propheten durchaus zutreffen. Doch die Wissenschaft der Prophetie hat sich bis in die Gegenwart hinein fortgesetzt. Sie ist ein geachteter Beruf, nur dass sie einen mysteriösen neuen Namen erhielt. Angelehnt an Studien, die in den frühen 1970er-Jahren am renommierten »Stanford Research Institute (SRI)« stattfanden,[5] ist man nämlich dazu übergegangen, die Fähigkeit, Ereignisse an einem weit entfernten Ort zu beobachten, als *Remote Viewing* (Fernsichtung) zu bezeichnen. Wie sich diese Fähigkeit beim Individuum im Detail äußert, kann von Person zu Person verschieden sein. Die allgemeine Vorgehensweise ist bei allen derart Begabten jedoch ähnlich: Zu Beginn versetzt sich das Medium mit geschlossenen Augen in einen leicht entspannten Zustand. Es arbeitet mit Sinneseindrücken zu Ereignissen, die an einem beliebigen Ort auf dem Planeten eintreten können – sei es im Nebenraum oder bei einem Außenposten in der Wüste auf der anderen Seite der Erde. Der Remote Viewer ist darin geschult, zwischen den vielen Arten von Sinneseindrücken zu unterscheiden. Er oder sie weist dem Erlebten dann Identifikatoren zu, wodurch die Eindrücke immer spezifischer und detaillierter werden. Geräusche, Gerüche, Geschmackseindrücke und Tastreize sowie auch Bilder können eine solche Reise begleiten. Das fachliche Können, das die Remote Viewer von den Gelegenheitsträumern unterscheidet, ist ihr Training, derartige Eindrücke unvoreingenommen zu akzeptieren und aufzuzeichnen. Fähigkeiten dieser Art sind naheliegenderweise von großem Interesse für Geheimdienste und Spionage – eine völlig neue Dimension des risikoarmen Erkenntnisgewinns. Die Fernsichtung spielt in der Staatssicherheit und im Verteidigungswesen von Nationen der freien Welt eine ernst zu nehmende Rolle. 1991 zum Beispiel wurden Menschen mit derartigen Fähigkeiten im Auftrag der »Science Applications International Corporation (SAIC)« gebeten, das Suchgebiet für eine bestimmte Art von Missile im westlichen Irak einzuengen.[6] Die Suche auf bestimmte Abschnitte der irakischen Wüste zu beschränken, bedeutete enorme Einsparungen im Hinblick auf Zeit, Geld und Treibstoff und versprach zudem die Rettung von Menschenleben. Offensichtlich war die Fernsichtung und die Fähigkeit eines Individuums, sein Bewusstsein von einem Ort zu einem anderen zu projizieren, zum Gegenstand ernsthafter Studien geworden. Es ist nicht ohne Ironie, dass die moderne Wissenschaft erst in den letzten Jahren des zweiten Jahrtausends die Prinzipien einer inneren Technologie bestätigt hat, die Propheten vor zweieinhalbtausend Jahren bereits begriffen.

Bei spätabendlichen Radio-Talkshows machten viele Menschen zum ersten Mal Bekanntschaft mit dieser Wissenschaft, die es erlaubt, in Echtzeit weit entfernte Ereignisse zu beobachten. Anlass hierfür war die bevorstehende Jahrtausendwende, die Experten im Hinblick auf zeitlich oder räumlich entfernt Liegendes dazu brachte, sich in die Ergründung einer Post-Millenniums-Erdenwelt vorzuwagen – mit manchmal beunruhigenden, wenn auch nicht überraschenden Ergebnissen. Ähnlich wie die Beschreibungen anderer Prophezeiungen für das Jahrtausend, gliederten sich ihre Reisen in unsere Zukunft im Allgemeinen in zwei Kategorien von Erfahrungen:

Manche der Seher stellten fest, dass sie nicht weiter sehen konnten als bis zum Jahr 2012 nach Christus, dem uns wohlvertrauten Jahr aus dem Mayakalender für das Ende unseres großen Zyklus. Für 2012 berichteten die Zeitreisenden, sie sähen eine völlig andere Erde. Aus ihrer heutigen Perspektive betrachtet, schien die Welt eine Art Verwüstung durchgemacht zu haben. Sie wussten von keinen Gebäuden zu berichten, fanden keinerlei Hinweise auf einen stattfindenden Handel oder eine Normalität nach heutigen Maßstäben. Es kann gut sein, dass diejenigen, die das Jahr 2012 nach Christus vor sich sahen, mit einem Ausgang konfrontiert waren, der von Sehern und Propheten gleichermaßen vorhergesagt wurde: die Nachkriegszerstörung eines Großteils der uns heute bekannten Welt.

Andere, die in neuerer Zeit einen Blick in die Zukunft werfen konnten, berichten von einem ähnlichen Szenario, nur dass hier noch eine große Feuer- und Hitzewelle hinzukommt. Dieses Szenario erinnert an Theorien, die zyklische Wellen

von Protonenfluss und -plasma vorhersahen, die über enorme Zeitzyklen hinweg durch den Kosmos wandern und dabei unterwegs auf die Erde stoßen.
Bei beiden Szenarien schildern die Berichte der Remote Viewer nicht gerade eine einladend wirkende Zukunft. Folgt man jedoch dem Tenor vieler Prophezeiungen für das neue Jahrtausend, könnte es eine Alternative geben.

Nostradamus

Mehr als vierhundert Jahre lang war das Wort »Prophezeiung« nahezu ein Synonym für den Namen eines großen Sehers, dessen Visionen jahrhundertweit in die Zukunft reichten: Michel de Nostredame, geboren am 14. Dezember 1503, wurde unter dem Namen »Nostradamus« bekannt und zum vielleicht nachhaltigst in Erinnerung gebliebenen Propheten der jüngeren Vergangenheit. Seine Gabe des zweiten Gesichts erlaubte es ihm damals, in die Zukunft zu blicken und mit außerordentlicher Detailliertheit und Treffsicherheit Ereignisse zu beobachten. Beim Studium antiker Orakel entwickelte er seine eigenen Techniken, um sich als Beobachter über die Wellen der Zeit zu manövrieren, wobei er häufig technologische Errungenschaften der Zukunft, die er in seinen Visionen sah, in seine Zeit zurückbrachte. Schließlich war Nostradamus Arzt und integrierte viele der Ideen aus seinen Prophezeiungen in seine ärztliche Praxis. Seine Techniken, die heute lediglich dem gesunden Menschenverstand zu entsprechen scheinen, waren für das Europa des sechzehnten Jahrhunderts in der Zeit des Schwarzen Tods revolutionär – unter ihnen die Verwendung von Kräutern, frischer Luft und sauberem Wasser. Darüber hinaus verschrieb er Mixturen aus Aloe und Rosenblättern, beide reich an Vitaminen, von deren Existenz man zu seiner Zeit noch gar nichts wusste.

Einer der bekanntesten Berichte über Nostradamus' visionäre Gaben beginnt, als ihm unerwartet eine Gruppe von Mönchen begegnet, die eine Straße entlanggeht. Ohne zu zögern, kniet Nostradamus zu Füßen eines der Mönche nieder und küsst sein Gewand. Befragt, warum er das tue, antwortet er einfach nur: »Ich muss vor Ihrer Heiligkeit das Knie beugen.« Erst vierzig Jahre später, neunzehn Jahre nach Nostradamus' Tod, ergab der mysteriöse Vorfall auf der Landstraße einen Sinn: Im Jahr 1585 wurde aus dem Mönch, dessen Gewand der Prophet geküsst hatte, Papst Sixtus V. In seinem vielleicht bekanntesten Werk, den »Centurien«, zeichnete Nostradamus seine Visionen zu unserer Zukunft auf. Bis zu seinem Tod hatte er Visionen für zehn Jahrhunderte niedergeschrieben, jede mit einhundert Strophen, Vierzeiler jeweils, »Quatrains« genannt. Die Prophezeiungen des Nostradamus, seit seinem Tod kontinuierlich neu aufgelegt, erstrecken sich bis ins Jahr 3797, und je nach Deutung eventuell auch noch darüber hinaus.

Viele seiner Visionen, die soziale, politische und wissenschaftliche Ereignisse globaler Größenordnung vorhersehen, scheinen außerordentlich exakt und zutreffend. Andere jedoch bleiben mangels spezifischer Datumsangaben nebulös und sind unterschiedlich auslegbar. Nostradamus vermerkte zwei Weltkriege, sogar unter Angabe des Namens Hitler und einer Beschreibung des Hakenkreuzsymbols. Er erwähnte die Entdeckung von Penicillin und Kernenergie, die Ermordung John F. Kennedys, das AIDS-Virus und das Scheitern des Kommunismus. Obwohl sich die Daten und Ereignisse unterschiedlich deuten lassen, sind sich die Wissenschaftler, die sich mit Nostradamus befassten, einig, dass der Prophet für den Ausgang unseres Jahrtausends umwälzende globale Veränderungen vorhersah. Zwar konnten Nostradamus' Leser die Ereignisse anhand von Schlüsselphrasen zeitlich genau einordnen, doch das tatsächliche Datum gab er nur dann an, wenn er das Ereignis als entscheidend einstufte. Von besonderem Interesse ist daher, dass ein Datum dieser Art zu unseren Lebzeiten eintrifft. In Centurien X, Vers 72, heißt es: »Im Jahr 1999 im siebenten Monat (julianischen Kalenders) wird am Himmel ein großer Schreckenskönig (die größte Sonnenfinsternis unseres Jahrhunderts) erscheinen: Er wird auferstehen lassen den großen König von Angoulême (französische Königsstadt). Vor und nach einem Weltkrieg (Mars) wird er aufgrund seines guten Horoskopes regieren.«*,[7]

Zusätzliche Erkenntnisse zu diesem rätselhaften Vierzeiler bringt die Vorrede an Heinrich II., Vers 87, in der Nostradamus schreibt: »Dem vorausgehen wird eine Sonnenfinsternis, düsterer und finsterer als je seit Erschaffung der Welt, außer nach dem Tod und Leidensweg Christi.« Zu einer Sonnenfinsternis, sichtbar von weiten Teilen des europäischen Kontinents, kam es ja am 11. August 1999 tatsächlich. Nostradamus sah in seinen Visionen ferner umwälzende Erdveränderungen voraus, die an jene aus den Überlieferungen der amerikanischen Indianer und der Bibel erinnern. In Vers 88 der Vorrede an Heinrich II. geht es weiter mit spezifischen Einzelheiten, bis hin zum genauen Monat: »Es wird Omen im Frühling geben, und außergewöhnliche Veränderungen danach, ein Umsturz von Nationen und mächtige Erdbeben ... Und es wird im Monat Oktober zu einer großen Bewegung des Erdballs kommen, und diese wird so beschaffen

---

* Die Bemerkungen in Klammern stammen vom Übersetzer und Kommentator der verwendeten dt. Nostradamus-Ausgabe (Anm. d. Übers.).

sein, dass man meinen wird, die Erde habe ihr natürliches Gravitationsmoment verloren und würde in den Abgrund ewiger Dunkelheit gestürzt.«*

Noch weiter in unsere Zukunft blickend, sah Nostradamus eine viel glücklichere Zeit, die den Zeiten der Finsternis auf der Erde folgen würde. In einer Passage aus Centurien II, Vers 12, interpretieren Gelehrte Nostradamus' Vision als Darstellung einer Zeit spiritueller Erneuerung: »Der Körper ohne Seele wird nicht mehr ein Opfer (der Vergänglichkeit) sein / Der Todestag wird in einen Geburtstag verwandelt: / Der göttliche Geist lässt die glückliche Seele / Das Wort (den Logos) in seiner ewigen Bedeutung erschauen.«**

In Centurien III wird ferner in Vers 2 diese Zeit in unserer Zukunft beschrieben: »Das göttliche Wort wird der Substanz, die Himmel und Erde in sich birgt, / verborgenes Gold in mystischer Milch verleihen: / Wenn Körper, Seele und Geist alle Macht haben, / dann wird es unter den Füßen (der Menschen) ebenso sein, / wie droben auf dem Himmelsthron.«***

Gewiss nicht gerade wissenschaftlich und zudem vielseitig deutbar – und doch haben diese aus dem sechzehnten Jahrhundert stammenden Visionen, die unsere Zukunft beschreiben, Gemeinsamkeiten mit denen anderer Propheten – sowohl älteren wie auch solchen aus jüngerer Zeit.

* Übersetzung nach dem englischen Text; in die vorliegende dt. Nostradamus-Ausgabe wurden Vers 87 und 88 offenbar nicht aufgenommen (Anm. d. Übers.).

** *Die großen Weissagungen des Nostradamus,* S. 73 f. und S. 261 (Anm. d. Übers.)

*** *Die großen Weissagungen des Nostradamus,* S. 74 und S. 261 (Anm. d. Übers.).

Edgar Cayce

Edgar Cayce wurde als der »schlafende Prophet« des zwanzigsten Jahrhunderts bekannt. Der formale Bildungsweg des im März 1877 geborenen Cayce endete mit Abschluss des neunten Schuljahrs. Zwar berichtete er schon als Kind von übersinnlichen Erfahrungen, doch seine Gabe der Hellsicht und Heilung entwickelte Cayce in größerem Umfang erst als Erwachsener. Er unternahm oft innerliche Reisen zu Erlebnissen in der Vergangenheit seiner Klienten, um ihre aktuellen Beschwerden zu verstehen. Zwar erinnerte er sich nach seinem Aufwachen aus dem tranceartigen Zustand, in dem er seine Readings durchführte, nicht an deren Inhalt, doch Cayces Sekretärin, Gladys Davis, war immer anwesend, um sie aufzuzeichnen. In Hunderten solcher Aufzeichnungen, die zu Studienzwecken bei der »Association for Research and Enlightenment (ARE)« systematisch katalogisiert wurden, gab er Einblicke in die verborgenen Winkel unserer vergessenen Vergangenheit sowie unserer Zukunft im neuen Jahrtausend.

Berichten zufolge vollbrachte er seine erste Heilung im Alter von vierundzwanzig Jahren an sich selbst. Cayce hatte einen Hypnotiseur um Hilfe gebeten, um seine hartnäckigen Halsbeschwerden zu behandeln. Während er sich entspannt in einem veränderten Bewusstseinszustand befand, begann er zur Überraschung anderer im Raum in seinem »Schlafzustand« zu sprechen und den Hypnotiseur anzuweisen, seinem nicht bei Bewusstsein befindlichen Körper Instruktionen zu geben. Mit den Anweisungen dirigierte Edgar Cayce den Blutstrom in seinem Oberkörper um, und seine Halsbeschwerden legten sich augenblicklich. Damit begann für Cayce seine lebenslange Aufgabe, ähnliche Sitzungen für andere durchzuführen.

Die Genauigkeit und Treffsicherheit der Aussagen aus Cayces Readings ist umfassend belegt. In Nr. 137-117 sah er den Zusammenbruch an der Börse im Oktober 1929 voraus: »Es muss mit Sicherheit eine Pause geben, wo in den Geldzentren Panik ausbricht – nicht nur bei den Aktivitäten an der Wall Street, sondern in vielen Zentren auch eine Schließung des Vorstandes …«[8] Cayce wurde Zeuge dessen, was man später als den Zweiten Weltkrieg bezeichnen sollte – und zwar Jahre, bevor dieser eintrat. In seiner Zukunftsvision zu dem Konflikt (Reading Nr. 416-7) traf er die Feststellung, dass die Länder Partei ergreifen würden, wie »von Österreichern, Deutschen und später den Japanern, die sie in ihrem Einfluss unterstützen, vorgemacht …«[9] Seine Beschreibung geht noch weiter. Er sagt nämlich aus, wenn es nicht zum Eingreifen einer Macht komme, die er als übernatürlich beschrieb, würden »die Belange von Nationen und Völkern, ja der ganzen Welt, von den militaristischen Gruppen und Befürwortern von Macht und Expansion in Schutt und Asche gelegt werden …«[10]

In seinen berühmtesten, wenn auch verwirrendsten Prophezeiungen gab Cayce an, dass die letzten Jahre des zwanzigsten Jahrhunderts sowie die frühen Jahre des einundzwanzigsten eine Zeit noch nie zuvor da gewesener Erdveränderungen sein würden. Wie die Seher der Vergangenheit sah auch er in Visionen globale Veränderungen, die sich grob in zwei Kategorien unterteilten: eine Zukunft, die durch allmähliche Veränderung entstand, und eine Zeit tumultartiger Umbrüche, bei denen nicht viel zur Katastrophe fehlte. *Interessanterweise existieren beide Arten von Prophezeiungen für denselben Zeitraum.*

In Reading Nr. 826-8, datiert August 1936, wird Cayce gezielt zu Veränderungen befragt, die er für die Jahre unmittelbar nach der Jahrtausendwende, 2000 bis 2001, vorhersieht. Weit von dem vagen Charakter vieler derartiger Prophezeiungen entfernt, ist seine Antwort eine direkte Aussage zu einer greifbaren Veränderung messbaren Ausmaßes auf der Erde: »Es kommt zu einer Polverschiebung. Oder ein neuer Zyklus beginnt ...«[11] Die in den letzten vierzig Jahren beobachteten Schwankungen der magnetischen Pole unserer Erde um mehr als fünf Grad, im Zusammenhang mit einer rapiden Abnahme der Magnetfeldstärke betrachtet, wie sie derartigen Polumkehrungen schon früher in der Erdgeschichte vorausging, haben zu neuem Respekt vor derartigen Visionen geführt.

In einer Serie von Readings, die im Januar 1934 kulminierten, schilderte Cayce geografische und geophysische Veränderungen, deren Beginn er innerhalb der vierzig Jahre zwischen 1958 und 1998 vorhersah.[12] Ein Schlüssel zur Auslegung dieser Hinweise liegt in der Information, dass die Veränderungen laut Prophezeiung bis 1998 *beginnen,* nicht bereits *geschehen* sein werden. Veränderungen dieser Art könnten sich durchaus bis weit ins neue Jahrhundert erstrecken. Mark Thurston, ein führender Experte im Hinblick auf die Lehren und Philosophie von Edgar Cayce, fasst Cayces Beschreibung wie folgt zusammen:

1. Es wird zu einem Auseinanderbrechen der Landmasse des amerikanischen Westens kommen.
2. Der überwiegende Teil Japans wird im Meer untergehen.
3. Es wird bestimmte Veränderungen in den nördlichen Regionen Europas geben, ganz schnell, sozusagen im Handumdrehen.
4. Im Atlantik vor der Küste Amerikas wird sich Land aufstülpen.
5. In der Arktis und Antarktis werden größere Umbrüche zu beobachten sein.

6. Vulkane werden ausbrechen, insbesondere in den Tropen.
7. Eine Polverschiebung wird das Klima verändern. So zum Beispiel werden bestimmte kühle und semitropische Regionen tropisch werden.

Wie Thurston deutlich macht, scheinen mehrere dieser Veränderungen unmittelbar mit einer Verschiebung der magnetischen Pole zusammenzuhängen. Obwohl ein kompletter Umschwung noch aussteht, glaubt ein wachsender Kreis von Wissenschaftlern und Forschern, dass die in neuerer Zeit aufgetretenen Verschiebungen der Magnetfelder der Erde Vorläufer eben eines solchen Ereignisses darstellen.[13]
Obgleich eine ganze Reihe früherer Vorhersagen Cayces im Hinblick auf das neue Jahrtausend katastrophaler Natur zu sein scheinen, findet sich in späteren Sitzungen eine interessante, wenn auch feine Veränderung: In den Aufzeichnungen zu einer 1939 datierten Sitzung schildert Cayce bei seinem Blick in das Ende des Jahrhunderts allmähliche Veränderungen statt der zuvor beschriebenen plötzlichen Umschwünge. Cayce sagt: »1998 werden wir auf viel Aktivität stoßen, zurückzuführen auf die allmählichen Veränderungen, die hier eintreten.«[14] Er fährt fort mit seinen Ausführungen über den Jahrtausendwechsel, indem er feststellt: »... was die Veränderungen angeht, [geht] die Veränderung zwischen dem Fische- und dem Wassermannzeitalter allmählich vonstatten [...], nicht als plötzlicher verheerender Umbruch.«[15]
Indem er zwei unterschiedliche Sichtweisen zum Wechsel ins neue Jahrtausend anbot, eröffnet uns Cayce vielleicht zusätzlich etwas Neues zum Wert der Prophezeiungen in unserem heutigen Leben. Wenn wir uns bewusst machen, dass seine Vorhersage katastrophenartig eintretender wie auch allmählicher Veränderungen lediglich im Abstand von Jahren, nicht von Jahrhunderten, entstanden: Welche Verände-

rung erwartet uns dann in unserer Zukunft angesichts der unterschiedlichen Darstellungen? Ganz gleich, von wem die Zukunftsvisionen stammen, die wir betrachten: Die meisten vermeiden genaue Zeitangaben. Sie scheinen eher Möglichkeiten darzustellen als konkrete Termine mit einem exakt zu benennenden Ausgang. Der »schlafende Prophet« bietet mit seinen eigenen Worten einen Schlüssel zur Wissenschaft der Prophetie an, indem er uns erinnert, *dass wir durch unsere Lebensführung in der Gegenwart den Ausgang der Geschichte beeinflussen.* In den Aufzeichnungen zu Reading Nr. 311-10[16] sagt Cayce, unsere Reaktion auf die Herausforderungen unseres Lebens könnte – zumindest teilweise – darüber entscheiden, in welchem Umfang wir die Dinge erfahren, die er vorhersah. »[Es] kann von vielem abhängen, das sich mit dem Metaphysischen befasst ... Da sind diese Bedingungen, die im Tun von Individuen in ihrem Denken und Bemühen durch Anwendung spiritueller Gesetze oft so manche Stadt und manches Land ungeschoren davonkommen lassen.«

Prophezeiungen der amerikanischen Indianer

Die Indianerstämme Nord- und Südamerikas glauben fest daran, dass die Ereignisse unserer Tage genaue Einzelheiten aus den Prophezeiungen ihrer Ahnen spiegeln. Bei vielen von ihnen waren Visionen einer Welt, die da kommen würde, in Stammestraditionen geheim gehalten worden, um die Integrität der Erkenntnisse ihrer Vorfahren zu bewahren. Aus dem Gefühl heraus, dass der Jahrtausendwechsel jener Tag sein müsse, dem ihre Stammesprophezeiungen galten, gingen sie dazu über, ihre Instruktionen für diesen Zeitpunkt in der Geschichte offen weiterzugeben. Sie glauben, dass Menschen mit jeglichem Hintergrund aus allen Ländern von den Erkenntnissen profitieren können, die ihre Ahnen hinterließen. Bei allen spezifischen Unterschieden zwischen den Überlieferungen der einzelnen Familien und Stämme gibt es doch Gemeinsamkeiten, die viele der Stammesprophezeiungen auf dem amerikanischen Kontinent verbinden, sodass eine einheitliche Vision unserer Zukunft entsteht.

Einige der exaktesten Zukunftsvisionen finden sich bei den Hopi des amerikanischen Südwestens, die die Geburt einer neuen Sonne prophezeiten. Ähnlich wie es bei den Überlieferungen der Maya, Azteken und älterer Stammestraditionen auf dem amerikanischen Kontinent der Fall ist, glauben die Hopi, dass es bereits vor unserer Zeit große Erfahrungszyklen der Menschheit gab. Jeder Zyklus mündete in eine Periode der Zerstörung – die jüngste davon war die Sintflut. »Wir leben kurz vor dem Ende eines solchen Zyklus«, sagen sie, »und bereiten uns auf den Übergang zu den Tagen der Sechsten Sonne vor.« Für die Zeit vor dem Abschluss unseres Zyklus prophezeien die Hopi eine Periode des Niedergangs, gefolgt von einer Zeit des allmählichen Wechsels zum nächsten Zyklus. Aus ihrer Sicht ist die Zeit des Niedergangs eine Zeit großer Herausforderungen, oft die »Zeit der Reinigung« genannt. In dem Verständnis, dass die Erde und unser Körper eins sind, betrachten die Hopi die Bedingungen auf der Erde als einen »Feedback-Mechanismus«, ein Barometer gewissermaßen, das uns an unsere lebensbejahenden und unsere lebensverneinenden Entscheidungen erinnert.

Zu den ersten offenbarten Hopi-Visionen gehörten drei Zeichen, die einen zeitlichen Ablauf für die Große Veränderung darlegten: Das erste war das Erscheinen des Mondes »auf der Erde wie auch am Himmel«. Die Erfüllung dieses Teils der Prophezeiung blieb lange ein Mysterium – bis 1993, als auf den Getreidefeldern in ländlichen Regionen Englands Abbilder des Mondes als Kornkreise erschienen. Die unverkennbaren Bilder der Mondsichel wurden von den Hopi-Ältesten als Erfüllung des ersten Teils ihrer Prophezeiung gedeutet.

Das zweite Zeichen war das Auftauchen des »blauen Sterns« – in der volkstümlichen Überlieferung und den Mythen vieler Hopi-Traditionen ein weit verbreitetes Symbol. Einige der Hopi-Ältesten betrachteten den Aufprall des Kometen Shoemaker-Levy auf den Jupiter 1994 als Erfüllung dieser Prophezeiung. Forscher rätselten, wie man den Aufprall eines auseinandergebrochenen Kometen als Erfüllung der Prophezeiung sehen konnte. Sie sollten ihre Antwort bekommen, als man Spektrografien des riesigen Planeten nach den Kollisionen betrachtete: Jupiter leuchtete in einem eigentümlichen Blauton, der nur mit hoch entwickelten Darstellungsverfahren zu sehen war.

Vielleicht das mystischste Zeichen der Hopi-Prophezeiungen ist jedoch das dritte und letzte: Im Tanz, in den Webarbeiten und Sandmalereien der Hopi dominieren eigentümliche, humanoide Figuren, die oft ihre Behausungen und Zeremonienstätten schmücken. Bei diesen Gestalten mit merkwürdiger Tracht und Gesichtern, die wie aus einer anderen Welt wirken, handelt es sich um Darstellungen von Hopi-Ahnen, den Himmelsmenschen, »Kachinas« genannt. Der dritte Teil der Hopi-Prophezeiung besagt, dass die Zeit der großen Veränderung dann eintreten würde, wenn die Kachinas von den Sternen zurückgekehrt seien und auf den Plazas ihrer Dörfer auf den Mesas tanzten. Soviel ich weiß, steht dieses dritte Zeichen zum Zeitpunkt der Niederschrift dieses Buches noch aus.

Biblische Prophezeiungen

Wie in Kapitel 2 dieses Buches dokumentiert, galt eine Reihe von Büchern, die mit der heutigen Bibel in Zusammenhang stehen, als ungeeignet für die offizielle Absegnung durch die katholische Kirche des vierten Jahrhunderts. Damit wurde auch eines der faszinierendsten Werke ins Dunkel von Kirchengewölben und Privatbibliotheken verbannt: das Buch des Propheten Henoch. Dieser uralte Text – bekannt als die »Astronomischen Geheimnisse des Buches Henoch« – enthält deutliche Schilderungen des Schöpfungsvorgangs, der menschlichen Ahnenreihe sowie astronomische Informationen von solcher Detailtreue, dass sich diese erst mit den technischen Mitteln des zwanzigsten Jahrhunderts verifizieren ließen. Wir finden direkte Verweise auf diesen mittlerweile selten gewordenen Text im Werk von Tertullian, einem Theologen des zweiten Jahrhunderts. In kürzlich wiederentdeckten Briefen erklärt er, dass die »Schrift Henoch« nicht so wie andere Schriften behandelt würde, da sie nicht Teil des hebräischen Kanons sei.[17] Derartige Hinweise bestätigen, dass das Buch Henoch von Gelehrten vor der redaktionellen Überarbeitung des Konzils von Nicäa, also vor dem vierten Jahrhundert, als gültiges Werk betrachtet wurde.

Die Prophezeiungen Henochs zeigen eine bemerkenswerte Ähnlichkeit mit denen nachfolgender biblischer Propheten wie Jesaja und später den Offenbarungen des Johannes. Henoch beschreibt seinem Sohn Methusalem, der die Erfahrungen seines Vaters für nachfolgende Generationen aufzeichnet, enorm detailliert seine prophetische Reise in unsere Zukunft. Nach einer äthiopischen Handschrift, die 1773 in der Bodleian Library entdeckt wurde, schildert Henoch seine Vision von Klimaveränderungen sowie Veränderungen der Gestirne, die er für den Ausgang unseres Jahrhunderts vorhersah. Methusalem, als der »siebente Sohn nach Adam« ausgewiesen, schildert die prophetische Vorgehensweise seines Vaters sehr verschieden von beispielsweise jener des schlafenden Cayce, wenn er sagt, Henoch habe »mit geöffneten

Augen« gesprochen, »und dabei sah er eine heilige Vision am Himmel«.[18]

Nach seinen großen Visionen für unsere Zukunft stellte Henoch fest, dass er »alle Dinge gehört und verstanden hatte, was er sah; das, was nicht in seiner Generation stattfinden würde, sondern in einer Generation, die in einer fernen Zeit folgen sollte, nach Berichten der Auserwählten ... In diesen Tagen ... wird der Regen ausbleiben ... die Früchte der Erde werden auf sich warten lassen und nicht gedeihen, wenn ihre Saison gekommen ist; und wenn ihre Saison gekommen ist, werden die Früchte der Bäume vorenthalten werden ... der Himmel wird stillstehen. Der Mond wird seine Gesetze ändern und nicht zur entsprechenden Zeit zu sehen sein ...«[19]

Unmittelbar nach der Heimsuchung, die er für die Erde schildert, beschreibt Henoch eine zusätzliche Abfolge von Ereignissen, die eine Zeit der Schönheit, Hoffnung und Möglichkeiten verkörpern. In dieser Sequenz, die aus einer völlig anderen Vision einer zusätzlichen Zeit zu stammen scheint, sieht Henoch den ehemaligen Himmel »verschwinden und dahinscheiden« und erklärt, es werde »ein neuer Himmel« erscheinen. Dieses merkwürdige Muster der Heimsuchung, der scheinbar Erlösung folgt, findet sich immer wieder in den Visionen Henochs sowie auch in anderen Prophezeiungen, die wir untersuchen werden.

Von stark emotionalen Einblicken in zukünftige Zeiten lesen wir auch in den prophetischen Visionen des heutigen Bibelkanons. Sie reichen vom Schicksal bestimmter Führungspersonen und Staatsoberhäupter bis zu globalen Endzeitvisionen. Noch immer rufen die Prophezeiungen der Bibel bei den Lesern nachdrückliche Reaktionen hervor – Tausende von Jahren nach den Visionen selbst. Verfolgt man ihre modernen Interpretationen bis zu den Wurzeln der ursprünglichen Visionen selbst zurück, findet man Hinweise auf ihre

Macht wie auch auf die Verwirrung, die sich um sie rankt – ob als Motor unersättlicher Neugier oder des glühenden Fanatismus. Man entdeckte zum Beispiel gar nicht so selten, dass viele der heute zitierten Prophezeiungen erst Jahre, mitunter sogar Jahrhunderte nach Erhalt der ursprünglichen Vision aufgezeichnet wurden. Da sie mündlich weitergegeben wurden, von einer Generation an die nächste, ist es bei einigen prophetischen Büchern ungewiss, ob sie von den Propheten selbst oder von anderen stammen, die den Namen eines Propheten in den Geschichten rein bildlich verwenden. Ein Beispiel hierfür bietet das Buch Daniel. In der »St. Josephs«-Ausgabe der »New American Bible« heißt es im Vorwort zum Buch Daniel: »… dieses Buch hat seinen Namen nicht von seinem Verfasser, den man de facto nicht kennt, sondern von seinem Helden, einem jungen Juden, der früh nach Babylon gebracht wurde, wo er bis mindestens 538 vor Christus lebte.«[20] In der Einleitung heißt es weiter: »Das Buch enthält Geschichten, die volkstümlichen Überlieferungen entspringen und in deren Rahmen weitererzählt wurden. Sie berichten von den Schwierigkeiten und Erfolgen des klugen Daniel und seiner drei Gefährten.« Diese Auslegung widerspricht eindeutig der Interpretation anderer Bibelgelehrter, wie etwa jener von John Walvoord: Er konstatiert, es sei »eindeutig, dass das Buch selbst ein Produkt Daniels zu sein behauptet, da in zahlreichen Passagen in der zweiten Hälfte des Buches in der ersten Person von ihm die Rede ist …« David wird außerdem auch bei Hesekiel erwähnt, was recht naheliegend wäre, da Hesekiel ein Zeitgenosse Daniels war.[21] Selbst heute noch, zwei Jahrtausende nach Entstehung dieser Schriften, sind sich die Experten nicht einmal über Grundsatzaspekte unserer heiligsten Texte einig. Zu der Verwirrung um die Entschlüsselung biblischer Prophezeiungen kommt noch die Frage, wie genau oder ungenau der Wortlaut im Lauf der Jahrhunderte übersetzt wurde. Anders als bei Abschnitten der hebräischen Bibel, von denen man weiß, dass sie mindestens in den letzten tausend Jahren buchstabengetreu exakt übersetzt wurden,* gab es bei der westlichen Bibel viele Veränderungen.

Schon allein in der Zeit seit Gründung der Vereinigten Staaten vor nicht einmal dreihundert Jahren entstand durch Adaptionen, Übersetzungen von einer Sprache in die andere sowie unterschiedliche Auslegungen der Bibel ein gewisser Spielraum für Fehler. So exakt und zutreffend unser biblischer Textkanon im Hinblick auf Geschichte, Genealogie und Weisheitslehren in gewisser Weise auch sein mag: Wörtlich nehmen kann man ihn nicht; der Text ändert sich mit jeder Übersetzung. Oft gibt es in einer Sprache schlichtweg keine Worte, um exakt die Idee auszudrücken, die in einer anderen Sprache formuliert wurde. In solchen Fällen muss die Übersetzung das Bestmögliche aus der Situation machen. Hier können Übersetzungspassagen, was Themen und Denkweise angeht, mitunter bloße Annäherungen darstellen.
Die uns bekannte, im Westen gebräuchliche Bibel hat viele Prozesse dieser Art hinter sich, darunter eine Übersetzung aus der hochgradig symbolhaften Sprache des Ägyptischen, welches der Originalsprache des Aramäischen und Hebräischen folgte. Ein Beispiel dafür, wie eine solche Annäherung bei einer noch so gut gemeinten Übersetzung dennoch feine Veränderungen bewirken kann, ist der aramäische Wortlaut der ersten Zeile des Vaterunsers. Im Deutschen haben wir hier das uns wohlvertraute »Vater unser, der du bist im Himmel«. Im aramäischen Ausgangstext jedoch umfasst der

---

* Der Leningrader Kodex datiert auf 1008 nach Christus. Seit dieser Zeit – darin sind sich die Gelehrten einig – sind die ersten fünf Bücher des hebräischen Alten Testaments unverändert geblieben.

Text lediglich zwei Worte: *Abwoon d'bwashmaya*. Doch für diese beiden aramäischen Worte gibt es keine genauen Entsprechungen in den abendländischen Sprachen. Hier müssen die Übersetzer gekonnt Worte in ihrer Sprache zusammenstellen, die der ursprünglichen Bedeutung noch am nächsten kommen. Beispiele für derartige Annäherungen veranschaulichen die nachfolgenden möglichen Übersetzungen dieser Textstelle aus dem Vaterunser: »Oh Gebärer! Vater-Mutter des Kosmos«, »Oh du! Atmendes Leben von allem«, »Name der Namen, unser kleines Ich löst sich auf in dir« und »Strahlender: Du leuchtest in uns«.[22] Alles das sind gültige Übersetzungen der Originalworte, und jede bringt ein völlig anderes Empfinden zum Ausdruck, was die Zielsetzung des Originaltextes anbelangt.

Schon am obigen Beispiel können wir erkennen, dass das Thema erhalten bleibt, wenngleich die sprachlichen Feinheiten variieren mögen. Es ähnelt der Methode, wenn wir heutzutage am Kopiergerät immer wieder Kopien von Kopien eines Originaltextes erstellen: Irgendwann kommt der Punkt, wo das Original zwar noch auf der Kopie erkennbar ist – aber sie ist unscharf geworden. Im letzten Jahrhundert der biblischen Geschichte gab es viele solcher Anlässe, die dazu angetan waren, durch Irrtümer die ursprüngliche Intention der alten Propheten zu verdunkeln. Heute haben wir die Wahl zwischen einer breiten Palette von Interpretationen und Übersetzungen, von denen jede einem bestimmten Bedarf entgegenkommt und gezielt auf eine bestimmte Leserschaft zugeschnitten ist. Wer Bibelstudium betreibt, hat heute die Wahl. Jede Fassung basiert auf dem gleichen Kanon von Schriftrollen, Büchern, Dokumenten und Manuskripten, der von der Kirche im vierten Jahrhundert nach Christus akzeptiert wurde.

Die verloren gegangene Prophezeiung

In modernen Bibelfassungen finden wir eine Kategorie visionärer Texte, die mit Namen wie »die Endzeit«, »das Ende der Tage« oder »jene Tage« bedacht werden. Zusammengenommen sind diese Werke als die apokalyptischen Prophezeiungen bekannt geworden. Entgegen der weit verbreiteten Vorstellung, dass sie eine beängstigende Zeit der Dunkelheit und verheerenden Umwälzungen für die Zukunft auf der Erde beschreiben, zeigen diese Prophezeiungen zukünftigen Generationen vielleicht etwas ganz anderes.

In der heutigen Zeit beschwört das Wort »Apokalypse« in unserer kollektiven Psyche Gefühle herauf, die in Richtung Weltuntergangsstimmung, Hoffnungslosigkeit und Gedanken an ein »Jüngstes Gericht« gehen. Dabei ist die Definition für den vom griechischen Wort *apocalypsis* abstammenden Begriff simpel und ganz unschuldig: Er bedeutet einfach »offenbaren« oder »enthüllen«. Und genau das boten die alten Propheten durch ihre Einblicke in unsere Zukunft an: Sie offenbarten, welchen Ausgang bestimmte Dinge nehmen würden, sofern die Bedingungen ihrer Zeit bestehen blieben, und sie enthüllten zukünftigen Generationen ihre Entdeckungen.

Ein Fund dieser Art ist »Das Essener Buch der Offenbarungen«. Direkt aus einer aramäischen Originalsprache übersetzt, gleicht es späteren kanonisierten Offenbarungsversionen, die unter dem Namen »Die Offenbarung des Johannes« bekannt wurden. Die Texte ähneln sich so sehr, dass Forscher und Gelehrte den Verdacht haben, die Handschrift vom Toten Meer könnte die Originalfassung dieses in uralter Zeit erhaltenen Einblicks in unsere Zukunft sein. Die Visionen des Apostels Johannes, für viele die mystischste unter den biblischen Prophezeiungen, porträtieren auch einige der drastischsten Schilderungen der Heimsuchung, die in Prophezeiungen überhaupt zu finden sind. Der fragmentarische Charakter von Johannes' Vision verstärkt den zutiefst symbolhaften und esoterischen Gehalt des Textes noch zusätzlich. Fast erweckt es den Anschein, als sei man bei der Kanonisierung der Bibel im Jahr 325 bezüglich einiger Schlüsseltexte einen Kompromiss eingegangen: Statt die Manuskripte komplett auszurangieren, wurden sie in überarbeiteter Fassung beibehalten und in eine Form gebracht, von der man glaubte, sie würde für Leser der damaligen Zeit leichter zugänglich sein.

Was für künftige Generationen die Offenbarung des Johannes werden sollte, beginnt als visionäre Reise mit der Bitte des Johannes, dass er aus seiner Zeit hinausgeführt werde, weiter noch als bis in die unsere, und dass es ihm erlaubt werden möge, unsere wahrscheinliche Zukunft sowie ein mögliches Ende unseres Jahrtausends zu sehen. In plastischen Einzelheiten schildert Johannes seine Vision von Chaos, Tod, Schrecken und Zerstörung nie gekannten Ausmaßes. Er fragt seinen Engelsführer, warum diese Dinge geschehen, und der Engel erklärt: »Der Mensch hat diese Mächte der Zerstörung geschaffen, er hat sie aus seinem eigenen Geist hervorgebracht. Er hat sein Antlitz von den Engeln [Kräften] des Himmelsvaters und der Erdenmutter abgewandt, und er hat seine eigene Vernichtung bewirkt.«[23]

Als er Zeuge dieses Ausgangs der Ereignisse wird, ist das Herz von Johannes »schwer vor Mitgefühl«. Er fragt: »Dann gibt es keine Hoffnung?« Die Stimme antwortet Johannes, und in ihr schwingt die Erinnerung an die großartigen Möglichkeiten unserer und zukünftiger Generationen: »Es gibt immer Hoffnung, o du, für den Himmel und Erde geschaffen wurden.«[24] Plötzlich verblasst die Vision von Tod und Zerstörung und entschwindet aus seinem Gesichtsfeld. Johannes wird ein anderes Szenarium gezeigt, eine zweite Möglichkeit: Statt dem Ende von allem, was die Menschheit kennen und lieben gelernt hat, illustriert diese neue Möglichkeit einen Ausgang völlig anderer Art: »Aber ich sah nicht, was ihnen geschah, denn meine Vision änderte sich. Und ich sah einen neuen Himmel und eine neue Erde: denn der erste Himmel und die erste Erde waren nicht mehr ... Und ich hörte eine mächtige Stimme vom Himmel herabtönen: ›... es soll keinen Tod mehr geben, keinen Kummer, keine Tränen, keine Schmerzen‹.«[25]

Im weiteren Verlauf seiner Vision sieht Johannes eine Zeit, in der Frieden und Kooperation die Nationen der Welt umfangen. Während dieser Zeit bedarf es keiner Kriege mehr. Er hört seinen Begleiter das Ende der Kriege beschreiben: »Kein Volk soll sein Schwert mehr gegen ein anderes erheben, noch sollen sie mehr Kriegskunst erlernen, denn die vergangenen Dinge sind ausgelöscht.«[26] In dieser und ähnlichen Passagen bietet sich uns eine *Botschaft der Hoffnung*.

Es geht weiter mit einem Thema, das uns aus anderen Prophezeiungen vertraut ist: Johannes werden *zwei Möglichkeiten für die Zukunft der Menschheit* gezeigt. Beide Ausgänge sind real, und für beide könnten sich die Völker der Erde entscheiden. Der Schlüssel liegt in der Bedeutung der individuellen Entscheidungen für den kollektiven Ausgang, wie bei unserem Massengebet für den Frieden. Je nach der Fähigkeit der Menschen in den Tagen des Johannes, die Gesetze des Lebens einzuhalten, würden ihre Erfahrungen neue Ausgänge nach sich ziehen und potenzielle Zerstörung abwenden.

Mit jeder Vision wird Johannes daran erinnert, dass die Menschen, die »in jenen Tagen« leben, darüber entscheiden, wie sie die große Veränderung im Hinblick auf die Zukunft der Menschheit erfahren. Er fragt, was nötig ist, damit der zweite friedvolle Ausgang zustande käme. Wieder antwortet die Stimme, die ihn bei seiner Vision leitet: »Siehe, ich mache alle Dinge neu ... Ich bin Alpha und Omega, der Anfang und das Ende ... Ich will ihm, der durstig ist, freigebig aus dem Brunnen des Wassers des Lebens ausschenken. Der, der überwindet, soll alle Dinge erben.«[27]

In den letzten Passagen wird aufgezeichnet, dass Johannes sein Verständnis des Gesehenen bestätigt und wie er zum Ausdruck bringt, welche Auswirkung seine Vision auf ihn hatte: »Ich habe die innere Schau erreicht und durch deinen Geist in mir dein wunderbares Geheimnis erfahren. Durch deine mystische Einsicht hast du einen Quell der Weisheit in mir aufspringen lassen, einen Springbrunnen von Kraft, aus dem lebendiges Wasser hervorquillt, ein Strom von Liebe und allumfassender Weisheit, gleich dem Glanz des Ewigen Lichtes.«[28]

Weitere Passagen aus den Schriftrollen der Essener schildern in allen Einzelheiten die Möglichkeit einer Zeit in unserer Zukunft: Hier sind wir aus der Notwendigkeit herausgewachsen, die katastrophalen Veränderungen zu durchleben, die wir ehemals brauchten, damit sich etwas änderte. In dieser Zeit werden die Bedingungen, die Erdenbewohnern ehemals das Leben geraubt haben, nicht mehr existent sein: »Wo Frieden regiert, da ist weder Hunger noch Durst, weder kalter Wind noch heißer Wind, weder Alter noch Tod ... Wer den Frieden bei seiner Erdenmutter gefunden hat, wird niemals den Tod erfahren.«[29] Es ist unverkennbar, dass die biblischen Propheten oft unversehens sehr unterschiedliche – gelegentlich einander widersprechende – Ausgänge für unsere Zukunft beschrieben. Die Frage ist: warum? Warum gibt es in den Prophezeiungen für die gleiche Zeit in unserer Zukunft unterschiedliche Visionen? Wie kann ein und der-

selbe Prophet für den gleichen Zeitraum zwei völlig unterschiedliche Möglichkeiten sehen?
Mitte der 1990er-Jahre wurde ein neues Werkzeug der Prophetie, wenn auch in uraltem Gewand, entdeckt. Es kann sein, dass das Zeitschloss der Technologien diese Erkenntnisse für uns gesichert hat, bis wir die Reife erlangt hatten, seine Möglichkeiten zu erkennen.

Die dreitausend Jahre alte Zeit-Landkarte

1995 rückte ein uraltes Instrument der Prophetie auf höchst dramatische Weise ins Blickfeld der Öffentlichkeit. Am 4. November dieses Jahres ereignete sich nämlich ein Vorfall, der mittels dieses Werkzeugs sehr präzise vorhergesagt worden war und nach allen Gesetzen der Wahrscheinlichkeit wohl kaum zufällig oder durch beiläufiges Zusammentreffen von Umständen eingetreten sein konnte: Die Rede ist von der Ermordung Yitzhak Rabins, Premierminister von Israel, in Tel Aviv. Die Ermordung war so exakt vorhergesagt worden, dass der Name des Premierministers, das Datum seiner Ermordung, der Name der Stadt und sogar der Name des Mörders, Amir, kein Geheimnis waren: Sie alle waren vor mehr als drei Jahrtausenden verschlüsselt in einem Schriftstück festgehalten worden! Es entbehrt nicht der Ironie, dass dieses Dokument nicht etwa eine seltene Handschrift war, die sich im Besitz eines Geheimbundes oder einer privilegierten Einzelperson befand. Vielmehr hat diese verschlüsselte Landkarte unserer Zukunft den Menschen seit mindestens fünfundsiebzig Generationen Trost und Orientierung geboten und ist heute weltweit für mehrere Hundert Millionen Menschen heilig. Diese Zeit-Landkarte wurde nämlich in Form eines Geheimcodes in der Bibel entdeckt, der zum Zeit-

punkt ihrer Entstehung in verschlüsselter Form eingearbeitet wurde. Genauer gesagt, fand man diesen Code in den ersten fünf Büchern der hebräischen Bibel, auch Thora genannt – jene Version, von der es heißt, sie sei unverändert geblieben, seit der Mensch sie vor mehr als dreitausend Jahren erhielt.
Der von dem israelischen Mathematiker Dr. Eliyahu Rips entdeckte Schlüssel, bekannt geworden unter dem Namen »Bibelcode«, wurde von Mathematikern führender Universitäten auf der ganzen Welt überprüft und beurteilt, ebenso von Institutionen für Kryptografie und vom US-Verteidigungsministerium. Seit mehr als zweihundert Jahren hatten Gelehrte den Verdacht gehegt, die biblischen Schriften seien mehr als eine Zusammenstellung von Worten, die in strikt linearer Abfolge zu lesen seien. Ein Rabbiner aus dem achtzehnten Jahrhundert, unter dem Namen »Genius von Wilna« oder »Gaon von Vilna« bekannt, stellte fest: »Alles, was war, ist oder bis ans Ende aller Zeiten sein wird, findet sich zwischen dem ersten und letzten Wort der Thora, die nicht nur allgemeine Ereignisse, sondern Einzelheiten über jede Spezies und jedes Lebewesen, über jede Begebenheit vom ersten Tag der Geburt bis zum Tod enthält.«[30]
Die verschlüsselten Botschaften aus unserer Vergangenheit und Zukunft lassen sich entziffern, indem man eine Matrix aus den Buchstaben der ersten fünf Bücher der hebräischen Bibel erstellt. Angefangen mit dem ersten Buchstaben des ersten Wortes werden alle Wortzwischenräume und Satzzeichen entfernt, bis man den letzten Buchstaben des letzten Wortes erreicht und so ein einziges Wort übrig behält, das Hunderte von Buchstaben lang ist. Unter Zuhilfenahme hoch entwickelter Suchprogramme wird die verbleibende Matrix auf Muster und Kreuzungsstellen von Worten durchsucht. So zum Beispiel zeigt sich, dass im Buch Genesis das Wort »Thora« buchstabiert wird, wobei jeweils Sequen-

zen von fünfzig hebräischen Buchstaben zwischen den einzelnen Buchstaben des Wortes stehen. Die gleiche Sequenz findet sich in den nachfolgenden Büchern: Exodus, Leviticus, Numeri und Deuteronomium. Die Beobachtung dieser Sequenz durch Rabbi H. M. D. Weissmandel in den 1940er-Jahren wurde der Schlüssel zur Offenlegung der codierten Wortmuster im Text.

In seinem Buch »Der Bibelcode« schildert Michael Drosnin die Genauigkeit und Treffsicherheit desselben im Hinblick auf die Vorhersage von Ereignissen der Vergangenheit. So unterschiedliche Umstände wie die Ermordung Kennedys, der Aufprall des Shoemaker-Levy-Kometen auf den Planeten Jupiter, die Wahl des israelischen Premierministers Netanyahu, ja sogar Datum und Ort der SCUD-Raketen-Angriffe des Irak gegen Israel während des Golfkriegs 1990 werden mit einer Detailgetreue geschildert, die aller mathematischen und statistischen Wahrscheinlichkeitsgesetze spottet. Dabei liefert der Bibelcode keine Pauschalaussagen, die sich beliebig auslegen ließen, sondern genaue Angaben. Drosnin führt viele solcher Beispiele aus. So gibt der Code im Hinblick auf die Vorhersage des Zweiten Weltkriegs die Worte »Weltkrieg« und »Endlösung«, und daneben die Namen politischer Führer von damals: »Roosevelt«, »Churchill«, »Stalin« und »Hitler«. Es geht auch eindeutig aus ihm hervor, welche Länder in den Konflikt verwickelt sind: »Deutschland«, »England«, »Frankreich«, »Russland«, »Japan« und »Vereinigte Staaten«. Sogar die Worte »atomarer Holocaust« und »1945«, das Jahr, in dem die Atombombe über Hiroshima detonierte, werden angegeben – es ist das einzige Mal, dass diese Worte in der Bibel auftauchen.

Die Entwicklung von Hochgeschwindigkeitscomputern ermöglichte schließlich die Entschlüsselung des Codes, der in die hebräische Bibel eingebettet war. Dank neuer Computer lösten raffinierte Suchprogramme die langwierigen manuellen Dekodierungen ab. Bei Durchläufen mit Kontrolltexten sowie mit zehn Millionen computergenerierter Testfälle fand man nur bei der Bibel die puzzleartigen Verschlüsselungen. Vertikal, horizontal und diagonal kreuzen sich die Namen von Ländern, Ereignissen, Daten, Zeiten und Personen und liefern uns regelrechte Momentaufnahmen von Ereignissen aus unserer Vergangenheit sowie von Möglichkeiten in unserer Zukunft. Der Mechanismus, der sich in einem derart außerordentlichen Vorhersagemedium verbirgt, wird in Kapitel 7 besprochen; relevanter in Sachen Prophezeiungen ist vielleicht, wie dieses scheinbar wundersame Buch der Zeit mit unserer Zukunft zusammenhängt.

Betrachtet man die Genauigkeit des Bibelcodes im Hinblick auf Einzelheiten unserer Vergangenheit, wie genau könnte da die gleiche Matrix im Hinblick auf noch bevorstehende Zeiten sein? In seinen Diskussionen mit Drosnin äußert Dr. Rips, dass der gesamte Bibelcode wohl in einem Zug geschrieben wurde, statt nacheinander über einen längeren Zeitraum verteilt für verschiedene Schriften. Eine solche Aussage gibt uns zu verstehen, dass alle Möglichkeiten aller Zukünfte bereits vorhanden sind. »Wir erleben ihn [den Bibelcode] ähnlich wie ein Hologramm – von jedem Blickwinkel bietet sich uns eine neue Ansicht, obwohl das Bild selbstverständlich im Vorhinein aufgezeichnet wurde.«[31]

Der Schlüssel zur Anwendung dieses uralten Zeitcodes auf die Ereignisse in unserer Zukunft liegt vielleicht darin, ihn mit den Augen eines Quantenphysikers zu betrachten.

In der modernen Physik gibt es einen Lehrsatz, der besagt, dass es unmöglich sei, das »Wann« und das »Wo« von einem sich bewegenden Objekt zu kennen. Wenn man misst, wo etwas ist, verliert man die Information, wie schnell es sich bewegt. Wenn man misst, wie schnell es sich bewegt, kann

man nicht mit Sicherheit wissen, wann es wo ist. Dieser Schlüssel zur Quantenwelt wurde von dem Physiker Werner Heisenberg entwickelt und ist unter dem Namen »Heisenbergsche Unschärferelation« bekannt.[32]
Angesichts der Unvorhersehbarkeit des Verhaltens der Natur in der Quantenwelt kann es sein, dass unser Zeitgefühl exakt dieses Verhalten an den Tag legt. Wenn ja, so existieren die in der Bibel dargestellten Möglichkeiten vielleicht als genau das: als Möglichkeiten. Die konstatierten Ereignisse, vergangene wie zukünftige, sind das Endergebnis einer Abfolge von Bedingungen, die womöglich Tage oder sogar Hunderte von Jahren begannen, bevor sich das Ereignis abspielt. Als moderne Gleichung ausgedrückt: *Wenn* wir uns für einen bestimmten Gang der Ereignisse entscheiden, *dann* erwartet uns dieses und dieses Ergebnis.
Es wirft ein neues Licht auf die Rolle der Prophetie in unserem Leben, wenn wir Vorhersageinstrumente jeglicher Art als Linse betrachten, die uns den Blick auf bestimmte *Möglichkeiten* erlaubt. Der Bibelcode warnt uns – und hier deckt er sich mit vielen biblischen, indianischen und sonstigen Prophezeiungen für unsere Zukunft – vor einer Reihe von apokalyptischen Szenarien. In unserer nahen Zukunft erscheinen als Möglichkeiten ein dritter Weltkrieg mit Ursprung im Nahen Osten, Erdbeben katastrophalen Ausmaßes sowie die Verwüstung bedeutender Ballungszentren. Einer der unmittelbarsten Anlässe zur Sorge scheint die drohende Kollision mit einem Kometen am Anfang des einundzwanzigsten Jahrhunderts.
1992 kündigte der Astronom Brian Marsden vom »Harvard-Smithsonian Center for Astrophysics« die Wiederkehr des Swift-Tuttle-Kometen an, den man 1858 erstmals entdeckt hatte. Der genaue Zeitpunkt der Wiederentdeckung des Kometen hundertvierunddreißig Jahre später war verschlüs-

selt im Bibelcode versteckt, zusammen mit seiner vorhergesagten Rückkehr. Im Text finden sich in verschlüsselter Form tatsächlich eindeutig die Worte »Komet«, »Swift-Tuttle« und das Jahr der Rückkehr des Kometen: 2126. Obgleich man anfänglich dachte, der Komet befände sich zum Zeitpunkt seiner Rückkehr auf Kollisionskurs mit der Erde, lassen neuere Berechnungen nun darauf schließen, dass er in sicherer Entfernung an der Erde vorbeiziehen wird. Astronomen warnen jedoch vor einer Reihe von »Beinahe-Zusammenstößen« bis zur Zeit von Swift-Tuttle, 2126, von denen der erste 2006 auftreten sollte. Im hebräischen Text kreuzt sich die Zeitangabe »2006« mit den Worten »Sein Pfad traf ihre Behausungen«, begleitet von der Aussage in einer benachbarten Zeile, die da lautet: »Für die Welt vorhergesagtes Jahr.« Auf diese Warnung folgen ähnliche Worte, die zum Jahr 2010 hinführen. Die Worte »Tage des Schreckens« kreuzen dieses Datum, mit den zusätzlichen Beschreibungen: »Dunkelheit«, »Düsternis« und »Komet«.

Vielleicht die beunruhigendste Wortsequenz bezüglich unserer Zukunft findet sich oberhalb des Jahres 2012: Genau dort stehen für das gleiche Jahr, welches das Ende des Mayakalenders anzeigt, die Worte: »Erde vernichtet«. Dieser Einblick in eine uralte Möglichkeit für unsere Zukunft ist ein spannendes Beispiel für ein Element, das den gesamten Bibelcode durchzieht. Drosnin stellte nämlich fest: An der Stelle, wo verschlüsselt das Datum steht, ist ein zweiter Abschnitt zu finden, in dem ein gänzlich anderes Ergebnis geschildert wird. Die Worte lauten einfach: »Er wird zerfallen, hinausgetrieben, ich werde ihn in Stücke schlagen, 5772« (die hebräische Zählung für das Jahr 2012).[33]

Ähnlich wie beim Thema anderer Prophezeiungen scheint der Code uns einerseits zu sagen, dass das Jahr 2012 ein Ende des Lebens in der uns bekannten Form mit sich brin-

gen wird, während gleichzeitig an anderer Stelle der Bedrohung für die Erde ein Ende bereitet wird. Wie können beide Ausgänge gleichzeitig möglich sein? Ähnlich Paradoxes zeigt sich von Zeit zu Zeit im Bibelcode, insbesondere im Hinblick auf das Ergebnis von Wahlen, politischen Ereignissen und Kriegen. Zusätzlich zu der Chance, uns modellhaft mögliche Ausgänge für unsere Zukunft vor Augen zu führen, die auf Entscheidungen in der Gegenwart basieren, ruft uns der Bibelcode vielleicht etwas noch Wichtigeres in Erinnerung.
In unmittelbarer Nachbarschaft bestimmter Ergebnisse, etwa bei Ermordungen und aufkeimenden globalen Kriegen, tauchen immer wieder vier Worte auf. Diese Worte finden sich im Umfeld vieler der gravierendsten Ausgänge, die unsere Zukunft nehmen mag. Sie stellen eine simple Frage: »*Werdet ihr es ändern?*« Genauso wie die alten Essener scheint auch der Bibelcode darauf hinzuweisen, dass wir für den Ausgang von Ereignissen eine entscheidende Rolle spielen. Das gilt selbst für solche Ereignisse, die bereits in Gang gesetzt wurden. Offenbar ist unsere Rolle so wichtig, dass wir den Lauf der Ereignisse regelrecht wandeln können! *Werdet ihr es ändern?* – das scheint eine direkte Frage an jene Menschen zu sein, bei denen man sicher sein konnte, dass sie die Botschaft des Code-Erfinders dreitausend Jahre nach Niederschrift lesen würden. Es ist, als hätten die Schreiber gewusst, dass man eine hoch entwickelte Technik benötigt, um ihren Code zu verstehen. Es scheint so, als würden wir daran erinnert, dass wir in dem Moment, da wir die Botschaft des Codierers entschlüsseln können, so weit sind, mitzuwirken: Wir tragen dazu bei, was die Zeit bringen wird, und können die düstersten Möglichkeiten abwenden, die unserer Zukunft bevorstehen könnten.
Wie konnten diese Möglichkeiten und weitere spezifische Einzelheiten heute in einem Manuskript auftauchen, das

vor über drei Jahrtausenden codiert wurde? Der Bibelcode lässt uns wieder auf die gleichen Fragen zurückkommen, die schon die Prophezeiungen anderer aufgeworfen haben.

Eine neue Prophezeiung

In vielen Berechnungen und Prophezeiungen alter Kulturen zu unserer heutigen Zeit schien 1998 den Beginn eines Zeitfensters zu kennzeichnen: Von nun an mag zu erwarten sein, dass wir Zeugen einiger der größten Veränderungen werden, die die Erde je erlebt hat. *Wo genau* wir uns innerhalb dieses Zeitfensters zu unseren Lebzeiten befinden, ist fraglich, selbst für die Propheten. Edgar Cayce beispielsweise sah 1998 als das letzte Jahr eines Zyklus, in dem wir das Einsetzen einer »außerordentlichen planetaren Transformation« erwarten könnten. Nostradamus dagegen platzierte 1998 an den Anfang eines umwälzenden Veränderungszyklus, der nach seinem Dafürhalten an diesem Punkt anfing und sich dreihundert Jahre weit in unsere Zukunft hinein erstrecken würde.

Von den Abweichungen im Hinblick auf konkrete Daten abgesehen, weisen Prophezeiungen für unsere Zeit fast universell ein gemeinsames Thema auf: Sie künden von der Geburt eines neuen Jahrtausends als einer Zeit, in der große Veränderungen auf der Erde und in unserem Körper zu erwarten sind. Neben Einblicken in unsere mögliche Zukunft erinnern uns die alten Seher an ein großes Mysterium. Besonders faszinierend ist dieses Mysterium wegen der Genialität ihrer damaligen Kalender und der Präzision ihrer Zeiterfassungssysteme. So exakt die mündlichen, schriftlichen und prophetischen Überlieferungen auch erscheinen: Jede von ihnen verzichtet auf eine genaue Ausführung, wie dieser große Zeitzyklus enden und der nächste große Zyklus beginnen wird. Unsere Vorfahren skizzierten Möglichkeiten für unsere Zukunft und erkannten darüber hinaus die Existenz einer mächtigen Kraft an, die zu entscheiden vermag, welche Möglichkeit wir erfahren. Diese Kraft wurde in neuerer Zeit meist übersehen. Es ist *die Kraft der massenhaften Entscheidung,* die im *Massengebet* zum Ausdruck kommt. In der Sprache ihrer Zeit deuten die Propheten an, dass wir in der Lage sind, ihre Visionen künftiger Zerstörung abzuwenden, indem wir jetzt, in der Gegenwart, bewusst den Lauf der Dinge verändern. Es hat den Anschein, als hätten viele Traditionen vor der unseren eine Beziehung zwischen dem Handeln der Menschen auf dieser Welt und dem von ihnen prognostizierten Ausgang der Prophezeiungen gesehen. Diese Verbindung zwischen unserem alltäglichen Dasein und dem Ergebnis von Prophezeiungen ist bis ins zwanzigste Jahrhundert hinein geheimnisvoll geblieben. Erst infolge einer sich neu formierenden Physik traten die Möglichkeiten von Zeit, Prophezeiung, Wundern und unsere Rolle hinsichtlich der Zukunft der Menschheit klarer zutage. Wir wissen heute, dass Vorhersagen nur isolierte Möglichkeiten darstellen. Wir wissen auch, *dass wir unsere Möglichkeiten wählen – mit jedem Atemzug in jedem Augenblick des Tages.*

»Die Zeit ist ganz und gar nicht, was sie zu sein scheint. Sie verläuft nicht nur in einer Richtung, und die Zukunft existiert gleichzeitig
mit der Vergangenheit.«

ALBERT EINSTEIN

4

WELLEN, FLÜSSE UND STRASSEN

Die Physik der Zeit und der Prophezeiungen

An der Schwelle zu einem neuen Jahrtausend traten zwei Denkrichtungen über die Bedeutung dieses besonderen Zeitpunkts in der Geschichte zutage: Es gibt diejenigen, die glauben, dass wir uns in Gefahr befinden und in einer gefährlichen Zeit voll riskanter Ungewissheit leben. Ihr Augenmerk hat sich zusehends auf Vorbereitungen für das physische Überleben in jenen Tagen gerichtet, in denen ihrer Überzeugung nach die »Endzeit« beginnt. Sie verweisen auf alte Prophezeiungen, gesellschaftliche Missstände und das lauernde Potenzial weltweiter Katastrophen, um ihre Überzeugung zu belegen. Für sie ist jede neue Nachrichtenmeldung über globale Konflikte, neue Krankheiten oder den bevorstehenden Zusammenbruch des Weltwirtschaftssystems weiteres Beweismaterial.

Andere jedoch bemühen exakt das gleiche Material, um zu belegen, dass sie eine völlig andere Veränderung wahrnehmen. Da beobachten Menschen die gleichen Krankheiten, die gleichen militärischen Konflikte und Extreme in der Natur und beziehen sich auf die gleichen Prophezeiungen wie die erste Gruppe, aber sie ahnen dabei, dass eine ungewöhnliche Neugeburt bevorsteht, zu deren zentralen Bestandteilen ein ebenso ungewöhnlicher Wandel innerhalb der Menschheit gehört. Ihre Sichtweise besagt letztendlich, dass wir uns

gerade in eine Zeit der Freude, des Friedens und der beispiellosen Kooperation unter den Völkern und Nationen der Welt hineinbewegen.
Wie können Interpretationen ein und derselben Ereignisse derartig voneinander abweichende Perspektiven entstehen lassen? Und vielleicht noch wichtiger: Ist unsere Zukunft bereits besiegelt als das Produkt eines uralten Plans, oder gibt es eine Wissenschaft, die es uns möglich macht, selbst zu entscheiden, welche Zukunft wir erleben?

Zeit und kollektiver Wille

Ich griff unter den Sitz, um meine Gürteltasche und sonstige Habe hervorzuholen. Der unverkennbare Geruch heiß gelaufener Bremsscheiben stieg mir in die Nase, als der Fahrer unseren Reisebus zum Stehen brachte. In den letzten zwei Stunden hatten wir eine serpentinenreiche Bergstraße bewältigt, von der durch Steinschlag, Sandverwehungen und unregelmäßige Instandhaltung stellenweise kaum mehr übrig geblieben war als die Fahrspur eines Jeeps. Unser Fahrer hatte uns mit Bravour durch die Engpässe hindurchmanövriert und war Umwege gefahren, die uns aber stets wieder auf die sichere Hauptstraße zurückbrachten. Tausenddreihundert Meter hoch über der ägyptischen Wüste lag das kleine Dorf St. Catharina, von dem wir gerade herabkamen. Der Wachposten an der vor uns liegenden Straße befand sich etwa auf Höhe des Meeresspiegels.
Ich rutschte auf einen Fensterplatz und warf einen Blick in die großen Außenspiegel am Bus. Der Militär-Lkw, der uns durch das Gebirge eskortiert hatte, war vielleicht zwei Wagenlängen hinter uns. Ein ähnliches Begleitfahrzeug war bei einem Wachhäuschen aus Beton an den Straßenrand

gefahren. Der getarnte Lastwagen diente der Mannschaftsbeförderung. In den frühmorgendlichen Strahlen der Wüstensonne erkannte ich die Gesichter von Soldaten, junge Ägypter, die von ihren Sitzbänken unter der Plane zu uns zurückblickten. Auf jeder Seite der Ladefläche saßen vielleicht fünf Mann, und ihre Aufgabe war es, uns sicheres Geleit durch die Wüste Sinai zu geben, bis wir Kairo erreichen würden. Genauso schnell wie das Wetter in der Wüste hatte sich nämlich während unseres Aufenthalts im Gebirge die politische Lage verändert. Und so hatte man nun zu unserer Sicherheit für unsere Überlandroute zurück zum Hotel ein System mit Meldeposten eingerichtet, um jederzeit unseren Standort bestimmen zu können.

Nachdem wir die ersten paar Posten passiert hatten, befanden wir uns bald auf einer kurvenreichen Strecke entlang den leuchtend weißen Stränden des Roten Meeres. Unsere Reise führte uns in Richtung Suezkanal. Ich schloss die Augen und stellte mir die gleiche Szenerie vor über dreitausend Jahren vor, als das Volk der Ägypter einer ähnlichen Route wie dieser zu jenem Berg folgten, von dem wir nun gerade kamen. Wie viel hatte sich, abgesehen vom Verkehrsmittel und von den Straßen, wirklich verändert? Während die späte Morgensonne uns wärmte, fand ich mich bald in ein Gespräch mit anderen aus unserer Gruppe vertieft, bei dem wir uns in freudiger Erwartung ausmalten, wie wir noch am gleichen Abend die uralten Kammern der Großen Pyramide betreten würden.

Plötzlich blickte ich auf, als unser Bus an einem belebten Boulevard zum Stehen kam. Von meinem Sitz ziemlich weit vorn hielt ich durch die Fensterscheiben Ausschau nach etwas Bekanntem, an dem ich mich orientieren konnte. Und tatsächlich, links von uns bot sich mir ein vertrauter Anblick. Wir hatten vor einem Denkmal gehalten, das für alle Ägyp-

ter vielleicht das wichtigste Symbol überhaupt ist, bedeutender sogar als die Pyramiden: die Grabstätte des ehemaligen ägyptischen Staatspräsidenten Anwar el-Sadat.
Ich ging im Bus nach vorne. Vor uns sah ich die Begleitpatrouille. Die Soldaten waren vom Wagen gesprungen und wuselten vor unserem Bus um den Fahrer herum. Als ich auf die Straße sprang, fiel mir auf, dass die Begleitpatrouille, unser Fahrer und unser ägyptischer Führer irritierte Gesichter machten. Manche klopften auf ihre Armbanduhr. Andere tauschten beunruhigte Kommentare auf Ägyptisch aus.
»Was ist los?«, fragte ich unseren Führer. »Warum haben wir hier gehalten und nicht an unserem Hotel? Es muss doch bestimmt noch ungefähr eine Stunde entfernt sein.«
Mohammed sah mich an, seine Miene verriet ehrfürchtiges Staunen. »Da geht etwas nicht mit rechten Dingen zu«, sagte er, und seine normalerweise spielerische Stimme bekam eine Eindringlichkeit, die ich an ihm noch nie erlebt hatte. »Wir dürften eigentlich noch gar nicht hier sein!«
»Was sagst du da?«, gab ich zurück. »Genau hier sollten wir doch sein: auf dem Weg zu unserem Hotel in Gizeh.«
»Nein«, gab er zurück, »du verstehst nicht, was ich meine. Wir können noch gar nicht hier sein. Seit unserer Abreise von St. Catharina ist zu wenig Zeit vergangen, als dass wir schon in Kairo sein könnten! Für die Fahrt unter dem Suezkanal hindurch, quer durch die Wüste und in die Berge hinein braucht man mindestens sieben Stunden. Mindestens! Wegen unserer Stopps an den Kontrollpunkten müsste es sogar noch später sein. Sieh dir die Wachposten an: Sie trauen ihren Augen nicht. Wir waren nur vier Stunden unterwegs! Dass wir hier sind, ist ein Wunder!«
Ein merkwürdiges Gefühl durchrieselte meinen Körper. Ich hatte zwar in Situationen, in denen ich allein war, schon Ähnliches erlebt, doch noch nie in einer Gruppe. Wie hatten wir

unsere Fahrtzeit fast auf die Hälfte reduzieren können, trotz Geschwindigkeitsbegrenzungen und zusätzlichen Stopps an den Kontrollpunkten? Die Entfernung zwischen dem Berg Sinai und Kairo hatte sich nicht verändert, wohl aber unser Zeitempfinden unterwegs. Und diese Veränderung war auf den Armbanduhren sämtlicher Militärpatrouillen, bewaffneter Wachen und Buspassagiere verewigt worden. Es war, als wären unsere Erinnerungen an den Tag irgendwie in eine Erfahrung hineingequetscht worden, die nur einen Bruchteil der erwarteten Zeit in Anspruch nahm, und wir konnten es uns gegenseitig bezeugen. Wo war der Rest unserer Zeit geblieben? Während das Phänomen eintrat, hatten wir es nicht wahrgenommen, so viel war klar. Wie hatte es sich also abgespielt und warum? Vielleicht lag es ja an unserer unschuldigen Vorwegnahme unserer Erlebnisse in den Pyramiden? Wir hatten uns so angeregt über diese Erlebnisse unterhalten, als befänden wir uns bereits im Innern der uralten Kammern. So hatte sich unsere Wahrnehmung verlagert – weg von der Konzentration darauf, wie lange die Reise in Anspruch nahm, auf das Erleben des Gefühls, bereits dort zu sein.

Wunderheilung ohne Arznei

Das Licht wurde gerade gedämpft, als wir die Stuhlreihe ganz hinten im Raum erreichten. Wir kamen spät, sodass meine Frau und ich nur noch wenige Sitzmöglichkeiten zur Auswahl hatten. Kaum saßen wir, begann das Seminar. Unser Seminarleiter hatte während seines Studiums an einer Spezialklinik vor den Toren Pekings die Wirkung einer alten Heilkunst auf Video dokumentiert. Sie basierte auf Bewegungs- und Atemtechniken, aber auch auf Gedanken und Empfindungen.

Gleich würden wir auf Video ein Phänomen sehen, das im asiatischen Raum gängigen Traditionen entsprach, für das die westliche Wissenschaft jedoch keine Erklärung hatte. Anormale Erlebnisse dieser Art werden oft als Wunder abgestempelt. Für Menschen, die sich an diese Klinik gewandt hatten, weil sie in ihr die letzte Rettung sahen, war die hiermit verbundene Entscheidung für Liebe, bestimmte gezielte Bewegungen und die Stärkung der Lebenskraft (Chi) statt Medikamenten und Chirurgie die Antwort auf ihre Gebete gewesen.

Als im Saal das Licht ausging, wurde in der Nähe des Seminarleiters ein Fernseher eingeschaltet. Die Aufnahmen, die wir zu Gesicht bekamen, stammten aus der Huaxia Zhineng Qigong Klinik und dem dazugehörigen Ausbildungszentrum, dem »arzneimittelfreien Krankenhaus« der chinesischen Stadt Qinhuangdao. Sie zeigten zunächst eine auf dem Rücken liegende Patientin in einem Krankenhaussaal. Sie schien vollkommen wach und bei Bewusstsein; es gab keine Hinweise darauf, dass hier ein Betäubungsmittel zum Einsatz kommen würde. Die Frau trug lockere Kleidung, und ihre Bluse war dezent höher geschoben worden, um ihren Bauch freizumachen. Auf ihrer Haut glänzte im Scheinwerferlicht ein vor der Behandlung aufgetragenes, nass wirkendes Gel. Rechts neben der Patientin saß eine Krankenschwester und ließ eine Ultraschallsonde über die gespannte Bauchdecke der Frau gleiten. Direkt hinter der Patientin befanden sich drei männliche Heiler. Die Männer, mit weißen Arztkitteln bekleidet, wirkten sehr konzentriert, als sie schweigend in Höhe ihres Oberkörpers standen. Einer von ihnen begann eine Handbewegung zu machen, bei der er die Hände stumm über Gesicht und Brust der Frau durch die Luft führte.

Als Nächstes zeigte das Video das Ultraschallbild, das während der Prozedur einen Blick in die Blase der Frau ermöglichte. Man erkannte deutlich die Wand und Krümmung der Blase. Doch dann zeigte sich auf diesem Bild noch etwas Weiteres – etwas, das nicht dorthin gehörte: »Sie sehen hier einen Blasenkrebs«, erklärte der Seminarleiter, »einen Tumor von rund acht Zentimetern Durchmesser in der Blase der Frau.«

Wir sahen den Tumor genau in dem Augenblick, da er von der Ultraschallsonde erfasst wurde. Die Kamera zoomte auf dem Monitor näher, während wir ein Ereignis beobachteten, für das die westliche Wissenschaft keine Erklärung hat. In Erwartung des Bevorstehenden wurde es ganz still im Raum. Selbst das Ächzen der alten Klappstühle hörte auf, während wir ehrfürchtig zusahen, wie das Wunder vor unseren Augen seinen Lauf nahm. Während die Krankenschwester den Vorgang weiter mit Ultraschall überwachte, kooperierten die drei Männer, die hinter der Patientin standen, in einem seit Jahrhunderten bekannten Heilverfahren.

Das einzige Geräusch, das verriet, dass sich überhaupt etwas abspielte, kam von den Behandelnden selbst. Sie wiederholten immer wieder ein einziges Wort, ein Wort, das lauter und eindringlicher wurde, während die Heilung fortschritt. Frei übersetzt sagten sie so etwas wie: »Bereits verschwunden ...«, »Bereits vollendet ...«

Die Veränderung zeigte sich langsam, kaum wahrnehmbar. Das Krebsgeschwür begann zu beben, als reagierte es auf eine unsichtbare Kraft. Während sich dieses Zittern fortsetzte, verblasste der Tumor zusehends – dabei blieb das restliche Bild völlig scharf. Innerhalb von Sekunden schien er vor unseren Augen dahinzuschmelzen. In nur zwei Minuten und vierzig Sekunden war er verschwunden. Er hatte sich vollkommen in nichts aufgelöst! Die Patientin war geheilt, und zwar so vollständig, dass die Ultraschallaufnahme nicht einmal eine Narbe in dem Gewebe anzeigte, das vom Tumor befallen gewesen war.

Als die Kamera vom Computermonitor zurückfuhr und die Frau zeigte, wirkte sie, die noch immer wach und bei vollem Bewusstsein war, sichtlich erleichtert über das, was sie im Raum hörte. Die Krankenschwester und die drei Männer berieten sich untereinander und nickten dann übereinstimmend: Ihre Arbeit hatte Erfolg gehabt. Höflich verbeugten sie sich aus der Hüfte und klatschten leise, um das Erreichte zu würdigen.

Hier endete das Video. Zuerst herrschte Schweigen im Vortragsraum. Dann hörte ich Leute aufseufzen, und schließlich Äußerungen der Überraschung und Freude. Was hatten wir da gerade miterlebt? Wie hatte ein Krebsgeschwür von acht Zentimetern Durchmesser aus dem Körper der Frau verschwinden können und dabei nicht einmal die verräterischen Narben hinterlassen, die dabei eigentlich zu erwarten wären? Und dies alles innerhalb weniger Augenblicke! Wie kommt es, dass die westliche Wissenschaft keinen Mechanismus kennt, der einen solchen Vorfall erklären würde?

Die beiden vorangegangenen Geschichten sind aus zwei Gründen wichtig: Erstens illustriert jede von ihnen ein Erlebnis, an dem eine ganze Gruppe teilhatte – sie waren kein einmaliges Erlebnis einer einzelnen Person. Alles, was mit unserer Zeitwahrnehmung an diesem Tag in der ägyptischen Wüste Sinai geschah, erlebten viele Menschen gleichzeitig – Menschen mit dem unterschiedlichsten Hintergrund, den unterschiedlichsten Überzeugungen und Glaubensvorstellungen. Ebenso wurde das Verschwinden des Krebsgeschwürs bei der Patientin von vier Personen beobachtet, die dabei waren, plus dem Kameramann, der die Szene festhielt. Auch hier handelte es sich also um ein kollektives Erlebnis.

Für unsere Reisegruppe im Bus war der bevorstehende Aufenthalt in Kairo, bei dem wir vier Stunden lang allein in der Großen Pyramide eingeschlossen sein würden, Thema des Tages gewesen. Für viele gipfelte hier ein Traum, den sie schon in ihrer Kindheit gehabt hatten und der durch harte Arbeit und monatelange Planung Wirklichkeit geworden war.

Der Schlüssel zu dieser Geschichte und zur Heilung des Krebsgeschwürs ist wohl in diesem Umstand zu suchen: Die Aufmerksamkeit der gesamten Gruppe lag auf dem *Erleben des Ergebnisses,* statt auf dem Gefühl, wie lange es dauerte, bis das geschehen würde. Ein feiner und doch folgenreicher Unterschied, dessen Bedeutung an späterer Stelle noch deutlicher werden wird.

Der zweite Grund, warum ich diese Geschichten hier erzähle: Mit beiden Vorfällen wird derzeit in der westlichen Wissenschaft nicht gerechnet. Wie sollen wir ein Vorkommnis erklären, das wir persönlich erlebt haben, zum Beispiel eine Komprimierung von Zeit oder eine körperliche Sofortheilung, wenn uns der gedankliche Rahmen fehlt, der ein derartiges Ereignis zuließe? Die Antwort finden wir vielleicht am ehesten, wenn wir dem Wesen der Zeit mit den Augen unserer Vorfahren sowie denen der modernen Wissenschaft auf den Grund gehen.

Das Mysterium Zeit

Von Anfang an, seit wir Menschen begannen, unsere Erfahrungen auf dieser Welt aufzuzeichnen, schlug uns die Zeit in ihren Bann. Unsere einzige Methode zur Ergründung jener rätselhaften Eigenschaft der Wirklichkeit, die wir als Zeit erleben, bestand darin, über ihr Wesen zu spekulieren. Da wir nicht in der Lage sind, die Zeit als solche festzuhalten, zu fotografieren oder aufzuzeichnen, bleiben uns nur relative Messungen von Ereignissen, die innerhalb der Zeit geschehen. Derartige Messungen werden oft als »jetzt« und »damals« beziehungsweise »vor« oder »nach« einem Ereignis beschrieben. In alten Kulturen sah man die Zeit als Fluss, der in eine einzige Richtung fließt, wobei die Erfahrungen der Menschheit in gewisser Weise unauflöslich an das Leben des Flusses gebunden sind. In anderen Überlieferungen betrachtet man die Zeit als eine Straße, die die Membranen des Raums transzendiert und sich in zwei Richtungen befahren lässt. Diese Perspektiven legen den Schluss nahe, dass die Zeit irgendwo entspringt und irgendwo endet, und es bleibt uns überlassen, in ihr zu reisen und die Punkte dazwischen zu erfahren.

Unabhängig davon, wie wir den Raum zwischen »Damals« und »Jetzt« wahrnehmen, ist die Zeit in unserer Sicht des Lebens zum beherrschenden Faktor geworden. Unsere Tage bestehen darin, Vorbereitungen für unsere Zukunft zu treffen, indem wir mit der Planung der Ereignisse im nächsten Augenblick, am nächsten Tag und im nächsten Jahr beschäftigt sind. Von scheinbar unwichtigen Ereignissen, wie etwa, wo wir in zwanzig Minuten zu Mittag essen werden, bis zu monumentalen Meilensteinen, wie der Begegnung der Raumschiffe zweier Nationen im Weltall: Stets ist die Zeit der rote Faden, der uns alle durch die Synchronisierung unserer Erfahrungen in unserer Welt verbindet.

Im Licht der Prophezeiungen der zukünftigen Möglichkeiten mag unser Verständnis von Zeit von noch größerer Bedeutung sein. Es gibt eine alte Schule des Denkens, eine Vorstellungswelt, die seit mindestens fünftausend Jahren besteht und die These aufstellt, dass die Zeit und die Ereignisse unserer Zukunft nicht nur unauflöslich zusammenhängen, sondern auch logisch nachvollziehbar und dem Wissen zugänglich sind. Weiter besagt dieses Denken, dass wir die katastrophalen Ereignisse aus den Prophezeiungen vorab kennen und vermeiden können – zumindest können wir auf sie vorbereitet sein. Neue Forschungsarbeiten der führenden Physiker und Mathematiker unserer Tage lassen solche Überlegungen nun glaubwürdig erscheinen.

Konflikte mit der Wissenschaft

Überraschenderweise besteht in weiten Teilen derselben Wissenschaft, die über Wunder und Prophezeiungen die Nase rümpft, bislang nicht einmal Einigkeit über die grundlegende Natur unserer Welt. Die moderne Technik mag zwar mechanisierte Sensoren auf der Oberfläche anderer Welten positioniert und unsere Sinne insofern bis zum Rand des uns bekannten Universums ausgedehnt haben, doch besteht noch immer Ungewissheit darüber, wer vor uns hier war, ja sogar über das Alter der Erde selbst.
Seit fast einhundert Jahren ringt die Physik zäh darum, jene Kräfte zu definieren, die für die Vorkommnisse in unserer Alltagswelt verantwortlich sind – die gleichen Kräfte, die bei der Frau das Aussehen ihres Tumors veränderten und in Ägypten unser Zeitgefühl komprimierten. Man glaubt, dass der Mechanismus, der unsere Alltagsereignisse entstehen lässt, letztlich auch die Funktionsweise des Kosmos beschreiben wird. Zwei Hauptlager, die Theorien der klassischen Physik und jene der Quantenphysik, beschreiben das Spektrum dieser beiden Möglichkeiten. Die klassische Physik besteht aus den Gesetzen, mit denen wir bis ins frühe zwanzigste Jahrhundert unsere Welt zu erklären pflegten. Sir Isaac Newtons Bewegungsgesetze zum Beispiel, sowie Maxwells Theorien zu Elektrizität und Magnetismus und Einsteins Relativitätstheorie vermochten bis zu dieser Zeit erfolgreich die Beobachtungen alltäglicher Vorkommnisse zu erklären. Die technologische Weiterentwicklung jedoch erlaubte es

Wissenschaftlern, über die alltäglichen Vorgänge hinauszublicken, und dort sahen sie Ausdrucksformen der Natur, für die die klassische Physik keine Erklärung hatte. Aus der Welt subatomarer Teilchen und ferner Galaxien schälte sich nach und nach eine modifizierte Physik heraus, die solche neu beobachteten Phänomene mit einbezog. Die Quantenphysik führte zu sciencefictionartigen Theorien um Zeitreisen und Paralleluniversen.

In einigen Fällen waren die beiden Schulen des Denkens einander diametral entgegengesetzt. Ein Thema ihrer Kontroverse bestand in der Frage, ob die Erfahrungen unserer Welt durch eine vorab festgelegte Abfolge von Ereignissen hervorgerufen werden, die man kennen kann, oder ob dem Lebensprozess ein gewisser Grad an Wahllosigkeit innewohnt. Mit anderen Worten: Hätten wir, wenn wir sämtliche Ereignisse festmachen könnten, die zu einem bestimmten Moment hinführen, die notwendigen Informationen, um das Ergebnis dieses Moments vorherzusagen? Oder gäbe es noch einen weiteren Veränderungsfaktor, der hier nicht einfließen würde? Im Präsens ausgedrückt: Kann sich ein bereits in Gang gekommenes Ereignis ohne offensichtlichen Grund ändern, ohne dass eine klar erkennbare Kraft auf es einwirkt? Die Vorstellung, dass es zu einem bestimmten Ergebnis nur aufgrund vorheriger Ereignisse kommt, wird als »Determinismus« bezeichnet. Das von dem deutschen Philosophen Gottfried Leibniz beschriebene deterministische Denken besagt: Alles, was in unserer Welt beobachtet oder erfahren wird, geschieht – unabhängig von seinem beliebig wirkenden Auftreten – aufgrund der Ereignisse, die ihm vorangingen. Die Theorie lässt sich am besten in Leibniz' eigenen Worten beschreiben: »Nichts findet statt ohne ausreichenden Grund; das heißt, wenn man ausreichendes Wissen besitzt, kann man stets erklären, warum etwas so geschieht, wie es geschieht.«[1]

In jüngerer Zeit konnte das deterministische Denken durch renommierte Wissenschaftler wie Jacques Monod, Nobelpreisträger in Biologie 1965, weitergehend geklärt werden. Monod konstatiert: »Alles lässt sich auf einfache, offensichtliche, mechanische Interaktionen zurückführen.«[2] Aus diesem Blickwinkel des Determinismus betrachtet, kam es zur offensichtlichen Heilung des Krebsgeschwürs infolge der Ereignisse, die zum Moment der Heilung hingeführt haben. Hätten wir Einblick in jedes dieser Ereignisse, so würden wir diese Heilung nicht mehr als Wunder betrachten, sondern als logische Konsequenz einer bekannten Abfolge von Ereignissen. In der Welt der Quantenmechanik jedoch bietet ein Ereignis wie etwa die Komprimierung von Zeit oder die Heilung eines Tumors einen völlig anderen Betrachtungsansatz. Hier kommt ein zusätzliches Instrument ins Spiel: der »freie Wille«.

Eine neue Physik

Physiker sprechen mittlerweile von der Schöpfung als etwas, das keinen festen und kontinuierlichen Charakter aufweist. Ihre Definition für »Quantum« lautet: »Eine bestimmte Menge an elektromagnetischer Strahlung.« Die Quantenphysik hat wissenschaftlich bewiesen, dass unsere Welt eigentlich durch extrem kurze, aufeinanderfolgende Lichtblitze zustande kommt. Was wir zum Beispiel beim Baseball als das Ausholen des Schlagmanns wahrnehmen, ist in Wirklichkeit – um die Begriffe der Quantenphysik zu gebrauchen – eine Abfolge von Einzelereignissen, die sehr schnell und in sehr engem Abstand erfolgen. Ähnlich wie ein Film mit beweglichen Bildern aus vielen statischen Aufnahmen besteht, so sind diese Ereignisse eigentlich winzige Lichtimpulse, »Quanten« genannt. Die Quanten unserer Welt tauchen in so schneller Folge auf, dass unser Verstand keine einzelnen aufblitzenden Lichtimpulse unterscheiden kann, obwohl unser Auge durchaus dazu in der Lage ist. Vielmehr wird aus den Impulsen ein allgemeiner Mittelwert gebildet, und wir nehmen einen durchgängigen Vorgang wahr – in diesem Fall das Ausholen des Schlagmanns. Die Quantenphysik ist das Studium dieser winzigen Einheiten ausstrahlender Wellen – *nichtphysikalische* Kräfte, deren Bewegungen unsere *physische* Welt erschaffen.

In den letzten Jahren haben sich Wissenschaftler Beobachtungen in der Quantenwelt innerhalb des Atoms zugewandt, um Geheimnisse zu erforschen, die sie in den entferntesten Weiten des Kosmos beobachten konnten. Wenn man ein Ereignis im kleinen Maßstab erklären kann, so vermuten sie, dann lässt sich möglicherweise der gleiche Mechanismus anwenden, um Ereignisse größeren Maßstabs zu verstehen. Die Quantenphysik schafft somit den Raum für die Existenz von »Wundern«, wie etwa jenes mit dem verschwindenden Tumor und unserem Erlebnis von »verlorener« Zeit. Waren es zum Beispiel nur die Fahrzeuge und unsere Gruppe, die unser Zeitgefühl veränderten, oder geschah hier etwas noch Erstaunlicheres? Kann es sein, dass wir an diesem Morgen in der Wüste Sinai an einem Ereignis beteiligt waren, das die Grenzen unserer Vorstellungskraft auf die Probe stellt: der Möglichkeit, multiple Wirklichkeiten zu erfahren und von einem Ergebnis oder Ausgang zum anderen zu springen, ohne auch nur zu wissen, dass dieser Sprung stattfand?

Wenn die Zeit wirklich wie eine Straße in zwei Richtungen verläuft: Ist es dann auch möglich, dass die Straße mehrspurig ist? *Könnten die Ereignisse, die auf einer Zeitspur beginnen, an einem bestimmten Punkt auf einer anderen Spur ankommen, wo dann ein anderes Ergebnis eintritt?* Können wir zunächst einen bestimmten Kurs einschlagen und dann »die Spur wechseln«, um uns in voller Fahrt in eine Spur einzufädeln, die zu einer neuen Ausfahrt, einem neuen Ausgang führt? Wenn ja, so impliziert das die Möglichkeit multipler Ergebnisse für ein Ereignis, das bereits begonnen hat. Diese Denkweise verleiht neue Hoffnung hinsichtlich der prophezeiten weltweiten Zerstörung und dem globalen Leiden: Wir sind eingeladen, die Entscheidungen, die wir in unserem Alltag treffen, als direkt mit künftigen Erfahrungen verknüpft zu betrachten.

Das Bestehen vieler möglicher Ausgänge für ein bestimmtes Ereignis wird von den Quantenphysikern seit etwa achtzig Jahren verkündet. In neuerer Zeit gaben Wissenschaftler wie Fred Alan Wolf und Richard Feynman derartigen esoterischen Ansichten eine neue Relevanz, indem sie die Quantenphysik mit dem Alltag verknüpften. Bei allen Unwägbarkeiten eines Universums mit vielen möglichen Ausgängen sind zwei Komponenten eindeutig: Erstens bedeutet die Tatsache, multiple Ausgänge in Betracht zu ziehen, *dass jede Möglichkeit bereits geschaffen und in unserer Welt gegenwärtig ist*. Irgendwo in der Schöpfung, vielleicht in einer Form, die wir noch erkennen müssen, wartet embryonenhaft als Mischung von Physischem und Nichtphysischem jeder Ausgang darauf, *in den Brennpunkt unserer Aufmerksamkeit zu rücken*. Zweitens muss es, da ja ein Ergebnis einem anderen Platz macht, für einen kurzen Moment so sein, dass die beiden gleichzeitig denselben Raum in Anspruch nehmen. Während ein Ereignis von unseren Sinnen fokussiert wird, muss es in der Lage sein, ein zweites zu überlagern, und sei es nur für den Sekundenbruchteil, den es braucht, damit die beiden aneinander vorbeigleiten können. Die Quantenphysik bezeichnet es als Bose-Einstein-Kondensat, wenn sich zwei Atome zur selben Zeit am selben Ort aufhalten. Diese Kondensate wurden

unter Laborbedingungen beobachtet und dokumentiert. Jeffrey Satinover berichtet, dass Bose-Einstein-Bedingungen bei »Kondensaten bis zu sechzehn Millionen vermengter Berylliumatome« aufgetreten seien, die in den späten 1990er-Jahren im Labor erzeugt wurden.[3] Weiter berichtet Satinover, bei dem in den Versuchen gewonnenen Material habe es sich um eine »ausreichend große Menge« gehandelt, um »mit bloßem Auge erkennbar zu sein«, und es sei auch »fotografiert« worden. Obwohl sie den Naturgesetzen zu widersprechen scheinen, fallen die Vorkommnisse, die wir in der ägyptischen Wüste und in den Videoaufnahmen bei der Heilung erlebten, in der Quantenphysik also durchaus in den Rahmen des vorhergesagten Verhaltens von Naturgesetzen.
Vielleicht bietet die Erwägung multipler Möglichkeiten Einblicke in eines der großen Geheimnisse der »Schöpfungswissenschaften«, nämlich warum ein so großer Teil unseres Universums zu »fehlen« scheint. Verfolgt man die einzelnen Schöpfungsschritte mithilfe von Supercomputern bis zurück zum Urknall, so zeigt sich ein mysteriöses Phänomen: Kurz nach dem Moment, in dem, wie die Wissenschaftler glauben, unser Universum seinen Anfang nahm, »verschwinden« rund neunzig Prozent davon, womit nur noch zehn Prozent des Universums in den Modellen Berücksichtigung finden.[4]
Und es gibt noch ein zweites Phänomen, das die Naturwissenschaftler nachdenklich macht: Untersuchungen des menschlichen Gehirns lassen darauf schließen, dass es nur zu einem Bruchteil genutzt wird: rund zehn Prozent. Von der Funktion der restlichen neunzig Prozent ist nichts bekannt; man glaubt, dass dieser Teil ruht. Selbstverständlich gibt es Theorien in Richtung »multipler, redundanter biologischer Schaltkreise« und eines noch zu realisierenden Evolutionsstadiums, in dem unser Gehirn vollständiger genutzt werden wird. Das erklärt jedoch nicht diese Zahlen. Nur zehn Pro-

zent des Gehirns werden genutzt, und nur zehn Prozent der Masse des Universums lassen sich erklären. Wo sind die übrigen neunzig Prozent der Schöpfung, und was ist der Zweck der »ungenutzten« neunzig Prozent unseres Gehirns? Ist es Zufall, dass die Prozentsätze sich so sehr gleichen? Was zeigen die Computermodelle und Biologen uns – oder was zeigen sie uns nicht?

Die Naturwissenschaften der Vergangenheit vernachlässigen eine Dynamik der Schöpfung, die zu den fundamentalsten und möglicherweise am wenigsten verstandenen gehört: die Komponente der *Dimensionalität*. Im Rahmen unserer sich unablässig ändernden Sicht der Schöpfung glauben viele Wissenschaftler mittlerweile, dass alles, was wir als unsere Welt kennen, letztlich aus der gleichen Substanz besteht: winzigen Lichtpaketen (Quanten), die in unterschiedlichen Geschwindigkeiten schwingen. Manches Licht schwingt so langsam, dass es uns als Steine oder Mineralien erscheint. Andere Formen von Licht schwingen schneller und erscheinen uns als der lebendige Stoff, aus dem Pflanzen, Tiere und Menschen bestehen, während sich aus den noch schnelleren Schwingungen unsere Fernseh- und Radiosignale zusammensetzen. Letztlich lässt sich alles auf eine bestimmte Qualität von Lichtschwingungen reduzieren.

Die Beobachtungen der Physiker und Biowissenschaftler übersehen die Parameter der Dimensionalität – Ereignisse, die auf einer so hohen Schwingungsfrequenz stattfinden, dass sie jenseits der Reichweite unserer physischen Wahrnehmung sind. Neuere Forschungsergebnisse lassen darauf schließen, dass unsere Welt nicht bei den Schwingungen aufhört, die auf herkömmlichen Tabellen zu den kosmischen Wellen angegeben sind und deren Frequenz über 10^{22} Hertz pro Sekunde beträgt. Die Kosmologen haben nun den Verdacht, dass sich das Universum kurz nach dem Augenblick der Schöpfung so rapide ausdehnte, dass sich seine Schwingung nicht mehr innerhalb der Gesetze der dreidimensionalen Erfahrungswelt ausdrücken konnte. Dieser Theorie zufolge schwangen sich neunzig Prozent des Universums durch ihre Frequenz buchstäblich in höhere Ausdrucksformen auf! Diese neunzig Prozent stellen möglicherweise den Bereich der Paralleluniversen der Quantentheorie dar.

Eintritt in die Zeit, Austritt aus der Zeit: Entscheidungspunkte

Bei Debatten über parallele Möglichkeiten zitiert man oft die Theorien von Hugh Everett III., einem Physikpionier der Princeton University. Everett entwickelte seine Idee der Paralleluniversen als Antwort auf die Rätsel der Quantenwirklichkeiten. In einer Arbeit von 1957 mit dem Titel »Relative State Formulation of Quantum Mechanics« ging Everett sogar so weit, den Momenten einen Namen zu geben, in denen sich der Gang eines Ereignisses verändern lässt. Er nannte die Fenster, die diese Möglichkeit bieten, »Entscheidungspunkte« (choice points).[5] Ein Entscheidungspunkt entsteht, wenn sich aus den gegenwärtigen Umständen ein Weg auftut zwischen dem aktuellen Verlauf der Ereignisse und einem neuen Kurs, der zu neuen Ergebnissen führt. Der Entscheidungspunkt ist wie eine Brücke, die es ermöglicht, zunächst eine Richtung einzuschlagen und dann einen anderen Weg zu wählen, um einen anderen Ausgang zu erfahren. Aus dieser Perspektive betrachtet, gelangten die drei Männer, die an der Heilung beteiligt waren, sowie die Patientin, die sich für die Überzeugung entschied, dass der Tumor nicht existierte, durch einen Entscheidungspunkt hindurch und schlugen damit einen Weg ein, der auf einen neuen Ausgang zuführte. Indem sie ihre eigene Einstellung änderten, transzendierten sie jegliches Bemühen, den körperlichen Ausdruck eines Ereignisses, das bereits stattgefunden hatte, zu »heilen«. Stattdessen befassten sie sich mit den nichtphysischen Ur-sprüngen des Tumors und nahmen das Denken, Fühlen und Empfinden an, das von einem Ort kam, wo dieser nie existiert hatte. *Ihre Handlungen zogen den Entscheidungspunkt an und ermöglichten so den Quantensprung von einem Gang der Ereignisse, der bereits begonnen hatte, zu einem neuen Kurs mit einem anderen Ausgang.* Die Hilfswerkzeuge, die einen solchen Sprung möglich machen, finden sich in den Überzeugungen der Betreffenden: in dem *Gedanken, Gefühl und Empfinden, dass die neue Wirklichkeit bereits existiert.* Entgegen der Theorie, dass eine derartige Veränderung langsam und über längere Zeiträume zustande kommt, brauchte es nur zwei Minuten und vierzig Sekunden, damit die neue Möglichkeit im Fokus stand und die ursprüngliche losgelassen werden konnte.

Entscheidungspunkte kommen vielleicht öfter, als wir denken. In unserer Definition von Quanten als den kleinen Lichtimpulsen, die unsere Wirklichkeit erschaffen, haben wir einer außerordentlichen Möglichkeit die Tür geöffnet: einer neuen Definition von Zeit. So ähnlich wie die Physiker jetzt glauben, dass die Materie nicht als kontinuierliches Feld zu betrachten ist, sondern sich aus vielen kurzen Impulsen zusammensetzt, erklärten sich die Alten die Entstehung von Zeit. Während der einzelnen Lichtimpulse erfahren wir die Ereignisse unserer Welt. Je mehr Lichtimpulse wir aneinanderreihen, desto länger die Dauer dessen, was wir erfahren. Umgekehrt gilt: Je weniger Impulse, desto kürzer die Erfahrung insgesamt.

Damit ein Lichtimpuls enden kann, bevor der nächste beginnt, muss es definitionsgemäß einen Zwischenraum zwischen ihnen geben. Die Essener, die das, was wir im kleinen Rahmen auf der Erde erfahren, als eine Metapher dafür sehen, was im großen Maßstab der Kosmos erfährt (»Wie oben, so unten«), verwiesen schon auf etwas Ähnliches in unserer Atmung und im Atem des Kosmos. Im Evangelium der Essener werden wir erinnert: »Und im Augenblick zwischen Einatmen und Ausatmen liegen alle Mysterien des Unendlichen Gartens verborgen.«[6] In der essenischen Philosophie kann man die Abstände zwischen Quantenimpulsen als kleinen Ausdruck der Stille zwischen den Atemzügen betrachten. In eben diesen Zwischenräumen, in der Stille zwischen den Impulsen der Schöpfung, haben wir die Chance, von einer Möglichkeit zur nächsten zu »springen«. In diesem Zwischenraum sind die Wunder angesiedelt.

Wenn sich die Zeit verlangsamt

Der Winter 1977 schien sehr plötzlich über Missouri hereingebrochen zu sein. Ich hatte einen Studienplatz an einer Universität in Nord-Colorado erhalten, um dort meine restlichen Semester in Geowissenschaften zu absolvieren, und war sehr damit beschäftigt, meine Abreise vorzubereiten. Ich erinnere mich noch deutlich, wie ich in der Woche vor Vorlesungsbeginn auf Landstraßen und Autobahnen unweit von zu Hause gleich dreimal Zeuge eines Autounfalls wurde. Zwar war ich nie direkt in den Unfall verwickelt, doch bei allen dreien war ich als Erster am Ort des Geschehens. In jedem dieser Fälle konnte ich vorab sehen, was gleich geschehen würde, und fühlte mich machtlos, irgendetwas dagegen zu unternehmen. Beim dritten Unfall stand ich gerade vor einer roten Ampel und wollte auf eine vierspurige Kreuzung. Plötzlich sah ich links von mir einen blauen Kleinwagen beschleunigen, während die anderen Fahrzeuge in der Nähe ihre Fahrt verlangsamten, um an der Ampel stehen zu bleiben. Ich wusste, dass die Frau am Steuer des Kleinwagens versuchen wollte, noch rasch bei Gelb durchzufahren. Plötzlich sprang die Ampel um, und ich sah, dass ein anderer Autofahrer auf der gleichen Abbiegespur in die *entgegengesetzte* Richtung fahren wollte. Als die Ampel umsprang, bog der Wagen, der an der Kreuzung wartete, ab – genau in dem Moment, in dem das blaue Fahrzeug der Frau die Ampel überfuhr. Dann ging alles ganz schnell. Obwohl der Vorfall insgesamt nur Sekunden dauerte, zog sich meine subjektive Erfahrung des Moments viel länger hin. Eine eigentümliche Mischung von Hilflosigkeit und Faszination überkam mich, als ich aus sicherer Distanz von meinem eigenen Fahrzeug aus zusah. Die Frau im blauen Wagen hatte ein Kleinkind auf dem Rücksitz, offensichtlich ohne Sicherheitsgurt. Meine Faszination verwandelte sich in Entsetzen, als ich in Zeitlupentempo sah, wie das Kind über die Vordersitze flog und gegen die Windschutzscheibe geschleudert wurde. Es rutschte die Scheibe hinunter auf das Armaturenbrett und blieb als lebloses Bündel auf dem Sitz liegen. Diese wenigen Sekunden lang hatte sich meine Wahrnehmung zu einem merkwürdigen Kriechtempo verlangsamt. Die Szene war so lebendig, so klar, so real wie bei einem Video-Playback, das Einstellung für Einstellung weitergespult wird.

Es gibt viele ähnliche Berichte. Ich erzähle von meiner Erfahrung, weil ich während der Woche, in der die drei Unfälle geschahen, ein Thema erkannte, das sich wie ein roter Faden durch diese Erlebnisse zog. Es war unverkennbar: Ich bestimmte durch meine Gefühle zu dem, was ich wahrnahm, wie ich die einzelnen Ereignisse sah. Am Tag des dritten Unfalls beispielsweise vermischte sich mein *Gefühl* des Grauens mit meiner *gedanklichen* Faszination von dem Ereignis und verlangsamte meine Wahrnehmung auf Schneckentempo. Es war, als hätte mir jemand die gesamte Sequenz auf ein Kartendeck gedruckt präsentiert, jedes Bild geringfügig vom vorherigen abweichend. Je schneller man durch die Karten blättert, desto schneller scheinen sich die Bilder zu bewegen. Der Unfall erinnerte mich an genau diese Metapher, als ob die dort wirksamen Kräfte ganz langsam durch die Karten blätterten. Dadurch beobachtete ich den Unfall und erinnere mich an genaue Details, die ich sonst aller Wahrscheinlichkeit nach nicht bemerkt hätte. An diesem Tag überflügelte meine Erfahrung der Quantenphysik alle Theorie und alles »Was, wenn?«, um eine höchst greifbare Realität zu werden, die mich sowohl die Ereignisse als auch die Abstände zwischen ihnen sehen ließ.

Der Schmetterlingseffekt

So eigenartig die Ideen der Quantentheorien auch klingen mögen: Sie bieten eine derart erfolgreiche Erklärung für Beobachtungen in subatomaren Versuchen, dass man in rund acht Jahrzehnten nichts Vergleichbares fand. Diese Art von Versuchen sind bahnbrechend für die neuen Überlegungen zu unserer Rolle in der Geschichte und im Hinblick auf das Schicksal der Menschheit. Nach Berichten in frei zugänglichen Publikationen zu urteilen, hat sich die Forschung offenbar ernsthaft mit dem Studium der Möglichkeit befasst, Zeit zu beobachten und den Ausgang von Ereignissen zu beeinflussen. Was fangen wir mit derartigen Informationen an? Wie wirkt sich ein Wissen dieser Tragweite auf unser Leben und auf unseren Alltag aus?

Damit solche abstrakten Informationen eine Bedeutung für unser Leben gewinnen können, müssen wir wenigstens intellektuell verstehen, wie die Prinzipien funktionieren. Unsere neue Physik bietet uns heute ein erweitertes Vokabular, um die Visionen alter Seher und die Rolle ihrer Visionen in unserem Leben zu beschreiben. Vielleicht hilft ja unsere Überlegung, die Zeit als zweispurige Straße zu sehen, bei der praktischen Anwendung der zuvor angesprochenen Vorstellungen von Prophetie.

Ein Prophet, der in der Mitte einer solchen Straße steht, könnte seine prophetische Begabung anwenden, indem er seine Sinne dem Verlauf der Straße folgend nach vorn oder in die entgegengesetzte Richtung, nach hinten, projiziert. Statt zum Zeithorizont zu *sehen,* so weit das Auge blicken kann, *wandert* die Wahrnehmung des Propheten tatsächlich die Straße entlang, bis sie bei einer anderen Erfahrung von Zeit und Raum anlangt. Sein Körper mag sich zwar scheinbar im derzeitigen Moment befinden und beispielsweise auf dem Stuhl vor dem Kamin von Nostradamus' Studierzimmer im Jahr 1532 sitzen, doch in Wirklichkeit hat sich die Wahrnehmung des Propheten die Straße der Zeit entlangbewegt und befindet sich in der Realität einer fernen Zukunft. Der Schlüssel zum Verständnis von Prophezeiungen liegt darin, *dass die beobachtete Zukunft das logische Ergebnis der Umstände zum Zeitpunkt der Prophezeiung ist.* Sollte sich zwischen dem Moment der Gegenwart und der Zeit in der Zukunft irgendetwas ändern, so muss sich diese Veränderung im Ausgang der Prophezeiung spiegeln.

Mit der Quantenphysik entstand ein wunderbares neues Vokabular, um genau solche Erfahrungen zu beschreiben und komplexe Ideen leicht verständlich wiederzugeben. Nehmen wir zum Beispiel den sogenannten »Schmetterlingseffekt«. Der Begriff wird verwendet, um die Beziehung zwischen dem Augenblick der Veränderung und den möglichen Ergebnissen zu schildern, die diese Veränderung zu einem späteren

Zeitpunkt mit sich bringen mag. Offiziell kennt man den Schmetterlingseffekt als *sensible Abhängigkeit von Ausgangsbedingungen*. Kurz zusammengefasst besagt er, *dass winzige Veränderungen der Ausgangsbedingungen große Veränderungen im Hinblick auf ein späteres Ergebnis bewirken können*. So wie in der Vergangenheit einfache Geschichten dazu benutzt wurden, komplexe Vorstellungen zu beschreiben, verwendet man heute eine Parabel, um den Schmetterlingseffekt zu veranschaulichen: »Ein Schmetterling, der heute in Peking die Luft bewegt, kann eine Veränderung in den Windsystemen des nächsten Monats in New York verursachen.«[7] Die Tragweite des Schmetterlingseffekts lässt sich plastisch als lokalisierter Irrtum mit globalen Folgen beschreiben. *Er erinnert uns daran, wie bedeutend gegenwärtige Gedanken und Handlungen werden können.*

Ist es zum Beispiel möglich, dass ein scheinbar unbedeutender Fehler – wie etwa die Tatsache, dass der Chauffeur eines ausländischen Würdenträgers falsch abbiegt – einen Weltkrieg anzettelt? Genau diesen Effekt konnte die Geschichte in den frühen Tagen des zwanzigsten Jahrhunderts beobachten. Man schrieb das Jahr 1914, und der besagte Würdenträger war Erzherzog Franz Ferdinand von Österreich. In einem Dokumentarfilm über die Entstehung des Ersten Weltkriegs hieß es: »Eine vom Fahrer des Erzherzogs gewählte falsche Abzweigung konfrontierte den Erben des österreichischen Throns von Angesicht zu Angesicht mit [seinem Mörder] Gavrilo Princip.« Was, wenn der Fahrer eine andere Straße gewählt hätte oder vielleicht an diesem Tag gar nicht gefahren wäre? Die Ermordung des Erzherzogs hätte dann vielleicht dennoch stattgefunden, doch hätte sie sich vielleicht nicht an diesem Tag und nicht auf diese Weise abgespielt. Vielleicht wäre der gleiche Fehler zu einem späteren Zeitpunkt in unserer Welt auf ein politisches Klima gestoßen, wo er lediglich ein kleiner Fehler geblieben wäre – nicht mehr. Derartige Sichtweisen können uns daran erinnern, die Macht des Schmetterlingseffekts nicht zu unterschätzen, auch wenn sein Namensgeber so fragiler Natur ist. Betrachten wir jahrtausendealte Prophezeiungen, so mag der Schmetterlingseffekt erklären, warum einige exakt in Erfüllung gegangen sind, während andere offenbar eine Fehldeutung waren. Wenn wir überlegen, dass sich *jegliche Veränderung* zur Entstehungszeit der Prophezeiung auf deren Ausgang auswirkt, so ist es erstaunlich, dass die Realität gewordenen jahrtausendealten Visionen über unsere heutige Zeit überhaupt irgendeine Ähnlichkeit mit der ursprünglichen Vision des jeweiligen Propheten aufweisen.

Bleiben wir bei unserem Bild mit der Straße. Die Propheten in alter Zeit wussten möglicherweise, dass neben jeder Zeitstraße, die sie bereisten, eine weitere Straße liegt, die zur gleichen Zeit in die gleiche Richtung führt. Neben dieser Straße befindet sich eine weitere, und daneben wieder eine andere. Jede Straße ist durchsichtig, sodass man hinter ihr die anderen sehen kann. Jede Straße wird von einer feinstofflichen Kopie der gleichen Orte, der gleichen Ereignisse, der gleichen Menschen in den gleichen Städten, Ländern und Kontinenten überlagert. Der Unterschied zwischen den Straßen besteht darin, dass all das auf jeder von ihnen etwas anders erlebt wird als auf der benachbarten Straße. Je weiter sich die Straßen von derjenigen entfernen, auf welcher der Prophet steht, desto größer sind die Veränderungen. Für diejenigen, die sich in unmittelbarer Nähe befinden, mögen die Unterschiede so gering sein, dass eine Zeitstraße fast nicht von der anderen zu unterscheiden ist. Wichtig daran ist, dass ein Unterschied existiert, so fein er auch sein mag.

Die Passagen der Propheten aus den Qumran-Rollen und Teile des Bibelcodes erinnern uns daran: Um den Ausgang

von Prophezeiungen für die Zukunft zu verändern, müssen wir etwas an unserer jetzigen Art, unserem Leben Ausdruck zu verleihen, ändern. Die Quantenphysik sagt aus, dass die Möglichkeit, ein Ergebnis umzudefinieren, nur in bestimmten Abständen eintreten kann: dort, wo die Straßen der Zeit eine Krümmung aufweisen und näher an andere Straßen herankommen. Mitunter nähern sich die Straßen so weit einander an, dass sie sich berühren. Diese Berührungsstellen sind die Entscheidungspunkte, von denen zuvor die Rede war.
Im Licht der alten wie auch aktueller Prophezeiungen löst dieser Gedanke des sprunghaften Wechsels von einer Straße zu einer anderen unser Rätsel über Wunder, Heilung und Zeitkompression. Das *»Werdet ihr es ändern?«* des Bibelcodes, die tragischen Prophezeiungen von Nostradamus, Edgar Cayce und den Propheten vor ihnen, gefolgt von einander offensichtlich widersprechenden Szenarien des Friedens und der Erlösung – das alles markiert jeweils die Entscheidungspunkte auf der Straße der Zeit.

Die Quantenzukünfte der Hopi

Wie im vorigen Kapitel dargelegt, bergen auch die von Frieden geprägten Überlieferungen der Hopi, mit den Augen der Quantenphysik betrachtet, neue Möglichkeiten für unser heutiges Leben. Vor langer Zeit erhielten die Hopi, deren Name »Volk des Friedens« bedeutet, eine schematische Darstellung eines Lebensplans, die ihnen zu dieser Zeit in der Geschichte Orientierung bieten würde. Diese simple und doch so aussagekräftige Darstellung besteht aus zwei parallelen Wegen, parallelen Möglichkeiten, die für die Entscheidungen im Leben der Menschen stehen. Anfangs wirken beide Wege sehr ähnlich. Der obere Weg jedoch verwandelt

sich allmählich in eine unterbrochene Zickzackroute, die ins Nirgendwo führt. Die Menschen, die sich für diesen Weg entscheiden, werden mit abgetrenntem Kopf gezeigt, der jeweils über ihrem Körper schwebt. Sie werden die große Veränderung als eine Zeit der Verwirrung und des Chaos erfahren, die in Verwüstung mündet. Der untere Weg dagegen führt als gerade Linie weiter, kräftig und gleichmäßig. Diejenigen, die diesen Weg wählen, erreichen ein hohes Alter, und ihre Feldfrüchte werden widerstandsfähig und gesund sein.
Nach etwa zwei Dritteln der Strecke werden die zwei Wege von einer vertikalen Linie gekreuzt. Bevor dieser Kreuzungspunkt erreicht ist, so sagen die Hopi, können wir uns beliebig vorwärts und rückwärts bewegen, um beide Wege auszukundschaften. Nach diesem Zeitpunkt jedoch sind die Würfel gefallen, wir haben uns entschieden, und es gibt kein Zurück mehr. In den Worten der Quantenphysik ausgedrückt, schildert dieser Teil der Prophezeiung einen Entscheidungspunkt – eine Möglichkeit für die Menschheit, beide Wege zu erfahren und dabei zu entscheiden, welcher für sie der richtige ist. Oder um die Worte der Prophezeiung zu gebrauchen: »Wenn wir festhalten an dem heiligen Weg, den er [der Schöpfer] für uns ersann, werden wir das, was wir erlangt haben, nie verlieren. Aber dennoch müssen wir uns zwischen den beiden Wegen entscheiden.«[8] Mutter Natur sagt uns, welcher Weg der richtige ist. »Wenn Erdbeben, Überschwemmungen, Hagelschauer, Dürre und Hungersnöte für euch zum Alltag werden, so ist dann für euch die Zeit gekommen, auf den richtigen Weg zurückzukehren.«[9]
Die beispiellosen Extreme in unserer heutigen natürlichen Umwelt lassen in den Augen der Hopi darauf schließen, dass für uns die Zeit der Reinigung oder Läuterung bevorsteht. Die Intensität unserer Läuterung entscheidet sich, während wir durch unsere individuellen Reaktionen auf die Heraus-

forderungen des Lebens den kollektiven Ausgang des Ganzen bestimmen. In einem Text, der von Stammesältesten aus dem Volk der Hopi verfasst wurde,[10] werden bestimmte Ereignisse in unserer Welt als Indikatoren für die fortschreitende Entfaltung eines umfassenderen Szenarios gesehen. Dazu gehören:

- die weite Verbreitung von Hunger und Unterernährung
- die Zunahme von Verbrechen und Gewalt
- die Abnahme sauberer, reichhaltiger Wasservorkommen
- noch nie da gewesene Löcher und Schrumpfung der Ozonschicht über der Antarktis
- Auswirkungen von technologischen Errungenschaften der Moderne (Abholzung von Regenwäldern, Dezimierung der Flora und Fauna sowie Verbreitung von Atomwaffen)

Die Umweltphänomene zeigen, dass noch zu unseren Lebzeiten die Überzeugungen von Einzelnen sowie von ganzen Populationen auf die Probe gestellt werden. Die Ältesten der Hopi-Clans schilderten ein Szenarium mit drei »großen Erschütterungen« der Erde. Die beiden ersten standen den Stammesältesten zufolge für die beiden ersten Weltkriege; die dritte Erschütterung bleibt bislang ein Rätsel. Sie wurde noch nicht identifiziert, da die Menschheit noch dabei ist, die Natur dieser Erschütterung zu bestimmen. »In der Prophezeiung heißt es, die Erde werde dreimal beben: zuerst der Große Krieg, dann ein zweiter zu dem Zeitpunkt, wo sich die Swastika über den Schlachtfeldern Europas erhob, um in der Aufgehenden Sonne, in einem Meer von Blut versinkend, zu enden.« Die dritte Erschütterung »wird von dem Weg abhängen, den die Menschheit beschreitet: den der Habgier, der Bequemlichkeit und des Profits, oder den Weg der Liebe, der Stärke und des Gleichgewichts.«[11]
Solche Traditionen erkennen eindeutig eine direkte Bezie-

hung zwischen unserem alltäglichen Umgang mit den Herausforderungen unserer Welt und der Art von Welt, die wir in unserer Zukunft erfahren werden. Das Chaos der Veränderungen ist eine Chance, unsere Überzeugungen zu überdenken, indem wir davon beibehalten, was funktioniert, und uns würdevoll von dem trennen, was uns nicht mehr dienlich ist. Dieses neue, differenziertere Weltbild im Hinblick auf die Gegenwart wird uns mit Anmut und Würde durch die Zeiten künftiger Herausforderungen bringen. Die Hopi hinterlassen uns eine Botschaft der Hoffnung. Ihre Vision unserer Zukunft schließt mit der Ermahnung, verantwortungsbewusst mit der Kraft unseres Körpers und unserer Maschinen umzugehen. Mit schlichten und beredten Worten erinnert uns die Prophezeiung der Hopi daran, dass unsere Lebensführung über den Weg entscheidet, den wir einschlagen. Wir haben die Wahl.

Zeitbeugung

Die Bezugnahme auf jene Substanz, aus der die Schöpfung besteht, sowie die Kraft, die auf diese Substanz einwirkt, ist ein gemeinsamer Nenner der vielen Möglichkeiten und multiplen Ergebnisse. Wenn es parallele Welten des Möglichen gibt, woraus genau bestehen dann diese Welten? Der mit dem Nobelpreis bedachte Physiker Max Planck schockierte die Welt, indem er sich wiederholt auf die unsichtbaren Kräfte der Natur bezog. Bei der Entgegennahme des Nobelpreises traf Planck die bemerkenswerte Feststellung: Als ein Mann, der sein ganzes Leben jener Wissenschaft gewidmet habe, die am meisten einen klaren Kopf verlange, dem Studium der Materie, könne er zum Ergebnis seiner Atom-Untersuchungen nur sagen: »Alle Materie entsteht und besteht nur durch eine Kraft, welche die Atomteilchen in Schwingung bringt und sie zum winzigsten Sonnensystem des Atoms zusammenhält. Da es aber im gesamten Weltall weder eine intelligente noch eine ewige Kraft gibt, so müssen wir hinter dieser Kraft einen bewussten, intelligenten Geist annehmen. Dieser Geist ist der Urgrund aller Materie.«[12]

Mag sein, dass Plancks »Kraft« der Schlüssel zur Umlenkung jener Entwicklungen ist, die von der Wissenschaft postuliert und von den Propheten in alter Zeit vorhergesagt wurden. Wie der Nobelpreisträger Richard Feynman sagte: »Wir wissen nicht, wie sich ein Ereignis unter vorgegebenen Umständen voraussagen lässt. Unsere Möglichkeiten beschränken sich auf die Vorhersage der Eintrittswahrscheinlichkeit zweier verschiedener Geschehnisse.«[13] Diese Denkweise zeigt deutlich, dass sich die Wissenschaft ernsthaft mit der Erforschung der Beziehung zwischen nichtphysischen Kräften des Kosmos und ihrer Auswirkung auf unsere physische Welt beschäftigt.

Wie schwingen wir uns auf die für uns möglichen Ausgänge ein? Durch unsere Sicht des Lebens. Aus dieser Perspektive ist jede lebensbedrohliche Erkrankung eines jeden Körpers bereits geheilt, es herrscht bereits Frieden, und jedes Kind, jede Frau und jeder Mann auf unserer Welt hat genug zu essen. Nun ergeht an uns die Aufforderung, uns für jene Qualität des Denkens, Fühlens und der Emotionen zu entscheiden, die uns erlaubt, die Zeitwellen zu beugen und diese Bedingungen in den Brennpunkt der Gegenwart zu rücken.

»Und eines Tages werden sich die Augen deines Geistes öffnen, und dir wird das Wissen um alle Dinge gegeben sein.«

DAS FRIEDENSEVANGELIUM DER ESSENER

5

DER JESAJA-EFFEKT

Das Mysterium des Berges

In modernen biblischen Texten werden die ersten Einblicke in unsere Zukunft von dem alttestamentarischen Propheten Jesaja geschildert. Dank ihrer Vollständigkeit erlaubt uns die große Jesaja-Schriftrolle, die Werke Jesajas als Schablone zu sehen. So können wir die apokalyptischen Prophezeiungen anderer Traditionen und die Blicke, die biblische Propheten in unsere Zukunft warfen, besser verstehen. Dadurch ersparen wir uns die zähe Aufgabe, jedes der vier zentralen und zwölf zweitrangigen Bücher mit biblischen Prophezeiungen in seiner Gesamtheit zu untersuchen. Dieser generalisierende Ansatz macht es uns möglich, die uralten Vorhersagen von einer höheren Warte aus zu betrachten und nach *Ideenmustern* Ausschau zu halten, statt uns auf die spezifischen Einzelheiten einer jeden individuellen Vision zu konzentrieren. Hierbei stoßen wir auf eine interessante und vielleicht unerwartete Möglichkeit.

Die vorangegangenen Kapitel verwiesen bereits auf ein Muster in den Prophezeiungen Jesajas, das eine Zeit der Zerstörung, katastrophale Veränderungen und eine unvorstellbare Auslöschung von Leben vorhersagt, gefolgt von einer Zeit des Friedens und der Heilung. Die Elemente einer derartigen Vorhersage liegen eindeutig vor. Ein bestimmter Abschnitt der Prophezeiungen Jesajas, »Apokalypse des Jesaja« genannt, eröffnet noch umfassendere Einblicke in die Doppelnatur seiner Visionen. Er schildert eine Zeit in seiner Zukunft mit den Worten: »Die Erde ist entweiht von ihren Bewohnern; denn sie übertreten das Gesetz und ändern die Gebote und brechen den ewigen Bund ... Darum nehmen die Bewohner der Erde ab, sodass wenig Leute übrigbleiben.«[1] Jesaja schildert dann heftige Erdbewegungen sowie ein ungewöhnliches Verhalten unserer Sonne und unseres Mondes: »Denn die Fenster in der Höhe sind aufgetan, und die Grundfesten der Erde beben. Es wird die Erde mit Krachen zerbrechen, zerbersten und zerfallen. Die Erde wird taumeln wie ein Trunkener und wird hin und her geworfen wie eine schwankende Hütte ... Und der Mond wird schamrot werden und die Sonne sich schämen ... «[2]

Nach den düstersten Momenten in Jesajas Vision der Erdzukunft nimmt die Apokalypse jedoch eine interessante und unerwartete Wendung. Kaum etwas über die Veränderung andeutend, zu der es kommen wird, beginnt Jesaja unvermittelt, in seiner Zukunftsvision eine völlig andere Zeit zu schildern, eine Zeit, die Freude, Frieden und das Leben bejaht. Im nächsten Abschnitt seiner Erkenntnisse hierzu – auch diesen betrachten Gelehrte noch als von apokalyptischer Natur – schildert er eine Zeit, in der »eine neue Erde« geschaffen würde, zusammen mit »einem neuen Himmel«, »... dass man der vorigen nicht mehr gedenken und sie nicht mehr zu Herzen nehmen wird ... Denn siehe, ich will Jerusalem zur Wonne machen und sein Volk zur Freude, und ich will fröhlich sein über Jerusalem und mich freuen über mein Volk. Man soll in ihm nicht mehr hören die Stimme des Weinens noch die Stimme des Klagens.«[3]

Die hier geschilderte Abfolge von Ereignissen lässt uns glauben, dass die freudigen Ereignisse wohl den tragischen folgen; dass eines dem anderen vorausgehen muss, in der Reihenfolge, auf die der Text schließen lässt. Warum scheinen die Prophezeiungen von Edgar Cayce, Nostradamus, indianischen Stammesältesten und anderen zeitweise so widersprüchlich, indem sie *für den gleichen Zeitraum* ein Bild malen, das man als Botschaft der Hoffnung und der Möglichkeit betrachten könnte, vermischt mit schreckenerregenden Andeutungen von Tod, Zerfall und katastrophaler Zerstörung? Kann es sein, dass uns solche weit zurückliegenden Blicke in unsere Zukunft noch eine andere Möglichkeit anbieten – eine, die uns so viel eigene Macht zuspricht und so überwältigend ist, dass nicht einmal die Propheten selbst erkannten, was diese Visionen bedeuteten?

In dieser Ansicht werden wir bestätigt, wenn wir uns die Prophezeiung Daniels in einem späteren Kapitel des Alten Testaments anschauen. Nachdem Daniel ein ungewöhnlicher Einblick in die Zukunft einer fernen Zeit gewährt wurde, hat es den Anschein, als verstünde er nicht ganz, was ihm da gezeigt wurde. Wie auch, wenn ihm doch der Bezugsrahmen fehlte, um die Dinge einzuordnen, die er in der Zukunft sah? Gegen Ende seiner Zeitreise rät ihm der Führer, der ihn in die Zukunft begleitet hat: »Du aber, Daniel, geh hin, bis das Ende kommt, und ruhe, bis du auferstehst zu deinem Erbteil am Ende der Tage.«[4]

Gibt Jesaja, wenn er uns an seinen Visionen teilhaben lässt, eine Prognose über tatsächliche Ereignisse ab, die mit Sicherheit stattfinden? Oder beschreibt er vielmehr Einblicke in eine Quantenmöglichkeit, die einen so unerwarteten Sinn ergab, dass sich dieser erst im zwanzigsten Jahrhundert erschließen sollte? Mit den Augen unserer neuen Physik betrachtet, deckt sich Jesajas Beschreibung massiv unterschiedlicher Zukunftsperspektiven für ein und denselben Zeitpunkt überraschend gut mit modernen Schilderungen von Quantenergebnissen. In dieser quantenphysikalischen Diskussion werden die

Zukunftsperspektiven, die Jesaja in seinen Visionen sah, zu *Wellen des Möglichen* statt zum faktischen Ausgang. Außerdem lässt die Quantenwissenschaft die Möglichkeit zu, *dass der einzelne Mensch in der Gegenwart einen derartig katastrophalen Ausgang für die Zukunft abwenden kann.* Der Schlüssel liegt darin, zu verstehen, wann und wie sich die Möglichkeiten zu einer Veränderung bieten. Das Beispiel in Kapitel 1, wo es um das massenhafte Friedensgebet am Vorabend des geplanten Luftangriffs gegen den Irak ging, demonstriert wunderbar die Existenz derartiger Entscheidungsmöglichkeiten. Der Befehl, den Angriff zu starten, dem innerhalb von Minuten der Befehl folgte, die Mission abzubrechen, schien für einige Beobachter unsinnig. Doch im Hinblick auf den dünnen Schleier, der Quantenmöglichkeiten voneinander trennt, ergeben die Ereignisse dieses Tages durchaus einen Sinn.

An dem bewussten Abend hatten sich Tausende von Menschen in wenigstens fünfunddreißig Ländern auf sechs Kontinenten abgesprochen, an einer Friedensmahnwache teilzunehmen, deren Gebete in die ganze Welt übertragen wurden. Dieses per Internet und World Wide Web koordinierte Gebet wurde von Familien, Organisationen und Gemeinden unterstützt – als Stimme des Friedens, die nationalstaatliche und politische Grenzen transzendierte. Es war kein Protest gegen die Bombardierung des Iraks oder gegen irgendeine Politik, Regierung oder Situation, wo auch immer auf der Welt. Vielmehr wurde der Aufruf mehrerer Tausend Herzen und Köpfe, die Heiligkeit allen Lebens zu ehren, zu einer einhelligen Entscheidung, die eine schlichte Botschaft verkündete: Friede allen Welten, allen Nationen, allem Lebendigen. Innerhalb weniger Stunden änderte sich während des Gebets der Gang der Ereignisse im Irak. An diesem Tag wurden wir im vollen Blickfeld der Weltöffentlichkeit Zeugen der

Macht des menschlichen Bewusstseins; wir konnten beobachten, wie es die Bausteine von Ereignissen umarrangierte, die bereits ins Rollen gekommen waren. Hier hatte man es nicht mit einem Flehen weit verstreuter Individuen zu tun, die in einer scheinbar ausweglosen Situation um göttliche Intervention baten. Vielmehr war es die synchronisierte Entscheidung einer Vielzahl von Menschen gewesen: Koordiniert durch das Wunderwerk Internet, waren sie durch die feinen Membranen zwischen den Quantenmöglichkeiten hindurchgeschlüpft und erzielten so den Ausgang eines lebensbejahenden Friedens. Bei all unserer Einzigartigkeit als Nationen, Familien und Individuen verband uns an diesem Freitag, 13. November 1998 eine gemeinsame Erfahrung. Unser Friedensgebet – als Möglichkeit bislang in den hintersten Winkeln unserer kollektiven Erinnerung versteckt gewesen wie ein altes tabuisiertes Familiengeheimnis, von dem keiner mehr Genaues weiß – hatte eine Tür aufgestoßen: Nun offenbarten sich immense Chancen, Heilung und internationale Zusammenarbeit zu praktizieren und in der höchsten Form unsere Liebe zu denen auszudrücken, die uns am Herzen liegen. Ein kollektives Aufatmen zog sich durch diesen Novemberabend, als es uns gelang, ein neues Drehbuch für einen Ausgang zu verfassen, der zuvor unausweichlich schien. Und es zeigte uns unsere Macht, dem Leiden auf unserer Welt ein Ende zu setzen.

Wie können wir wissenschaftlich beweisen, dass während des Gebets Tausender von Menschen eine neue Möglichkeit die bereits in Gang gekommenen Kriegsgeschehnisse abgelöst hatte? Und gleichzeitig: Welche Kraft hätte denn sonst während dieser Gebete zum Vorschein kommen sollen, wenn nicht die des Friedens? Was bedeutet diese Erfahrung für ähnliche Entscheidungen über die Zukunft unserer Welt?

Jesajas Geheimnis entschlüsselt

Seit fast drei Jahrtausenden durchforsten Gelehrte das Vermächtnis Jesajas auf Hinweise zu unserer Zukunft. Mit den kulturellen Veränderungen, die es seit damals gegeben hat, änderte sich auch die Auslegung seiner Prophezeiungen. Übersetzungen, die in den Tagen der spanischen Inquisition entstanden, spiegelten beispielsweise die engen Schranken, in welche die Kirche damals jede mystische Deutung verwies. Heute hingegen haben wir die Sprache der Quantenwissenschaft, die eine neue und weiter reichende Sicht von Jesajas Visionen zu unserer Zukunft bietet.
Vielleicht sah der Schreiber die Rätselhaftigkeit seiner Prophezeiungen schon zum Zeitpunkt ihrer Entstehung voraus. Als würde er die Menschen einer zukünftigen Epoche einladen, über das Offensichtliche hinauszublicken, notiert er: »Darum sind euch alle Offenbarungen wie die Worte eines versiegelten Buches, das man einem gibt, der lesen kann, und spricht: ›Lies doch das!‹ Und er spricht: ›Ich kann nicht, denn es ist versiegelt ...‹«[5] In dieser ungewöhnlichen Passage, eine der wenigen ihrer Art, macht Jesaja eine feinsinnige Beobachtung zur Einstellung späterer Generationen gegenüber seinen Visionen zu anderen Zeiten. Er weiß, dass die Menschen in seiner Zukunft – diejenigen, die seine Prophezeiung »lesen können« – in der Lage sind, ihre Botschaft zu verstehen. Sie erkennen sie jedoch nicht, da ihnen nie ihr *Kontext* offenbart wurde. Könnte Jesajas »Siegel« in unserer Entdeckung der grundlegenden Schöpfungsgesetze bestehen, in der Natur der Zeit als solcher? Wenn er tatsächlich einer Generation in einer von ihm aus betrachtet fernen Zukunft derartige Erkenntnisse anbot: Wie ließ sich Jesajas Botschaft dann ohne die Elemente der Physik des zwanzigsten Jahr-

hunderts verstehen? Und ferner: Welche Worte hätte er in seiner Zeit denn überhaupt benutzen können, um künftigen Generationen eine Botschaft zu vermitteln, die sie so sehr auf ihre Macht verwies, aber dabei doch recht abstrakt blieb? Der Prophet gibt uns einen Hinweis zu diesem scheinbaren Mysterium, wenn er beschreibt, wie die Erdbewohner in einer fernen Zukunft wählen können, welche seiner Visionen sie erfahren. Hierdurch öffnet Jesaja ein Tor zu einem Weg, der die Haltung der Menschheit für immer verändern und damit nichts Geringeres erreichen könnte, als dass der Gang der Menschheitsgeschichte neu geschrieben wird.

Sorgsam skizziert Jesaja ein Verhalten, das es uns ermöglicht, der Dunkelheit zu entrinnen, die er sah. Er beginnt mit der Erwähnung eines mystischen Schlüssels, mit dessen Hilfe die Menschen einer jeden Generation die Ereignisse umlenken können, die in ihrer wahrscheinlichen Zukunft vor ihnen liegen. Dieser Schlüssel wird in seiner Vision als ein »Berg«[6] gekennzeichnet. Dort, so Jesaja, ist »der Geringen Schutz gewesen, der Armen Schutz in der Trübsal, eine Zuflucht vor dem Ungewitter, ein Schatten vor der Hitze …«[7] In einer besonders interessanten Passage erzählt der Prophet von einer Zeit, in der er auf diesem Berg »die Hülle wegnehmen« wird, »mit der alle Völker verhüllt sind, und die Decke, mit der alle Heiden zugedeckt sind«. Hierin finden wir einen der ersten Hinweise auf diese Art Prophezeiung. Jesaja verweist hier eindeutig auf den Berg als den Schlüssel, der Zuflucht gewährt und stärkt. Was genau hat es mit dem Berg in Jesajas Prophezeiungen auf sich?

Manche Wissenschaftler glauben, dass sich die Äußerung auf einen physisch lokalisierbaren Ort bezieht, eine Stätte der Kraft, ein Heiligtum, auf das einige Glückliche stoßen. Andere stellen die Theorie auf, dass Jesajas Berg als eine Art Code gedacht war, ein Zeitschloss, das dafür sorgte, dass sich diese Botschaft erst dann offenbaren würde, wenn man die Prinzipien für den Gebrauch einer solchen Weisheit verstünde. Beides ist möglich, doch lässt sich das Mysterium der Prophezeiung vielleicht auch noch einfacher erklären. Die Identifizierung von Jesajas Berg kann als wunderschönes Beispiel dienen: Es zeigt, wie die inzwischen verstrichene Zeit und kulturelle Weiterentwicklung den ursprünglichen Kontext in einem solchen Grad ausgehöhlt haben, dass die Botschaft dabei verloren gegangen oder zumindest undurchsichtig geworden ist. Oft finden wir in heutigen Hinweisen zu alten biblischen Texten Worte, die mit der Anmerkung versehen sind, dass es möglicherweise zusätzliche Verwendungen, Auslegungen oder Bedeutungen des Wortes geben mag. Genau das ist auch im Hinblick auf den Berg Zion bei Jesaja der Fall. Zu der Möglichkeit, dass sich durch Übersetzungsfehler und Unterschiede zwischen den Sprachen Irrtümer eingeschlichen haben könnten, kommt an diesem Punkt noch ein weiterer Faktor, der die ursprüngliche Bedeutung verschleiert: die Verwendung von Metaphern und Symbolen. Gelehrte weisen darauf hin, dass zur Entstehungszeit der Schriften das Wort »Berg« symbolisch zu verstehen war und für das »himmlische Jerusalem« stand.[8] Damit ist nicht der geografische Ort der Stadt Jerusalem gemeint. Die Fußnoten belegen eindeutig, dass der Begriff »Berg« bildlich zu verstehen ist. Dennoch bleibt die Bedeutung von »himmlischer Stadt« einigermaßen nebulös, bis man bei weiteren Recherchen auf einen zusätzlichen Hinweis trifft. Unsere heutige Bibel ist das Produkt früherer Übersetzungen des hebräischen Originals. Wenn wir uns den Satz in der Ausgangssprache ansehen, so stoßen wir auf eine unerwartete, wenn auch vielleicht nicht überraschende Bedeutung.

Das hebräische Wort für Jerusalem lautet *Yerushalayim*. Hier wird die Definition sehr deutlich: Es bedeutet »*die Vision des*

Friedens«.[9] Endlich klärt sich die mysteriöse Bedeutung von Jesajas Botschaft. Sie bezieht sich auf die Macht des Friedens! Wo das nun geklärt ist, können wir seine Prophezeiung lesen: »Die Vision des Friedens …« ist »… der Geringen Schutz gewesen, der Armen Schutz in der Trübsal, eine Zuflucht vor dem Ungewitter, ein Schatten vor der Hitze … Und der Herr Zebaoth … wird auf diesem Berge die Hülle wegnehmen, mit der alle Völker verhüllt sind, und die Decke, mit der alle Heiden zugedeckt sind.« Dieses Verständnis von Jesajas Prophezeiung lässt von Neuem die Kraft seiner Botschaft ahnen. Beim Blick in Schlüsselmomente unserer Zukunft beobachtet er zwei sehr unterschiedliche und klar voneinander zu trennende Möglichkeiten: zum einen eine Zeit der Heilung, zum anderen eine Zeit der Zerstörung. Der große Prophet beschreibt seine Vision in den ihm bekannten Begriffen und warnt uns vor einer Möglichkeit in unserer Zukunft, die angesichts des bisherigen Verlaufs der Ereignisse bestehen mag. Gleichzeitig ermahnt er diejenigen, die schließlich seine Prophezeiung lesen werden, ihre Entscheidungen in ihrem Leben zu überdenken und so das Leid zu vermeiden, das er als eine mögliche Zukunft vor sich sah.

Der Jesaja-Effekt

Wir sind im Begriff, in eine neue Ära unseres Verständnisses der inneren Wissenschaft des Betens und der Prophetie einzutreten. Dies betrifft auch die Mittel, die eine Veränderung ermöglichen, von denen Jesaja und andere in ihren Schriften berichten. Jesajas scheinbar einfache Prophezeiungen erinnern uns an zweierlei: Erstens können wir mithilfe der Prophetie einen Blick auf zukünftige Folgen von Entscheidungen werfen, die wir in der Gegenwart treffen. Zweitens verkörpern wir die Macht des Kollektivs, selbst zu wählen, welche Zukunft wir erfahren. Indem wir in unserem Alltag auch das Leben anderer berücksichtigen, fügen sich stückweise die Erfahrungen zusammen, durch die unsere möglichen Zukünfte erkennbar werden. Das ist der *Jesaja-Effekt:* eine uralte Wissenschaft, die besagt, *dass wir den Ausgang unserer Zukunft ändern können durch die Entscheidungen, die wir in jedem Moment der Gegenwart treffen.* Durch die Quantenphysik erhalten wir nun die Sprache, diese hoch komplexe Technologie in unserem Alltag mit Bedeutung zu füllen. Indem wir dies tun, gestehen wir unserer Familie, unserer Gemeinde und allen, die uns etwas bedeuten, große Macht zu durch die simple und wirksame Botschaft, alles Lebendige auf unserer Welt zu ehren. Unsere Entscheidung für Frieden in unserem eigenen Leben sichert das Überleben unserer Spezies und die Zukunft des einzigen Zuhauses, das wir kennen. Wie viel der Jesaja-Effekt vermag, haben wir bereits beobachtet. Wir wissen, dass er funktioniert. Die Frage wird nun lauten: Wie setzen wir in unserem Alltag und als Menschheitsfamilie dieses Quantenprinzip der Entscheidungsfreiheit in die Tat um?

»Wenn Gebet und Meditation eingesetzt werden, statt auf immer neue Erfindungen zu bauen, die nur noch mehr aus dem Lot bringen, wird sie [die Menschheit] ebenfalls den wahren Weg finden.«

ROBERT BOISSIERE, MEDITATIONS WITH THE HOPI

6

BEGEGNUNG MIT DEM ABT

Die Essener in Tibet

Bei meinem Studium esoterischer Überlieferungen aus Peru, Tibet, Ägypten, dem Heiligen Land und Südwestamerika tritt ein Thema zutage, das so faszinierend wie kurios ist. Die Prophezeiungen aus all diesen Kulturen scheinen nämlich so beliebig modellierbar wie weicher Ton in den Händen eines Künstlers. So wie die endgültige Form des Tons von den Entscheidungen und Bewegungen des Künstlers abhängt, so lässt der Tenor dieser uralten Überlieferungen darauf schließen, dass wir in jedem Augenblick unseres Lebens den zu erwartenden Ausgang des Ganzen für die Menschheit – und letztendlich ihr Schicksal – modellieren.

In den Qumran-Schriftrollen aus der Gegend des Toten Meeres ist von Weisheitslehren die Rede, die seit so langer Zeit tradiert werden, dass sie bereits im alten Ägypten vor über dreitausend Jahren als alt galten. Wenn solche Informationen wirklich existierten, dachte ich mir, welchen besseren Ort zu ihrer Bewahrung könnte es da geben als die abgelegenen Stätten spiritueller Einkehr in einem Land, an dem die moderne Technik bislang vorübergegangen ist? Genau an einem solchen Ort könnten die uns verloren gegangenen Überlieferungen als alltägliche Rituale der örtlichen Bevölkerung überdauern. Die abgeschiedenen Klöster der Hochebene Tibets, bis 1980 von der Außenwelt isoliert, schienen genau diese Möglichkeit zu bieten.

Im April 1998 hatte ich die wunderbare Gelegenheit, eine Pilgerreise in das Hochland Tibets zu begleiten. Sie galt der Suche nach eben solchen alten Traditionen. Ironischerweise erhielt ich die schriftliche Bestätigung meiner Vermutungen erst nach meiner Heimkehr von dieser Reise, und zwar in Form eines erst kurz zuvor übersetzten Manuskripts der Nazaräer, einer Sekte der alten Essener. In diesem Text stand, die Essener hätten im ersten Jahrhundert vor Christus portionsweise Informationen wie Zeitkapseln an strategisch günstigen Orten versteckt, um die in ihnen enthaltenen Weisheitslehren für künftige Generationen zu bewahren. Unter den Orten, die eindeutig als Aufbewahrungsorte für derartige Texte erwähnt wurden, waren die entlegenen Mönchs- und Nonnenklöster Tibets.

Ein Asienkenner, den ich vier Jahre zuvor in England kennengelernt hatte, lotste unsere zwanzigköpfige Gruppe gekonnt durch das ländliche Tibet. Unser Weg führte zu entlegenen Dörfern, versteckten Klöstern und jahrhundertealten Tempeln. Einundzwanzig Tage lang tauchten wir in die Gegenwart der Tibeter ein, in die Heiligkeit ihres Lebens und die raue Grandiosität ihrer Heimat. Auf flachen Bretterflößen überquerten wir seichte Flüsse, bewältigten halb weggespülte Straßen und erlebten euphorische Gebirgsüberquerungen auf über fünftausend Metern Höhe. Nach zwei Drittel des Weges waren wir sogar bereit, unseren sicheren Bus gegen einen Obsttransporter mit offener Ladefläche einzutauschen, der auf der anderen Seite eines riesigen, unpassierbaren Schneerutsches wartete.

Nahezu ein Drittel unserer Reise führte durch Bergregionen der westlichen Hochebene Tibets. Zwischen entlegenen Dörfern und Klöstern, die Nichtasiaten nur selten zu

Gesicht bekommen, leben die Menschen dort heute noch wie seit Hunderten von Jahren entsprechend den Traditionen ihrer Ahnen. Jedes Mal, wenn wir den Innenhof eines Tempels betraten, war es, als hätten wir den Fuß in eine lebende Momentaufnahme gesetzt, die irgendwann in uralter Zeit tibetische Traditionen auf Zelluloid gebannt hatte. Auf Schritt und Tritt hieß man uns bei unserer Reise mit einer Offenheit und Wärme willkommen, die alles überstieg, was wir uns in dieser eigentümlich schönen Einöde hätten vorstellen können. Der Zweck unserer Pilgerreise bestand darin, lebende Beispiele für eine innere Technologie zu beobachten, zu erleben und zu dokumentieren, von der ich den Verdacht hatte, dass sie dem Westen vor fast zwei Jahrtausenden verloren gegangen war: Heute kennen wir ein Fragment dieser Wissenschaft in Form des Gebets.

Der Segen des Abts

Ein Lichtstrahl fiel von irgendwo hoch oben auf den Tempelboden. Der vereinzelte Strahl wirkte seltsam dreidimensional, fast so, als könnte ich ihn mit den Händen umfassen, um zu seinem Ursprungsort hinaufzuklettern. Präzise schnitt das Licht durch die kühle, dunstige Luft, dick vom Rauch zahlloser Butterlampen und von Räucherwerk. Ich wandte den Kopf, um herauszufinden, woher das Licht kommen mochte. Mein Blick verfolgte den Strahl von dem Punkt, wo er auf den ölbehafteten Boden traf, bis zu einer Öffnung hoch über unseren Köpfen. Durch ein kleines, quadratisches Fenster drang das Tiefblau des tibetischen Himmels. Bis auf das Licht meiner Minitaschenlampe war dieser direkte Strahl Morgensonne das einzige Licht in diesem Labyrinth gewundener Flure, die immer wieder irgendwo an einer Mauer endeten. Ich merkte mir die Öffnung über meinem Kopf. An ihr würde ich mich orientieren, um wieder nach draußen zu finden für den Fall, dass keine anderen Gänge zurückführten.

Schon seit Jahren hatten unsere persönlichen Recherchen zu den Überlieferungen unserer Ahnen uns auf Weisheitslehren gelenkt, die man in westlichen Gesellschaften vergessen hat. Die Lehren von Mysterienschulen, heiligen Orden und esoterischen Sekten verwiesen einhellig auf eine gemeinsame Tradition, deren Spur sich vor schätzungsweise siebzehnhundert Jahren verlor. Die vielleicht eindeutigsten Belege für diese Überlieferungen findet man heute in den Aufzeichnungen jener geheimnisvollen Gemeinschaften, die hier bereits beschrieben wurden: bei den alten Essenern.

Hartnäckig wiederkehrende Hinweise auf die Essener brachten mich schließlich dazu, eine Reihe von Reisen zu unternehmen. Ich suchte unmittelbare, greifbare Beweise für ihre Lehren und für deren Relevanz in unserer heutigen Welt. Mitte der 1980er-Jahre führte mich diese Suche in die Wüsten Ägyptens, zu Trekkingtouren durch das Andenhochland Perus und Boliviens. Außerdem bescherte sie mir zahlreiche Aufenthalte in den Wüsten Südwestamerikas. Ich wusste: Irgendwo mussten sich doch zeitgenössische Indizien für die bei uns in Vergessenheit geratenen Weisheitslehren finden lassen. Meine Überlegungen gingen dahin, dass von einer derart allgemeingültigen Lehre mehr überliefert sein musste als ein vereinzelter, isolierter Text oder ein Manuskript wie etwa die Schriftrollen vom Toten Meer. So bedeutend alte Handschriften auch sein mögen: Der eigentliche Beweis würde sich in der Geschichte, den Lehren und Traditionen der Menschen selbst finden. Vielleicht waren die Möglichkeiten so offensichtlich, dass man sie in neuerer Zeit übersehen hatte.

Statt über zweitausend Jahre alte Texte zu spekulieren und darüber, worauf ihre jeweiligen Übersetzungen anspielen mochten, wollten wir in der Gesellschaft von Naturvölkern beobachten, wie sie diese verlorenen Weisheiten leben und praktizieren. In der Zeit, die wir mit ihnen verbrachten, konnten wir an unseren Fragestellungen feilen und unsere Antworten überprüfen. Damit konnten wir zu einer Klarheit gelangen, die Übersetzungen von Inschriften auf Tempelwänden sowie der Inhalt zerbröckelnder Manuskripte nicht hergeben. Außerdem konnten wir neue Hochachtung vor den Hütern dieser verlorenen Weisheitslehren gewinnen und ein neues Verständnis ihrer Kultur und ihres Lebens. Ich wollte Überlieferungen finden, die lange genug von einem Volk bewahrt wurden, um heute weitgehend intakt und unentstellt zu sein.
Tibet schien mir ein guter Ausgangspunkt für eine solche Suche zu sein. So isoliert wie Tibet bis 1980 vom Rest der Welt war, sind viele der Lehren und Aufzeichnungen genau dort verblieben, wo sie vor Jahrhunderten zurückgelassen wurden. Die in fünfzehnhundert Jahre alten Mönchs- und Nonnenklöstern oben auf dem »Dach der Welt« verstauten Weisheitslehren der alten Essener dürften dort noch gut zu erkennen sein – erhalten als die Rituale, Lebensführung und Bräuche der Menschen, die dort lebten.
Hier waren wir also und schlurften durch den verdunkelten Korridor eines dieser Klöster, um uns selbst auf die Suche zu begeben. Obwohl wir schon gut vierzehn Tage Zeit gehabt hatten, uns zu akklimatisieren, erzeugten schnelle Blicke von einer Seite zur anderen bei mir noch immer ein Schwindelgefühl. Als ich merkte, dass mein Atem flach und schnell geworden war, bemühte ich mich bewusst, tief einzuatmen. Ohne meinen Augen Zeit zu lassen, sich an die veränderten Lichtverhältnisse zu gewöhnen, ging ich vorsichtig auf ein

schwaches Licht kurz vor dem Ende des rauchgeschwängerten Korridors zu. Riesige Gestalten ragten hoch neben mir auf und machten das Hindurchgehen für mich zu einer Art Spießrutenlauf. Nur schwach erkennbar zeigte mir meine Lampe den Weg in Richtung Öffnung. Ohne innezuhalten, beleuchtete ich erst die eine, dann die andere Seite mit ihren geschnitzten menschenartigen Gestalten monströser Dimensionen. Im Schein meiner Taschenlampe konnte ich riesige Malereien hinter den einzelnen Figuren erahnen, Wandgemälde, die sich in der Dunkelheit bis zu einer Decke erstrecken, deren Existenz ich nur vermuten konnte.

Plötzlich lenkte ein leises, entferntes und doch vertrautes Geräusch meine Aufmerksamkeit von den hoch aufragenden Gestalten ab. Gesungene Töne. Als dumpfes Dröhnen vieler dicht beieinanderliegender Töne gleichzeitig beginnend, verschmolzen sie zu einem einzigen anhaltenden Klangteppich, der von überall gleichzeitig zu kommen schien. Ich ging weiter auf dem unebenen Boden, der glitschig geworden war von all dem Öl, das man hier im Lauf von sechshundert Jahren verschüttet hatte, und setzte vorsichtig einen Fuß vor den anderen. Die Mönche, die mit ihren Gefäßen voller Yakbutter durch diesen Flur gehuscht waren, hatten eine verräterische Spur hinterlassen. Es war der einzige Zugang zum heiligsten Raum des Klosters. Der Klang wurde lauter, als ich über eine hölzerne Schwelle trat. Als meine Füße auf dem kalten Boden standen, mussten sich meine Augen erst einmal an die neuen Lichtverhältnisse gewöhnen.

An den drei Wänden der winzigen Kammer flackerten überall kleine Lichter – Hunderte von Yakbutterkerzen in angelaufenen Messinglampen erhellten den Raum und ließen ihn nahezu surrealistisch erglühen. Obwohl die einzelnen Lampen klein waren, erzeugten sie alle gemeinsam eine bemerkenswerte Wärme im Raum. Ein junger Mönch saß vor mir und schlug rhythmisch einen tranceartigen Takt, während er einen Gesang aus dem vor ihm liegenden Gebetbuch rezitierte. Die Stimme von Xjinla*, unserem Übersetzer, flüsterte mir etwas ins Ohr.

»Das ist der Raum der Beschützer«, sagte Xjinla. Meine Frage vorhersehend fuhr er fort: »Die Beschützer sind Gottheiten, die man anruft, damit sie dunkle Mächte abschrecken, die womöglich in den nächsten Raum vordringen wollen.« Entsprechend der Klosteretikette begaben wir uns respektvoll nach links, an dem Mönch vorbei, bis wir den Durchgang zum nächsten Raum erreichten. Ich trat unmittelbar nach unserem Führer hinein. Dieser Raum war kaum mehr als ein kleiner Würfel und schien durch einen Stützbalken in der Mitte noch mehr auf Zwergenmaße zusammenzuschrumpfen.
Hier, im blassen Schein von etwa einem halben Dutzend Kerzen, befand sich der Grund für unsere Reise um die halbe Welt, der Grund dafür, dass wir zwei Kontinente durchquert, zehn Zeitzonen hinter uns gelassen und unseren Organismus auf einen Ort umgestellt hatten, der die dünnste Luft auf der Erde aufweist. Die Beine gekonnt auf dicke Wollpolster unter seinen Gewändern gestützt, saß hier der Abt des Klosters, der spirituelle Vorstand dieses Mönchsordens. Ich fühlte mich geehrt, auch nur ein paar kostbare Augenblicke in der Gegenwart dieses Mannes zu verbringen. Zu meinem Erstaunen jedoch waren diese ersten Augenblicke der Auftakt zu beinahe einer ganzen Stunde, die wir miteinander verbrachten.

* Die Namen unserer Führer und Übersetzer wurden aus Gründen der Diskretion geändert. Im Tibetischen ist die Endung »la« bei Eigennamen ein Zeichen der Ehrerbietung und des Respekts. Aus dem Namen »Xjin« wird auf diese Weise »Xjinla«.

Zuerst kamen die Formalitäten. Jeder von uns hatte einen weißen Leinenschal erhalten, den wir als Geste der Ehrerbietung darbringen wollten. Man hatte uns instruiert, wie der Schal, »Kata« genannt, sorgsam zu falten und handzuhaben sei und wie wir ihn dem Abt darbringen sollten. Der Abt würde den Schal daraufhin entweder als Geschenk entgegennehmen oder ihn segnen und wieder der Person aushändigen, die ihn gereicht hatte. Ich weiß noch, wie ich mich staunend fragte: Wenn er die Schals behalten sollte, was würde dieser Mann dann in seinem winzigen Amtsraum mit unseren zweiundzwanzig Exemplaren anfangen?

Xjinla machte uns alles vor, indem er als Erster sein Kata darbrachte: Er kniete so vor den zerbrechlich wirkenden Mann mit den Stützpolstern nieder, dass er sich auf einer Höhe mit ihm befand. Mit gesenktem Haupt überreichte dieser gebürtige Tibeter seinen Schal als Geste der Ehrerbietung, wobei die Handteller nach oben zeigten. Der Abt dankte für die Gabe, nahm Xjinla den Schal aus den Händen und segnete ihn. Dann gab er ihn Xjinla zurück, indem er ihn um dessen Nacken legte, während Xjinla noch in seiner ehrerbietigen Verbeugung verharrte.

Jetzt war ich an der Reihe. Als ich mich dem vor mir sitzenden Abt näherte, überkam mich plötzlich ein geradezu unheimliches Gefühl von Zeitlosigkeit, als würde sich alles nur noch in einem unwirklichen Schneckentempo ereignen. Wie in Zeitlupe verbeugte ich mich respektvoll, überreichte mein Kata und wartete darauf, dass mir der Abt die dargebrachte Gabe zurückgeben würde. Wie es schien, verstrichen viele Sekunden, auf jeden Fall mehr, als das festgelegte Ritual hätte dauern sollen. Neugierig hob ich den Kopf, just in dem Moment, da sich die Stirn des Abts der meinen näherte. Die Arme hebend, um mir den Schal um den Nacken zu drapieren, nahm er sachte meinen Kopf zwischen seine Handflächen und berührte meine Stirn mit der seinen. Ich verspürte eine spontane Nähe zu diesem Mann, den ich nur Augenblicke zuvor zum ersten Mal gesehen hatte. Aus der Nähe wurde schnell Vertrauen, als ich mir die Freiheit nahm, den Blick zu heben und ihm direkt in die Augen zu sehen. Ich weiß, dass es sich nur um Sekunden gehandelt haben kann, aber sie wurden zeitlos. Wohlwissend, dass ich von der Sitte, während der gesamten Geschenkdarbringungszeremonie den Kopf gesenkt zu halten, abgewichen war, rätselte ich, wie mein Blickkontakt aufgenommen würde. Doch meine Verlegenheit währte nur kurz. Der Abt bewies sich als Meister der Situation, indem er gnädig und mit graziler Leichtigkeit die Unsicherheit des Augenblicks hinwegwischte. Meinen Blick erwidernd, bedachte er mich mit einem warmen Lächeln. Bei dieser Geste der Offenheit wusste ich, dass meine Zeit im Rahmen der kleinen Zeremonie abgelaufen war. Ich wusste auch, dass sich etwas aufgetan hatte, eine Chance, die Erinnerungen dieses Mannes zu erkunden und zu erfahren, wie er lehrte. Nun war die nächste Person an der Reihe.

Das Geheimnis des Gebets

Nach zwanzig ähnlichen Segnungen setzte sich der Abt stumm auf seinen Polstern zurück, schloss die Augen und konzentrierte sich auf unsere Begegnung. Das war der Zeitpunkt, auf den wir gewartet hatten. Ich hatte um eine Audienz bei diesem heiligen Mann gebeten, um Verbindung zu seinem Wissen und der uralten Linie von Meistern, aus welcher er hervorgegangen war, aufzunehmen. Waren die Essener tatsächlich nach den Tagen Christi nach Tibet ausgewandert, so müsste man in den tibetischen Ritualen von heute ja noch Elemente der essenischen Überlieferungen erkennen können.

Unter Xjinlas sachkundiger Führung stellte ich die Fragen, um deretwillen ich um die halbe Welt gereist war. »Xjinla«, begann ich, »bitte frage den Abt etwas zu den Gebeten, die wir bei unseren Aufenthalten in den Klöstern miterlebt haben. Kann er uns beschreiben, was während eines Gebets geschieht und was durch die einzelnen Gebete erreicht wird?« Xjinla sah mich an, als warte er auf den Rest der Frage. »Noch etwas?«, fragte er. »Vielleicht verstehe ich deine Frage nicht ganz.«
Es gibt viele Worte in der tibetischen Sprache, die sich nicht eins zu eins ins Englische übersetzen lassen. Um bestimmte Gedanken mitzuteilen und das tibetische Gegenstück zu beschreiben, braucht man in unserer Sprache oft eine ganze Redewendung oder einen kurzen Satz. Ich spürte, dass dies ein solcher Moment war. Mich sammelnd, stellte ich die Frage im einfachsten Englisch, das ich aufbieten konnte, ohne die Zielrichtung meiner Frage zu ändern: »Genauer gesagt«, fragte ich, »wenn wir äußerlich die Gesänge, die Töne, Mudras und Mantras mitbekommen, was geht dann innerlich in der betenden Person vor?«
Xjinla wandte sich dem Abt zu, der geduldig meine Frage abwartete, und der Prozess begann. Gelegentlich schloss der Abt die Augen und äußerte sich, um einen einzigen Satz von Xjinla zu beantworten, jeweils viele Minuten lang. Dann wieder murmelte er nur kurz etwas, begleitet von einer Geste oder einem Seufzen. Xjinla gab sein Bestes, um im Geist die Erklärung des Abts, die sich auf eine subtile Erfahrung bezog, in die englische Entsprechung umzusetzen, bevor er für uns übersetzte.
Als der Abt unsere umformulierte Frage hörte, sah er mich mit einem leisen Schmunzeln an. Es gibt Laute, die keiner Übersetzung bedürfen. »Aaahhhh …«, machte er nachdenklich. Am Tonfall seiner Stimme konnte ich ablesen, dass

unsere Frage direkt zum Kern dessen vorgedrungen war, was in seinem und anderen Klöstern praktiziert wurde. Sein Schmunzeln wurde zum Lächeln, als er die Lippen schürzte und einen anderen Ton von sich gab. »Mmmmmm …«
Ich beobachtete, wie seine Augäpfel in Richtung Decke rollten, dorthin, wo der Ruß zahlloser Butterlampen im Lauf der Jahrhunderte alles schwarz gefärbt hatte. Sein Blick fixierte eine unsichtbare Stelle oberhalb seines Sitzes. Unverwandt auf diesen Punkt an der Decke starrend, suchte der Abt nach den passenden Worten, um der Essenz meiner Frage gerecht zu werden. Ich weiß noch, dass ich dachte: Meine Frage ist ein bisschen so, als würde man jemanden bitten, in höchstens fünfundzwanzig Worten den Sinn des Lebens zu beschreiben. Dieser Mann, der nichts über meinen persönlichen Hintergrund, mein spirituelles Fundament, meine religiöse Ausrichtung oder meine Intention wusste, suchte nach einem Weg, meiner Frage Genüge zu tun. Er suchte nach einem Anfang.
Jetzt wird es spannend, dachte ich bei mir. Was kann ich tun, um dem Abt den Umgang mit meiner Frage zu erleichtern?
An die Übersetzungen essenischer Handschriften vom Toten Meer zurückdenkend, überlegte ich, welche Sprache man vor zweitausendfünfhundert Jahren verwendete, um die uns verloren gegangene Technologie des Gebets zu beschreiben: Denken, Fühlen und Körper. Das Letzte, was ich wollte, war, dem Abt suggestiv eine Antwort vorzugeben. Vorsichtig wagte ich mich an eine Neuformulierung meiner Frage.
»Xjinla«, fragte ich, für einen Moment den Gedankengang des Abtes unterbrechend, »genauer gesagt, interessiert es mich, wie das Gebet entsteht. Wir sehen doch die äußeren Ausdrucksformen des Betens in den Gesangshallen. Was ist das Ergebnis davon? Wohin führen die Gebete für die Betenden?«

Der Abt sah uns zu, eifrig darauf wartend, dass Xjinla ihm meine neue, umformulierte Frage mitteilen würde. Schnell, in einem bemerkenswert kurzen Satz, holte Xjinla es nach. Unsere Hartnäckigkeit brachte uns offenbar weiter. Ohne nachzudenken, rief der Abt ein einzelnes Wort aus. Dann wiederholte er den Begriff, gefolgt vom einem Wortschwall in tibetischer Sprache. Während ich den Abt beobachtete und ihn in meine Augen blicken ließ, war meine geistige Aufmerksamkeit auf Xjinla gerichtet. Statt die Worte des Abtes einzeln vom Tibetischen ins Englische zu übertragen, spürte er die Richtung seines Gedankengangs heraus und streute in seine Antwort dann punktuell genaue Einzelheiten ein, die der Abt gesagt hatte.

»Gefühl!«, sagte Xjinla. »Der Abt sagt, Ziel eines jeden Gebets sei es, ein *Gefühl* hervorzurufen.«

Der Abt nickte lebhaft, als verstünde er Xjinlas Übersetzung. »Was ihr äußerlich seht, sind Bewegungen und Klänge, die nützlich sind, um das Gefühl zu erlangen«, fuhr Xjinla fort. »Unsere Ahnen verwenden sie seit Jahrhunderten.«

Nun lag ein Lächeln auf meinem Gesicht. Ich hatte zwar vermutet, dass die nebulöse Kraft des »Gefühls« ein Faktor bei den tibetischen Gebeten war, doch hier wurde meine Vermutung zum ersten Mal bestätigt. Und der Abt sagte uns, dass das Gefühl beim Gebet mehr als nur ein Faktor von vielen war. Er betonte, dass das Gefühl in Wirklichkeit im Fokus eines jeden Gebets steht!

Sofort rasten meine Gedanken zu den essenischen Schriften zurück. In den Worten ihrer Zeit schildern diese uralten Schriften brillant eine Erfahrung, die wir heute als eine Form des Gebets betrachten. Ebenso wie die Lehren der Essener die Schöpfungskräfte unserer Welt als »Engel« bezeichneten, nannten sie die Sprache, die sie den Engeln gegenüber gebrauchten, »Kommunionen«. Heute nennen wir die gleiche Sprache »Gebet«. Durch die verloren gegangenen Texte der Essener werden wir daran erinnert, *dass wir durch unsere Zwiesprache mit den Elementen dieser Welt Zugang zu den großen Mysterien des Lebens gewinnen.* »Nur durch die Kommunionen mit den Engeln des Himmelsvaters werden wir lernen, das Unsichtbare zu sehen, zu hören, was nicht gehört werden kann, und auszusprechen das unsagbare Wort.«*

Stille senkte sich über den winzigen Raum, als wir über die Worte des Abtes nachsannen. Ein Mönch oder eine Nonne brauchte jahrelange Unterweisungen, ein jahrelanges Studium und Jahre unmittelbarer Erfahrung, bevor er oder sie ein ähnliches Gespräch führen durfte.
Der Abt schien ein wenig überrascht über die Fragen, die wir ihm stellten. Als hätte er meine Gedanken gehört, ergriff Xjinla wieder das Wort, bevor ich meinen nächsten Satz formuliert hatte. »Eure Fragen sind ganz anders als die von anderen, die den Weg zu diesem Kloster fanden«, sagte er.
»Tatsächlich?«, gab ich zurück. Irgendwie erstaunte es mich. »Wenn sich andere die Zeit genommen haben, vom Westen aus nach Lhasa einzureisen; wenn sie sich eine Woche lang auf Höhen von über dreitausendzweihundert Meter einstellen und dann bei ihrer Fahrt über Jeepwege, die in die blanke Fassade von Steilwänden hineingehauen sind, Staubwolken eingeatmet haben ohne Ende, um viereinhalbtausend Meter hoch im Himalaja dieses Kloster zu finden: Welche Art von Fragen stellen sie dann sonst?«
Xjinla lachte über die Eindringlichkeit meiner Frage. Der Klang seiner Stimme durchbrach die Stille, als sein Lachen von den Wänden zurückgeworfen wurde und in den zahllosen, an den Gang angrenzenden Kapellen widerhallte.

* Székely, *Das Evangelium der Essener* (Buch 2), S. 77 (Anm. d. Übers.).

»Normalerweise Fragen zum Alter des Klosters, oder was die Mönche essen und wie alt der Abt selbst ist.«

Wir mussten beide lachen und richteten unsere Blicke wieder auf den Abt, im Geist automatisch sein Alter schätzend. Ich dachte im Stillen: Dieser Mann hat kein Alter; in diesen Bergen, in diesem Kloster hat Alter keine Bedeutung für ihn – er *ist* einfach.

Ich sah wieder zu Xjinla. Nach unserem letzten Wortwechsel hatte der Abt seine Haltung beibehalten, die Beine unter den schweren Gewändern angezogen. Die Luft im Raum war kühl, obwohl mein Körper vom Hochgefühl unseres Gesprächs erhitzt war. Ich warf einen Blick auf das Minithermometer, das am Rucksack meiner Frau baumelte. Es zeigte elf Grad Celsius. Ich fragte mich staunend, ob das stimmen konnte. Ein Helfer nutzte die Stille als Anlass, die Räucherkegel wieder anzuzünden, die wohltuend den strengen Geruch der ranzigen, in den Lampen und Schalen brodelnden Yakbutter überdeckten. Mit einer Hand fuhr ich unter meine Jacke und stieß auf drei Schichten von Kleidung, die ich getragen hatte, als ich draußen aus dem Bus gestiegen war. Ich war verblüfft. Meine Hemden waren klatschnass. Jeder Tag in Tibet ist wie Sommer und Winter: Sommer in der Sonne und Winter im Schatten sowie im Innern von Klöstern. Ich blickte hinter mich und sah gerade noch eine Windböe, die den spärlich beleuchteten Korridor entlangfegte und dabei Häufchen von Stroh und Sand in die Ecken wehte.

Die Botschaft des Abts

Ich wischte mir mit der Hand den Schweiß aus den Augen und erklärte Xjinla zunächst einmal, warum ich zum Kloster des Abts gekommen war und welche Absicht wir mit den gestellten Fragen verfolgten. Den Abt unmittelbar ansehend, schloss ich mit einer einzigen Frage: »Wenn es eine Botschaft gäbe, die er an die Menschen auf dieser Erde weitergeben könnte«, begann ich, »was würde der Abt dann gerne von uns in seinem Auftrag in die Welt außerhalb Tibets getragen wissen?«

Noch bevor Xjinla mit der Übersetzung fertig war, begann der Abt in seiner zusammengekauerten Stellung an der Rückwand des spärlich beleuchteten Heiligtums zu sprechen. Ich spürte Xjinlas Anstrengung, die mitunter an Frustration grenzte, als er im Englischen nach passenden Worten suchte, um zu vermitteln, was der alterslose Mann sagte. An mehreren Stellen bat ich ihn darum, Worte zu wiederholen oder zu erklären. Oft gab ich die Übersetzung noch einmal in meinen eigenen Worten wieder, um mir von Xjinla und seinem Sachverstand bei eventuell verbliebenen Unklarheiten helfen zu lassen. Als er sich mir gezielt zuwandte, verrieten Xjinlas Augen, was in ihm vorging. Ich spürte in ihm ein starkes Bewusstsein dafür, welche Verantwortung er trug, die Worte des Abts genau wiederzugeben.

»Jedes Mal, wenn wir individuell beten«, sagte der Abt, »müssen wir unser Gebet *fühlen*. Wenn wir beten, fühlen wir im Namen aller Wesen, überall.« Hier machte Xjinla eine Pause, während der Abt mit seiner Antwort fortfuhr. »Wir sind alle miteinander verbunden; wir sind Ausdruck *eines* Lebens. Egal wo wir sind, unsere Gebete werden von allen gehört. Wir sind alle ein und dasselbe.« Der Abt, so viel spürte ich, beantwortete meine Frage nicht direkt, sondern bahnte zunächst einmal den Weg, legte das Fundament für seine Antwort.

Mein zustimmendes Nicken vermittelte per Körpersprache, wozu meine Tibetischkenntnisse nicht reichten: Ich hörte, ich verstand, und ich war auf den Rest der Antwort vorbereitet. Was die Frage anging, welche Botschaft wir in die Welt außerhalb Tibets tragen sollten, antwortete der Abt mit leidenschaftlicher Intensität. Zwar wurde der Wortlaut seiner Aussage durch Xjinla übermittelt, doch sein Tonfall und seine Körpersprache waren deutlich genug. Die Hände des Abts, die dieser mit den Handflächen nach oben von seinem Herzen aus in unsere Richtung führte, sprachen eine eigene Sprache. Er sah mich unverwandt an, während ich ganz genau Xjinlas Worten lauschte.

»Das Wichtigste in unserer heutigen Welt ist der Frieden«, fuhr er fort. »Haben wir keinen Frieden, so verlieren wir das, was wir gewonnen haben. Herrscht Frieden, ist alles möglich: Liebe, Mitgefühl und Vergebung. Frieden ist der Ursprung aller Dinge. Ich würde die Menschen der Erde bitten, in sich selbst Frieden zu finden, damit sich ihr Friede in der Welt spiegeln kann.«

Jedes seiner Worte erfüllte meinen Geist mit Staunen und meine Seele mit Freude. Die Antworten des Abts entsprachen – in manchen Fällen sogar fast wortwörtlich – den Vorstellungen, die man in den Schriftrollen der Essener vom Toten Meer wiederentdeckt hat, verfasst vor mehr als zweieinhalbtausend Jahren. Das Friedensevangelium der Essener leitet zum Beispiel eine längere Abhandlung über den Frieden mit den einfachen Worten ein: »Frieden ist der Schlüssel zu allem Wissen, allem Mysterium, allem Leben.«

Allen in unserer Gruppe war klar geworden, wie wichtig es dem Abt war, gehört und verstanden zu werden. Seine Geduld mit unseren direkten und mitunter weitschweifigen Fragen war bemerkenswert. Fast eine Stunde lang verharrte er mit gekreuzten Beinen im Lotussitz, auf ein paar dünnen Polstern sitzend, die ihn vom kalten Steinboden des alten Klosters isolierten. Nach den vielen Fragen kehrte schließlich wieder Stille ein, die mit dem Nachsinnen über unseren

Wortwechsel einherging. Für alle im Raum war die miteinander verbrachte Zeit intensiv und eine Herzensangelegenheit gewesen. Unsere Audienz bei diesem heiligen Mann, der sein ganzes Leben der Weisheitssuche in einem uralten Kloster hoch im Himalajagebirge gewidmet hatte, nahmen wir als eine Einladung, das Erlebte mit unserem Leben in Einklang zu bringen. Dieser Mann hatte uns gütig in den winzigen Räumlichkeiten seines privaten Studierzimmers empfangen, und seine Geduld mit unseren Fragen berührte mich tief.
Die Augen des Abts schlossen sich. Dieses Mal jedoch sank sein Kinn auf seine Brust, während er die Hände in Gebetsstellung brachte: Handflächen und Fingerspitzen berührten einander und wiesen zur Decke. Diese Stellung seiner Hände aufrechterhaltend, berührte er mit den Daumen leicht seine Stirn und verweilte dann in dieser Position. Das ist das letzte Bild, das ich von ihm habe. Er wirkte ermattet, vielleicht vom Unterhalten dieser zweiundzwanzig Westler, die unangekündigt in seinem Kloster aufgetaucht waren.
Wie auf ein stummes Signal hin wussten wir, dass unsere Zeit mit dem Abt zu Ende war. Fast unisono begannen wir unsere Beine zu entknoten und aus den verrenkten Stellungen zu befreien, die allen im Raum einen ungehinderten Blick auf diesen so schön anzusehenden Vertreter einer uralten Tradition ermöglicht hatten. Einer nach dem anderen standen wir schweigend auf, streckten die Beine und schritten nach einem respektvollen »Namasté« im Gänsemarsch auf den halbdunklen Flur.

Raum des Wissens

Auf dem Rückweg von den Räumlichkeiten des Abts hörten wir erneut ein fernes, tiefes, kaum wahrnehmbares Brummen. Es war der mittlerweile vertraute Klang der Stimmen der tibetischen Mönche, die in einem hallenden Raum jene monotonen Gesänge entstehen ließen, die man beim tibetischen Gebet verwendet. Jeder nimmt den Klang anders wahr. Für mich schwebt der Ton in einem Grenzbereich dessen, was ich mit meinen Ohren hören kann, und dem, was ich eigentlich als Klang in meinem Körper spüre. Er scheint von irgendwo in der Mitte meines Brustkorbs zu vibrieren. Hat man diesen Ton erst einmal gehört, ist er unverwechselbar.

Sonnenlicht fiel auf das Ende des Flurs, als wir uns einer schmalen Leiter mit hölzernen Trittstufen näherten. Es gab kein Geländer, an dem man sich hätte festhalten können. Also nahmen wir die Haltung ein, die schon in anderen Klöstern gut funktioniert hatte: Indem wir unsere Rucksäcke abschnallten und einander Kameras, Wasserflaschen und lose Ausrüstungsteile zureichten, hatten wir die Hände frei, um rückwärts die grob gehauenen Trittstufen hinunterzuklettern. Die Treppen waren so steil, dass nur wenige von uns bereit waren, hinabzublicken, als sie vorwärts die Leiter hinunterstiegen. Bei Gruppenreisen wie diesen, die oft tagelang unter primitivsten Bedingungen stattfinden, weicht die Zurückhaltung neuer Freundschaften bald einer gewissen familiären Vertraulichkeit. Diejenigen, die schon auf dem Boden standen, streckten die Arme aus, um die Person auf der Leiter zu einer Stelle hinzulotsen, wo sie sicheren Halt finden konnte, und stützten sie an dem Körperteil, mit dem sie zuerst unten ankam. Nacheinander wurden alle auf den festgestampften Lehmboden unterhalb der Trittstufen gehievt.

Ein junger Mönch von vielleicht vierzehn Jahren hatte in einem kleinen Vorraum hinter der Leiter auf uns gewartet. Als die letzte Person festen Boden unter den Füßen hatte, wandten wir uns mit dem traditionellen Gruß *t'ashedelay* an den Mönch. Er überraschte uns mit ein paar Sätzen in

gebrochenem Englisch. Er interessierte sich sehr für unsere Audienz beim Abt. Offensichtlich hatte unser Besuch Seltenheitswert, und es war selbst für die im Kloster lebenden Mönche schwer, eine solche Chance gewährt zu bekommen. Unterdessen hatte auch Xjinla die Leiter hinuntergefunden und übernahm die Führung des Gesprächs.
Nach ein paar Augenblicken, in denen formelle Höflichkeiten ausgetauscht wurden, erkundigte ich mich nach der Existenz alter Bibliotheken in diesem Kloster. Ich wusste, dass gewissenhafte Chroniken zu den vielen reichen Schätzen gehören, die von den Tibetern in unserer Welt verwahrt werden. Das Schöne daran ist, dass sie offenbar dokumentieren, ohne über das Aufgezeichnete zu urteilen. Vielleicht ermöglicht es ihnen ihre Fähigkeit des mitfühlenden Lebens, die Welt um sie herum unvoreingenommen zu dokumentieren – ohne ein »Richtig« oder »Falsch« hinsichtlich der Ereignisse, die sie durchleben. Ich vermutete, dass ihre Dokumentation von Ereignissen, die in ihrem Leben von Bedeutung waren, vielleicht schriftliche Aufzeichnungen zu der Weisheit enthielt, von der der Abt gesprochen hatte. Ich interessierte mich besonders für die Art des Betens, die auf dem Gefühl basierte. Durch eine Reihe von Gängen wurden wir zu einem halbdunklen Raum hinter den unzähligen Altären geführt. Mächtige Statuen der vielen Aspekte Buddhas flankierten die einzelnen Flure und setzten sich bis zu einem weiteren »Raum der Beschützer« fort. Innerhalb eines Radius von etwa fünf Metern zeigte der stroboskopartige Flackereffekt einer jeden Butterlampe Szenen voller Dämonen und dunkler Mächte. Bei näherem Hinsehen stellte sich heraus, dass sie sich jeweils im Kampf gegen die Kräfte des Lichts befanden, in uralten Metaphern, in denen sich die Prüfungen, Erfolge und Fehlschläge eines jeden Menschen im Lauf seines Erdenlebens spiegelten.

Gebückt trat ich durch eine Öffnung in einen anderen spärlich beleuchteten Raum. Nach all der Schönheit und nach sämtlichen Erfahrungen, von denen die Tage der beiden vorangegangenen Wochen erfüllt gewesen waren, war das, was ich in diesem Moment zu Gesicht bekam, schon die ganze Reise wert: Vom Boden bis zur vielleicht neun Meter hohen Decke stapelten sich Bücher, Reihe um Reihe, sich in dunklen Korridoren verlierend und auf dick verstaubten Regalen verteilt. Manche waren ordentlich übereinandergestapelt. Manche waren wild übereinandergeworfen, sodass es unmöglich war, zu sagen, wo die eine Reihe endete und die nächste begann. Nachdem er mein Erstaunen über die Unordnung bemerkt hatte, wandte sich der junge Mönch an Xjinla. Ich vermutete, dass es sich um eine Erklärung handelte.

Xjinla drehte sich zu mir um: »Die Soldaten haben diesen Raum auf der Suche nach Edelsteinen und Gold geplündert.«

»Die Soldaten?«, entfuhr es mir. »Die Soldaten von der Revolution 1959? Es sind doch bestimmt seitdem noch andere in diesem Raum gewesen. Das ist ja schon fast vierzig Jahre her!«

»Ja«, antwortete Xjinla, »genau die. Es sind auch noch andere in diese Räume gekommen. Wenige. Die Mönche glauben, dass die Soldaten Unglück brachten. Ihr Geist ist hier zurückgeblieben, die Beschützer sorgen dafür, dass er hier festgehalten wird.«

Meine Augen suchten nach einer sinnvollen Stelle für eine nähere Betrachtung, während ich in einen der Gänge hineintrat. Als ich meine Taschenlampe hoch über mich hielt, erblickte ich Hunderte von Handschriften sowie Unmengen von in traditioneller tibetischer Manier gedruckten und gebundenen Texten, so weit meine Augen sehen konnten. Jedes Buch begann als langer, schmaler Einband aus Holz oder Tierhaut. Die festen Einbände variierten in ihrer Größe;

im Durchschnitt waren sie vielleicht dreißig Zentimeter lang und acht bis zehn Zentimeter dick. Ein ähnlicher Einbanddeckel bildete die Oberseite des Buches, wobei die Seiten sich als lose Blätter aus Stoff, Papier oder Yakfell zwischen beiden stapelten. Der gesamte Text war gebunden, damit die einzelnen Seiten nicht herausfielen. Mitunter waren die Einbände reich verziert, mit leuchtend bunter Seide und Leinen. Manche wurden einfach von Lederriemen zusammengehalten.

Der junge Mönch nickte einwilligend, als ich nach oben langte, um einen der Texte näher zu betrachten. Ich wollte in der Bibliothek so wenig wie möglich verändern. Also hatte ich ein Buch gewählt, das bereits ausgepackt war. Zu meiner Enttäuschung, doch für den Mönch nicht überraschend, waren die Seiten des Buches so brüchig, dass sie zwischen meinen Fingern zerbröckelten. Unser junger Führer war sichtlich berührt, dass wir über seine Bibliothek so freudig erregt waren. Scheinbar wussten nur wenige von ihrer Existenz, und noch weniger besuchten sie.

Ich wandte mich an Xjinla und fragte, was diese Dokumente enthielten. Waren es einfach viele Exemplare ein und desselben Textes, vielleicht die Lehren Buddhas? Gab es noch mehr?

Unterdessen hatte sich unsere Gruppe im Raum verteilt. Jeder befasste sich in einem anderen Gang mit den Büchern, die offenbar jeweils andere Texte enthielten, beseelt von der Ahnung, dass die Seiten dieser uralten Bücher etwas Seltenes und Wunderbares in sich bargen. Ohne sich umzudrehen, um den Mönch anzusehen, rief Xjinla meine Frage laut in den Raum. Der junge Mönch lächelte, ohne zu zögern. Er und Xjinla wechselten ein paar Worte, bevor Xjinla eine Antwort gab.

»Alles«, sagte er. »Der Mönch sagt, die Schriften in diesem Raum hier enthalten Chroniken zu allem.«

Ich hielt inne und wandte mich erneut zu Xjinla. Ich hielt meine Taschenlampe so, dass wir einander sehen konnten, während wir sprachen. »Was meinst du mit ›alles‹?«, fragte ich. »Was umfasst ›alles‹?«

Xjinla begann: »Auf den Seiten dieser Bücher sind die Lehren und Erfahrungen aufgezeichnet, die das tibetische Volk seit Jahrhunderten berühren. Solange man zurückdenken kann, fand die Weisheit großer Mystiker den Weg hierher, um für künftige Generationen bewahrt zu werden. Auf den Seiten dieser Bücher finden sich die Grundlagen vieler Philosophien, von tibetischen Bönschriften und buddhistischen Texten bis hin zu christlichen und denen, die der Abt erklärt hat. Alles ist hier in den Büchern aufgezeichnet, die uns hier umgeben, so weit das Auge reicht.«

Ich wusste, dass jedes Kloster eine Art Schule war. Um die geheimen Überlieferungen der Zeitalter zu erhalten, spezialisierten sich die Schulen jeweils auf eine bestimmte Form von Weisheitslehren. Unsere Reise hatte uns zum Beispiel bereits zu Klöstern geführt, für die Überlieferungen zu Kriegshandwerk und Kampfkunst im Mittelpunkt standen. Andere Klöster bewahrten die Weisheitslehren der Telepathie und der Studien des Übersinnlichen, des gelehrten Diskurses oder der Heilkünste. Der Schwerpunkt dieser Schule hier lag auf der Bewahrung von Wissen. Ohne Voreingenommenheit oder Urteil hatte man Informationen hier einfach aufgezeichnet und auf den brüchigen Seiten zahlloser Bücher gespeichert.

Das ist der Grund dafür, dass wir hierher gekommen sind, dachte ich. Hier haben wir die Traditionen des Gebets gesehen und haben die Chance, sie durch Texte zu belegen, die von denen geschrieben wurden, die diese Überlieferungen vor fast zweitausend Jahren praktizierten. Dieser Augenblick ist die ganze Reise wert, und ich weiß, dass noch viel mehr auf uns wartet.

In ihren Schriften hatten die Essener eine Art des Betens erwähnt, die von Gebetsforschern unserer Tage nicht berücksichtigt wird. Hier, in einem kalten Kloster in den entlegenen Gebirgen Westtibets, war ich Zeuge dieses Gebets gewesen, und man hatte mir Quellen gezeigt, die seine Geschichte und seinen Ursprung dokumentieren. Mit allem, was für mich an diesem Tag noch übersetzt wurde, bestätigte sich meine Ahnung, dass die Tibeter – zumindest teilweise – eine Weisheitstradition fortsetzen, deren Elemente älter sind als die Geschichtsschreibung. Wie konnte ich diese uralte und doch hoch entwickelte Technologie an andere weitergeben?

»*Alle Materie entsteht und besteht nur durch eine Kraft, welche die Atomteilchen in Schwingung bringt und sie zum winzigsten Sonnensystem des Atoms zusammenhält. Da es aber im gesamten Weltall weder eine intelligente noch eine ewige Kraft gibt, so müssen wir hinter dieser Kraft einen bewussten, intelligenten Geist annehmen. Dieser Geist ist der Urgrund aller Materie.*«

MAX PLANCK

7

DIE SPRACHE GOTTES

*Die in Vergessenheit geratene Wissenschaft
des Gebets und der Prophetie*

Uralte Traditionen lassen darauf schließen, dass die Wirkung der Gebete von etwas anderem herrührt als von den Worten der Gebete. Vielleicht lässt das ahnen, warum so viele Menschen scheinbar ihren Glauben an das Gebet verloren haben. Nach den redaktionellen Überarbeitungen der Bibel im vierten Jahrhundert verloren sich aus den Überlieferungen des Westens nach und nach viele Einzelheiten, auf die die Sprache des Gebets gegründet war. Zurück blieben bloße Worte. Während dieser Ära begannen viele zu glauben, dass die Kraft des Gebets allein im gesprochenen Wort lebt. Die Offenbarungen aus den Texten vor dem vierten Jahrhundert jedoch erinnern uns daran, dass es keine Zaubercodes von Vokalen und Konsonanten gibt, durch die sich Türen zu vergessenen Sphären auftun lassen. Das Geheimnis des Gebets liegt jenseits der Worte des Lobpreises, der Beschwörungen und der rhythmischen Gesänge an die »höheren Mächte«. Durch Texte wie die Schriftrollen vom Toten Meer werden wir aufgefordert, die Intention unserer Gebete in unserem Leben zu leben, denn »werden sie [die Worte] nur vom Munde gesprochen, sind sie einem ausgestorbenen Bienenkorb gleich, den die Bienen verlassen haben und der keinen Honig mehr gibt.«[1]

Das unaussprechliche Wort

Die Macht des Gebets liegt in einer Kraft, die sich mit Worten nicht beschreiben lässt und die nicht schriftlich zu übermitteln ist: in den *Gefühlen,* welche die Worte des Gebets in uns hervorrufen. Es ist das Gefühl in unseren Gebeten, das die Tür zu den Kräften der sichtbaren wie auch der unsichtbaren Welten öffnet und unseren Weg dorthin erhellt. Andere uralte Quellen haben oft auf diesen Aspekt unserer Zwiesprache mit der Schöpfung angespielt, und der Abt hatte während unserer Privataudienz in Tibet tatsächlich die Gefühlskomponente des Gebets bestätigt. Als Antwort auf meine Frage, was in den Mönchen und Nonnen vorging, während wir die äußerlichen Ausdrucksformen ihrer Gebete beobachteten, hatte der Abt mit einem einzigen Wort geantwortet: *»Gefühl.«* Die äußeren Ausdrucksformen des Gebets, die wir in den Klöstern Tibets beobachtet hatten, zeigten die Bewegungen und Klänge, die Nonnen und Mönche verwenden, um die Gefühle in ihrem Innern hervorzurufen. In seiner Antwort noch einen Schritt weiter gehend, sagte der Abt dann zu uns, dass das Gefühl beim Gebet mehr als nur ein *Faktor* sei. Er betonte: *Das Gefühl ist das Gebet!*

Durch unsere Zwiesprache mit den Elementen dieser Welt erhalten wir Zugang zu den großen Mysterien des Lebens, die Gelegenheit, »das Unsichtbare zu sehen, zu hören, was nicht gehört werden kann, und das unaussprechliche Wort auszusprechen.« In seiner reinster Form hat das Gebet keinen äußeren Ausdruck. Wir können zwar eine vorgeschriebene Sequenz von Worten sprechen, die seit Generationen überliefert wurde, aber sie müssen eine Gefühlsqualität in uns erzeugen, damit die Welt um uns herum von ihnen berührt wird. Worte, die wir wählen, um unsere Gebete laut zu sprechen, können bestenfalls eine Annäherung an das innerliche Gefühl darstellen, das sie beschreiben. Wie konnten die großen Meister vor zweitausend Jahren solche Gefühle lehren? Wie sollen wir sie heute mitteilen?

Wenn ich gebeten werde, vor Gruppen über die Möglichkeiten des Gebets zu sprechen, kommt oft die Frage auf, die mich an ein früheres Gespräch erinnert: Eines Abends, als ich mich zwischen Stippvisiten und durch mehrere Zeitzonen getrennt, am Telefon mit meiner Mutter unterhielt, tauschten wir uns über einen neuen Workshop zur Wissenschaft des Mitgefühls aus, den ich vorbereitet hatte. Als ich auf eine Definition von Gebet zu sprechen kam, die »Gefühl« und »Emotion« umfasste, stellte meine Mutter eine Frage, die seitdem von vielen Menschen in vielen Situationen wiederholt wurde. Offen und in aller Unschuld sagte sie einfach: »Was ist der Unterschied zwischen Emotion und Gefühl? Ich habe immer gedacht, das ist dasselbe.«

Mich interessierte es, zu hören, wie meine Mutter über derartige Erfahrungen dachte, die bei der Bestimmung unseres Lebens eine solche Rolle spielen. Es überraschte mich nicht, dass ihre Erklärung den Definitionen ähnelte, die heute im Westen generell akzeptiert werden. Einige Lexika handhaben die beiden Wörter als nahezu austauschbar und verwenden eines, um das andere zu definieren. In »The American Heritage Dictionary of the English Language« wird das Wort »Feeling« (Gefühl) definiert als »ein emotionaler Zustand oder emotionale Verfassung; eine zarte Emotion«. (Im gleichen Text wird Emotion an einer Stelle als »starkes Gefühl« definiert und an einer anderen als Synonym für »Gefühl«.) Diese Definitionen mögen zwar in der heutigen Welt dienlich sein, doch in alter Zeit kannte man einen Unterschied zwischen ihnen. Ferner wurden damals Denken und Gefühl, wenn auch eng verwandt, als voneinander getrennte Elemente identifiziert, Schlüssel, die fokussiert dazu eingesetzt werden können, die Situation in unserem Körper, in unserer Welt und darüber hinaus zu verändern.

Wie oben ...

Einem Bericht zufolge, der mehr als zweitausend Jahre alt ist, stellten die Menschen des Heiligen Landes ihren Führern eine Frage, die noch heute durch unsere Köpfe geistert. Lässt man die näheren Umstände einmal beiseite, so verfolgt uns diese Frage heute in auffallend ähnlicher Form. Sie fragten: »Wie nun können wir unseren Brüdern Frieden bringen ..., denn wir wünschen, dass alle Söhne der Menschen die Segnungen des Engels des Friedens teilen.«[2] Die Antwort der Essener Meister verdeutlicht die Rolle des Denkens, des Fühlens und der ermächtigenden Natur des Gebets. Der heutigen Logik trotzend, erinnern uns ihre Worte daran, dass Frieden mehr ist als einfach die Abwesenheit von Aggression und Krieg. Frieden geht weit über die Beendigung eines Konflikts oder eine politische Stellungnahme hinaus. Wir können einem Volk oder einer Nation zwar etwas aufzwingen, was rein äußerlich den *Anschein* von Frieden erweckt, aber letztlich muss sich das zugrunde liegende *Denken* verändern, soll ein wirklicher und dauerhafter Frieden geschaffen werden. In Worten, die gleichzeitig überraschend buddhistisch wie auch christlich klingen, entgegneten die essenischen Meister, es gebe »drei Wohnstätten des Menschensohns ... Drei Behausungen gibt es für den Sohn des Menschen ... Es ist sein Körper, seine Gedanken und seine Gefühle ... Zuerst soll der Sohn des Menschen den Frieden mit seinem eigenen Körper suchen ... Dann soll der Sohn des Menschen Frieden in seinen eigenen Gedanken finden ... Dann soll der

Sohn des Menschen den Frieden in seinen eigenen Gefühlen suchen.«[3]

Die Alten erlauben uns eine neue Definition dessen, *was wir im Äußeren erfahren,* indem wir uns damit befassen, *was wir innerlich geworden sind.* Ähnlich der westlichen Heilkunde gibt es eine Denktradition, die eine Veränderung herbeiführen will, indem sie den Zustand der Krankheit bekämpft. Bei diesem Ansatz werden Fremdkörper mithilfe von Chemikalien beseitigt oder erkrankt wirkende Organe und Gewebepartien durch chirurgische Eingriffe entfernt. Eine zweite Schule des Denkens jedoch geht darüber hinaus: Statt sich nur mit dem körperlichen Erscheinungsbild zu befassen, betrachtet sie die tiefer liegenden Faktoren des jeweiligen Zustandes. Hier werden die unsichtbaren Kräfte der Gedanken, des Gefühls und der Emotionen als Blaupause verstanden, die uns hilft, die Lebensumstände zu begreifen und zu verändern, die uns nicht mehr dienlich sind. *Wir können die Qualität unserer äußeren Welt verändern, indem wir innerlich tatsächlich zu den Bedingungen werden, nach denen es uns verlangt.* Wenn wir das tun, spiegeln sich neue Qualitäten von Gesundheit oder Frieden in der Welt um uns herum. Das ist grundlegend für die zuvor zitierte essenische Textpassage. Um denen Frieden zu bringen, die wir lieben, müssen wir zunächst einmal zu genau diesem Frieden *werden*. In der Sprache ihrer Zeit gewähren die Verfasser der Schriftrollen vom Toten Meer Einblicke in die Technik, die diese heilende Qualität des Friedens ermöglicht: *Der Frieden muss sich in unseren Gedanken, unseren Gefühlen und unserem Körper zeigen.* Was für eine kraftvolle und ermächtigende Vorstellung!

Wenn ich in meinen Gruppen die essenischen Textpassagen zitiere, beobachte ich die Gesichter des Publikums. Die Veränderung kommt anfangs nur ganz allmählich. Während einige einfach den Wortlaut in ihrem Notizblock aufzeichnen, ohne sonderliche Gefühlsregungen erkennen zu lassen, ist anderen anzusehen, mit welch einer freudigen Erregung sie sofort die Bedeutung der uralten Lehren begreifen. Es hat eine gewisse Magie, die Gültigkeit neuzeitlicher Vorstellungen anhand von Handschriften belegen zu können, deren Urheber vor mehr als zweitausend Jahren den gleichen Weg beschritten und auf die gleiche Weise nach Bestätigung gesucht haben. Aufgrund ihrer Erkenntnisse trennten die Gemeindeältesten der Essener klar zwischen Emotion, Gedanke und Gefühl. Gedanke und Emotion sind zwar eng verwandt, wollen aber dennoch unabhängig voneinander betrachtet und dann zu einer Empfindungseinheit verschmolzen werden, aus der die stumme Sprache der Schöpfung hervorgeht. Die nachfolgenden Beschreibungen der jeweiligen Erfahrung sind Schlüssel, die uns in das Herz der uns verloren gegangenen Art des Betens führen.

EMOTION

Emotionen kann man als die *Energiequelle* betrachten, die uns voranbringt und uns auf unsere Lebensziele zusteuern lässt. Durch die Kraft unserer Emotion erhalten unsere Gedanken den Brennstoff, den sie brauchen, um Realität zu werden. Für sich genommen jedoch kann die Energie der Emotionen zerstreut und richtungslos sein. Durch die Gegenwart des Gedankens erhält unsere Emotion eine Richtung, indem sie dem Bild in unseren Gedanken Leben einhaucht. Uralte Überlieferungen behaupten, dass wir zu zwei Primäremotionen imstande seien. Genauer ausgedrückt, könnten wir vielleicht sagen, dass wir in unserem Leben diverse Zustände erfahren, die in einer Emotion zusammenfließen. Das eine Extrem dieser Zustände ist *Liebe*. Was auch immer wir für das Gegenteil von Liebe zu halten gelernt haben, bildet das zweite Extrem, oft als *Angst* beschrieben. Die Qualität unserer Emotion entscheidet über ihren Ausdruck. Mal fließend, dann wieder in unserem Körper festsitzend, hängt die Emotion eng mit dem *Verlangen* zusammen, jener Energie, die unsere Vorstellungskraft einer Lösung entgegentreibt.

GEDANKE

Das Denken könnte man als das *Leitsystem* betrachten, das unsere Emotion steuert. Worauf sich unsere Emotion und Aufmerksamkeit richten, entscheidet das durch unser Denken geschaffene Bild oder die Idee. Das Denken hängt eng mit Fantasie zusammen. Wenngleich es viele überrascht: Der Gedanke allein hat wenig Energie; er ist ohne die Energie, die ihm zum Leben verhilft, nur eine Möglichkeit. Das ist das Schöne am reinen Gedanken. Fehlt die Emotion, ist da keine Kraft, die unsere Gedanken Realität werden lässt. Es ist unsere Gabe des Denkens ohne Emotionen, die es uns ermöglicht, auf harmlose Weise Probemodelle für die Möglichkeiten des Lebens zu entwickeln, ohne in unserem Leben Angst oder Chaos zu erzeugen. *Nur durch unsere Liebe oder Angst im Hinblick auf den Gegenstand unseres Denkens hauchen wir den Schöpfungen unserer Fantasie Leben ein.*

GEFÜHL

Das Fühlen kann einzig und allein in Anwesenheit von Gedanke und Emotion existieren, denn es stellt die Vereinigung dieser beiden dar. Wenn wir fühlen, erfahren wir das Verlangen unserer Emotion, verschmolzen mit der Vorstellungskraft unserer Gedanken. Das Gefühl ist der Schlüssel zum Gebet, denn *die Schöpfung reagiert auf unsere Gefühlswelt*. Wir können uns unsere Gefühle ansehen, um zu begreifen, warum wir die Menschen, Situationen und Umstände unserer Erfahrungswelt anziehen oder abstoßen. Um ein Gefühl zu haben, brauchen wir definitionsgemäß sowohl einen Gedanken, der dem Ganzen zugrunde liegt, als auch eine Emotion. Die Herausforderung bei der Entwicklung unserer höchsten Ebenen von Meisterschaft besteht darin, zu erkennen, welche Gedanken und Emotionen in unseren Gefühlen vertreten sind.

Anhand dieser drei kurzen und wahrscheinlich sehr vereinfachten Definitionen wird deutlich, warum es unmöglich ist, Angst einflößende und schmerzliche Erfahrungen »wegzudenken«. Der Gedanke ist nur ein Bestandteil unseres Erlebens: das geistige »Sehen« möglicher Ausgänge. Der Schmerz jedoch ist ein Gefühl, das Produkt unseres Gedankens, befeuert von unserer Liebe oder Angst im Hinblick auf das, was nach Dafürhalten unseres Geistes geschehen ist. Diese Formel haben die essenischen Meister im Sinn, wenn sie uns einladen, *die Erinnerung an unsere schmerzhaftesten Erfahrungen zu heilen, indem wir die Emotion der Erfahrung selbst heilen.*

Als uralte Version des modernen Axioms »Die Energie folgt der Aufmerksamkeit« beschreibt eine knappe Parabel aus dem verloren gegangenen Q-Evangelium: »Wer versucht, sein Leben zu schützen, wird es verlieren.« Diese wenigen, täuschend knappen Worte erklären, warum wir in unserem Leben mitunter genau die Erfahrungen anziehen, die wir am wenigsten haben wollen. In diesem Beispiel legt das Modell den Schluss nahe, dass wir in Wirklichkeit Aufmerksamkeit auf diese Erfahrung lenken, die wir zu vermeiden suchen. Im Nichtwollen erschaffen wir die Bedingungen, die der Erfahrung Raum geben. Statt unsere Aufmerksamkeit auf das zu richten, was wir nicht wollen, tun wir besser daran, herauszufinden, für was wir uns in unserem Leben entscheiden, und aus dieser Perspektive heraus zu leben. Affirmationen sind ein wunderschönes Beispiel für genau dieses Prinzip.

In neuerer Zeit sind Affirmationen unter den Anhängern einiger spiritueller und esoterischer Lehren sehr populär geworden. In diesen Traditionen gilt die Theorie, dass wir durch wiederholte Bestätigung von Dingen, die wir in unserem Leben erfahren wollen – oft viele Male am Tag –, diese schließlich herbeiführen werden. Als grobe Regel kann man dabei sagen: Je weniger überladen die Affirmation, desto deutlicher die Wirkung. Im Wortlaut unserer Affirmationen spiegelt sich oft der Wunsch nach einer Veränderung in unserem Leben. Etwa: »Mein perfekter Partner/meine perfekte Partnerin manifestiert sich derzeit gerade für mich«, oder: »Ich bin von Fülle umgeben, jetzt und in allem, was künftig für mich Gestalt annimmt.«
Ich kenne Menschen, die aus ihren Affirmationen eine regelrechte Disziplin machen. Sie pflastern den Badezimmerspiegel mit Haftnotizen, die sie an ihre Affirmationen erinnern, und wappnen sich so für den Tag. Wenn sie dann zur Arbeit fahren, geht es weiter: Die Zettel kleben an ihrem Armaturenbrett und hängen von ihrem Rückspiegel herab. Im Büro, auf ihrem Schreibtisch, an ihrem Schwarzen Brett und Computermonitor finden sich noch mehr Haftnotizen, lebhafte Gedächtnisstützen für das, was sie in ihrem Leben haben und verändern wollen. Unbestreitbar haben Affirmationen für einige Menschen wirkungsvoll Türen geöffnet. Zum ersten Mal begannen Individuen das Gefühl zu entwickeln, Ereignisse in ihrem Leben in der Hand zu haben und für sie verantwortlich zu sein. Bei einigen haben ihre Affirmationen offensichtlich funktioniert. Bei vielen jedoch war das nicht der Fall. Nachdem sie monatelang ergebnislos unzählige kreative Gedächtnisstützen bemüht hatten, hörten sie einfach auf mit den Affirmationen. Unser uraltes Modell mit Gedanke, Emotion und Gefühl kann diesen Menschen helfen, zu verstehen, was geschah – oder leider nicht geschah.

Wenn das Gebet wirkungslos bleibt

In letzter Zeit führte ich unter Seminarteilnehmern eine informelle Umfrage zum Beten durch. Die Ergebnisse der einzelnen Erhebungen wurden für das jeweilige Publikum als ein modernes Beispiel für die Natur des Gebets benutzt. Ich begann jede Erhebung immer damit, das Publikum zu fragen: »Wenn Sie beten, worum beten Sie dann in der Regel?« Ich stellte mich vor ein Flipchart und zeichnete die vielfältigen und voneinander abweichenden Szenarien auf, die Mitglieder der einzelnen Gruppen schilderten. Nach sechs Monaten dieser informellen Erhebungen zeigten sich bei Seminarbesuchern, die im Hinblick auf ihre ethnische, geografische und altersbezogene Herkunft einen recht guten Bevölkerungsquerschnitt darstellten, vier grobe Kategorien des Gebets: um mehr Geld, einen besseren Job, bessere Gesundheit und bessere Beziehungen – in genau dieser Reihenfolge.

Gebet um	Gedanke	Gefühl	Emotion
1. mehr Geld	?	?	?
2. besseren Job			
3. bessere Gesundheit			
4. bessere Beziehungen			

Indem wir unser Modell des Gebets als aus Gedanke, Gefühl und Emotion zusammengesetzt anwenden, können wir erforschen, warum unsere Gebete wirken und was geschieht, wenn sie es nicht tun. Ganz oben auf unserer Liste, als am meisten verbreitetes Gebet befand sich also jenes um »mehr Geld«. Damit es zu einem Gebet um »mehr Geld« kommen kann, müssen wir zunächst einmal das Geld einschätzen, das wir bereits besitzen. Die Felder in der Tabelle von links nach rechts auszufüllen, ermöglicht uns Einblicke in die Qualität dieser Einschätzungen. Als ich die jeweiligen Seminarteilnehmer bat, ihre Gedanken zu Geld zu beschreiben, wenn sie um mehr davon beteten, rief man mir aus allen Winkeln des Raumes Antworten zu. Es überraschte mich nicht, dass sie ihrem Wesen nach ähnlich waren. Immer wieder kamen Stichworte wie »nicht genug«, »brauche mehr« und »geht mir aus«. Ich notierte sie rasch unter der Überschrift »Gedanke«. Zuvor haben wir das Denken ja als unser Leitsystem identifiziert, das Richtungsprogramm für die Energie, die wir in unserer Welt bewegen. Ohne diese treibende Kraft kann das Denken unendlich lange als Möglichkeit in unserem Kopf bestehen bleiben. *Das Potenzial eines Gedankens ohne die antreibende Energie bezeichnen wir als Wunsch.* Damit unser Wunsch etwas bewirken kann, müssen wir ihn mit Energie versehen. Vielleicht ist das die Antwort darauf, warum unsere Gebete mitunter scheinbar unerhört bleiben. Fehlt die Kraft, um unsere Affirmationen und Gebete lebendig zu machen, so können sie unendlich lange als Potenzial, als gut gemeinte Wünsche existieren. *Erst die Gabe der Emotion verleiht unserem Wunsch die Kraft, möglich zu werden.* Davon ausgehend, dass wir entweder Liebe oder Angst als die treibende Emotion wählen können, steht wohl sehr viel häufiger die Angst hinter vielen der von uns wahrgenommenen Bedürfnisse. Wenn wir sagen, dass wir »mehr brauchen«, dass wir »nicht genug« haben oder uns etwas »ausgeht«, so ist im Allgemeinen Angst die Emotion hinter solchen Aussagen. Obwohl es Ausnahmen geben mag, platzierte ich das Wort »Angst« in der Kategorie »Emotion« in unserer Tabelle ganz oben. Auf der Grundlage dieser äußerlich betrachtet einfachen Elemente des Gebets gewinnen wir enorme Klarheit über den Mechanismus, wie und warum unsere Gebete so wirken, wie sie es tun.

Führte ich dem Publikum dann die Ergebnisse dieser Tabelle vor Augen, stellte ich immer eine Frage: »Wenn wir die Emotion Angst in das Denken ›Wir haben nicht genug‹ einfließen lassen: Welches Gefühl entsteht dann in uns?«

Die Antwort war gewöhnlich Schweigen. Das überraschte mich nicht, denn dieses Gefühl ist in der Tat für jeden anders. Welches Wort wir zu seiner Beschreibung verwenden, ist unwichtig. Worauf es ankommt, ist das Gefühl. »Legen Sie los«, bat ich also erneut, »was für ein Gefühl ist es, wenn Sie denken, Sie hätten kein Geld, und Ihre Emotion ist von Angst bestimmt?«

»Scheußlich!«, hörte ich jemanden von irgendwo sagen.

»Mies!«, rief jemand anderes in den Raum.

»Genau«, antwortete ich. »Genau das ist der Punkt.« Wir wählen unsere Lebensumstände durch unsere Gefühle, die unsichtbare Vereinigung unserer Gedanken und Emotionen. Wenn wir uns vor unserem geistigen Auge einen bestimmten Ausgang vorstellen und uns die Emotion bewusst machen, die unsere Fantasie antreibt, entsteht unser Gefühl. Um zu verstehen, was wir geschaffen haben, sind wir aufgefordert, einfach die Welt um uns herum zu betrachten. Wie sollen wir für uns Geld, Beziehungen und Gesundheit erschaffen, wenn die Gefühle, die unserer Schöpfung ihre Kraft verleihen, »scheußlich« und »mies« sind? Gefühle der Unwürdigkeit beflügeln die Entstehung genau der Erfahrung, die wir in unserem Leben am wenigsten haben wollen: den Ausdruck der Tatsache, bestimmter Dinge nicht würdig zu sein.

Fast jede Person im Raum hatte die Prinzipien der Übung schon vorher einmal gehört. Was neu ist, ist vielleicht die Chance, tatsächlich zu verstehen, was aus unseren Gebeten in der Vergangenheit geworden ist. Hier beginnt unsere Heilung.

Vor anderthalb Jahrtausenden ging dem Abendland die Freude an unseren eigenen Fähigkeiten verloren, die Freude daran, Wohlergehen, Fülle, Gesundheit, Sicherheit und Glück in unser Leben zu bringen und dabei obendrein noch unseren Spaß zu haben!

Wir erkennen nun, *wie* unsere inneren Prozesse des Gebets funktionieren, und haben außerdem einen Weg wiederentdeckt, die Elemente unseres Gebets so zu *verändern,* dass sie uns künftig besser dienen. Man konnte immer regelrecht dabei zusehen, wie sich diese Erkenntnis über das Publikum senkte. Zuerst hörte ich regelmäßig ein Aufseufzen. Dann noch eines, und noch eines. Dazwischen eingestreut nervöses Kichern – vielleicht ein unbewusstes Bemühen, die Intensität des Augenblicks zu zerstreuen. Bei jedem Publikum erfreute ich mich daran, in den Gesichtern zu sehen, wie das Wunder seinen Lauf nahm.

Die Ursuppe aller Möglichkeiten

Im Lauf der Jahre habe ich von vielen Menschen in den unterschiedlichsten Zusammenhängen gelernt. Obwohl jedes Publikum einzigartig ist, scheint es verbindende Elemente allgemeingültiger Art zu geben, durch welche jede Gruppe in jeder Stadt in der gemeinsamen Erfahrung eine Art familiärer Verbundenheit erlebt. Das Stellen einer Frage ist eines dieser Elemente. Bringt eine Person den Mut auf, eine Frage zu stellen, so haben andere im Raum die gleiche Frage, wenn auch unausgesprochen. Manchen mag ihre Frage klar sein, doch sie scheuen sich einfach, sie im Rahmen einer Gruppe zu äußern. Andere bemerken erst in dem Moment, wenn sie die Worte hören: »Ja, das habe ich mich auch gefragt.« Ich genieße solche Situationen. In solchen Momenten des Austausches und der gemeinsamen Klärung beginnen unsere großen Augenblicke der Kommunikation.

Bei einem der ersten Seminare, in dem ich Ideen zum Gebet präsentierte, seufzte ein Herr ziemlich weit vorne so tief, dass es im ganzen Raum zu hören war. Damit war ihm meine Aufmerksamkeit sicher. Als ich zu ihm hinübersah, machte er gerade eine Grimasse, die Zweifel ausdrückte. Ich suchte nach einem Weg, die Frustration des Mannes zur Kenntnis zu nehmen, ohne ihn speziell herauszugreifen und vielleicht bloßzustellen, und so wandte ich mich an das Publikum und fragte in den Raum: »Hat jemand Fragen?«

Der Mann packte die Gelegenheit sofort beim Schopf. Er war vielleicht Mitte dreißig, und sein Ellbogen ruhte auf dem Tisch, den er mit den anderen in seiner Reihe teilte. Als ich in seine Richtung schritt, um seine Frage entgegenzunehmen, legte er seinen Bleistift auf den Tisch neben seinem Notizblock. Ich warf einen flüchtigen Blick auf die Seite, die zuoberst lag. Sie war voller Notizen, Zeichnungen und Kritzeleien. Unschwer zu erkennen, dass dieser Mann schwer gearbeitet hatte. Mit einem weiteren Seufzer begann er: »Ich höre das alles nicht zum ersten Mal«, sagte er, das Kinn auf die Hand gestützt. »Ich bin seit über zwanzig Jahren auf dem Weg, mit den unterschiedlichsten Lehrern. Auf die eine oder andere Weise sagten sie alle das Gleiche. Was Sie sagen, ist mir also nicht neu. Und dennoch haben Sie etwas angesprochen, bei dem es noch nie zuvor so recht ›klick‹ gemacht hat bei mir: Wie wirken sich die Gefühle *in* uns auf das aus, was in der Welt *außerhalb* unseres Körpers geschieht?«

Ich dachte an das Gespräch zurück, das ich vor Monaten mit meiner Mutter geführt hatte. Es ging um das Mysterium, dass die nichtphysischen Komponenten des Denken, des Fühlen oder der Emotion irgendeine Auswirkung auf die physische Welt der Moleküle, Atome und Zellen haben

könnten. Als Analogie erzählte ich von einem Experiment, das ich vor langer Zeit selbst durchgeführt hatte, um mir die Prinzipien zu beweisen, über die wir uns hier unterhielten.
»Die Ursuppe existiert in einem Zustand des Möglichen«, setzte ich an. »Alle Bestandteile von allem, was wir uns je vorstellen könnten, einschließlich des Lebens selbst, existieren in diesem Zustand des Möglichen. Obwohl alles da ist, was wir brauchen, um diese Möglichkeiten entstehen zu lassen, gibt es keinen Auslöser, der diesen Zutaten den Kick verabreicht, um sie in Gang zu bringen. Von der Idee her ähnelt das stark der Herstellung von Kandiszucker in einem Glas Zuckerwasser: Wir können viele Esslöffel Zucker in das Wasser hineingeben und beobachten, wie sich der Zucker auflöst und verschwindet. Obwohl wir den Zucker nicht mehr sehen, wissen wir, dass irgendwo im Wasser mehrere Löffel voll Zucker verborgen sind. Der Zucker bleibt so lange im gleichen Zustand – unsichtbar –, bis jemand daherkommt und die Bedingungen im Wasser ändert. Wir bezeichnen das als Katalysator, etwas, das zum Auslöser für eine neue Möglichkeit wird, wie Zucker und Wasser aufeinander reagieren können. Der Auslöser kann etwas ganz Einfaches sein – es reicht, einen Bindfaden ins Wasser zu hängen. Wenn das zuckergetränkte Wasser in den Faden einsickert, verdunstet es, und zurück bleibt der Zucker. Wo nun das Wasser fehlt, kristallisiert der Zucker und wird zu einer neuen Ausdrucksform seiner selbst: zu den glänzenden Kristallen, die eher den Gesetzen der Luft folgen als den Gesetzen des Wassers. Unterschiedliche Temperaturen und Druckverhältnisse bedeuten unterschiedliche Gesetze und lassen unterschiedliche Kristalle entstehen.
Wenn wir in uns Gefühle entstehen lassen bezüglich der Dinge, die wir in unserer Welt zu erfahren wählen, so sind unsere Gefühle wie der Bindfaden in der Zuckerlösung: Wir platzieren in die Möglichkeiten der Schöpfung ein Gefühls-

bild, gerade genug Energie für eine neue Möglichkeit, und die Schöpfung gibt genau das zurück, was unser Bild gezeigt hat. Das Bild vermittelt der Ursuppe, worauf wir unsere Aufmerksamkeit gerichtet haben. Die Emotion, die wir unserem Bild anheften, zieht die Möglichkeit des Bildes an. Wenn wir etwas nicht wollen – eine Emotion, die auf Angst basiert –, so gibt unsere Angst in Wirklichkeit genau dem Nahrung, was wir *nicht* zu wollen behaupten.

Diese Gesetze erlauben uns, bestärkende Entscheidungen zu treffen, indem wir positive Erlebnisse wählen und uns darauf ausrichten, statt uns auf das Negative vorzubereiten, das wir nicht wollen. Die Schöpfung erlaubt uns, die Konsequenzen unseres Gefühls zu erfahren, indem sie das fortführt, wovon wir ihr ein Bild gezeigt haben. Das ist das uralte Geheimnis einer uns verloren gegangenen Form des Gebets, in Vergessenheit geraten im vierten Jahrhundert Anno Domini.«

Ich sah, wie sich der Gesichtsausdruck des Mannes vor meinen Augen veränderte. Dieser einfache Versuch, der noch heute in zahllosen Klassenzimmern nachvollzogen wird, hatte ihm in kürzester Zeit eine Möglichkeit erklärt, die ihm jahrelang ein Rätsel geblieben war.

Wie beten wir?

Nach unserer Übung mit Affirmationen und Gebet erkundigte ich mich beim Publikum, ob die Anwesenden das Gefühl hätten, ihre Gebete seien in der Vergangenheit erhört worden. Zuerst herrschte Schweigen, sie zögerten mit der Antwort. Langsam begannen einzelne aufzuzeigen, um »Nein« oder »Nur manchmal« zu sagen.

Meine nächste Frage lautete: »Warum?« Wohin wenden wir uns, um die Feinheiten der Technologie des Gebets zu verstehen, und wie wenden wir sie in unserem Leben an? Zu Studienzwecken unterteilen Gebetsforscher die vielen im Westen verbreiteten Anwendungsformen und Methoden des Gebets in grobe Kategorien. So zum Beispiel unterscheidet Margaret Paloma, Soziologieprofessorin an der University of Akron, Ohio, folgende vier Klassen oder Gebetsweisen:

Das umgangssprachliche Gebet
Wir sprechen in unseren eigenen Worten mit Gott, indem wir informell Probleme schildern oder für Dinge danken, mit denen wir in unserem Leben gesegnet sind: »Bitte, lieber Gott, mach, dass ich dieses eine Mal mit meinem Wagen noch bis zur Tankstelle an der nächsten Autobahnabfahrt komme, und ich verspreche dir, dass ich nie wieder mit einem derart leeren Tank losfahre.«

Das beanspruchende Gebet
Bei diesem Gebetstyp verlangen wir von den Schöpfungsmächten unserer Welt zu unserem Wohl bestimmte Dinge oder einen bestimmten Ausgang, den diese nehmen sollen. Das Bittgebet kann formeller Natur sein oder in eigenen Worten ausgedrückt werden: »Mächtige Ich-bin-Gegenwart, ich beanspruche das Recht auf Heilung.«

Das ritualisierte Gebet
Hier wiederholen wir einen vorab festgelegten Spruch, vielleicht zu besonderen Anlässen oder zu festgelegten Zeiten. Bekanntes Beispiel hierfür sind Gutenachtgebete wie: »Müde bin ich, geh zur Ruh«, oder das bei Mahlzeiten gesprochene »Komm, Herr Jesus, sei unser Gast«.

Das meditative Gebet
Ein meditatives Gebet ist ein Gebet jenseits der Worte. In der

Meditation schweigen wir, wir sind still, offen und uns der Gegenwart der schöpferischen Kräfte in unserer Welt und unserem Körper bewusst. In unserer Stille schaffen wir den Raum dafür, dass sich die Schöpfung selbst in diesem Augenblick durch uns ausdrücken kann. Für viele Menschen geht Meditation über das Gebet hinaus. Im engsten Sinne lässt sich Meditation, wenn sie einen Gedanken, ein Gefühl und eine Emotion mit sich bringt, sowohl als Meditation als auch als Gebet definieren.

Die obigen vier Gebetsformen, für sich genommen praktiziert oder kombiniert, stellen den Großteil der heute im Westen gebräuchlichen Arten des Gebets dar. Bei all meinen Erfahrungen mit alten Stammestraditionen und esoterischen Überlieferungen wurde immer wieder eine Art des Gebets angesprochen, die in keine dieser Kategorien zu passen schien. Reisen zu einigen der heiligsten Stätten, die uns heute auf der Erde geblieben sind, haben eine Form des Gebets offenbart, die Eingeweihten und ernsthaften Studierenden spiritueller Disziplinen vorbehalten ist. Die Tempelwände Ägyptens, die Bräuche von Indianern Nordamerikas sowie die der *curanderos* (Heiler) in den Bergen Perus – sie alle haben eine Form des Gebets demonstriert, die in den westlichen Traditionen scheinbar keine Berücksichtigung findet. Ist es möglich, dass ein fünfter Modus existiert, der es uns erlaubt, unsere Gedanken, Gefühle und Emotionen zu einer einzigen, wirkungsvollen Schöpfungskraft zu verschmelzen? Und weiter: Ist das die Kraft, die direkt zu den Heilungsprozessen in unserem Körper und unserer Welt hinführt? Alte Schriften wie auch moderne Studien legen nahe, dass die Antwort hierauf »Ja« lautet.

Die Heilung von Krebs, die verschwundene Wunde des gestürzten alten Herrn, die komprimierte Zeit in der Wüste

Sinai und die mysteriöse Stornierung der geplanten Bombardierungen im Irak – alle diese Beispiele geben uns Hinweise auf das Geheimnis jener Art des Betens, die uns verloren gegangen ist. Auf Basis der Quantenphysik erlaubt unser neues Verständnis von Zeit und Entscheidungspunkten die Möglichkeit eines jeden dieser offensichtlichen *Wunder als ein Ergebnis, das bereits existiert.* Das Geheimnis der uns abhandengekommenen Art des Betens liegt in der Veränderung unserer Sichtweise des Lebens. Es geht darum, das Gefühl zu entwickeln, dass das »Wunder« bereits geschehen ist und unsere Gebete erhört wurden. Die Eingeborenenvölker dieser Welt geben die Erinnerung an dieses Beten in ihren heiligsten Schriften und ältesten Überlieferungen weiter. Nun haben wir die Gelegenheit, diese Weisheitslehre in unser Leben zu integrieren – in Form von *Dankgebeten für das, was bereits existiert, statt darum zu bitten, dass unsere Gebete erhört werden.*

Davids Gebet

Ich langte über meine Schulter und zog eine frische Flasche Wasser aus meinem Rucksack. Es war erst elf Uhr morgens, und doch war die hoch stehende Wüstensonne schon jetzt durch das dicke Nylongewebe hindurchgedrungen und hatte den letzten Rest von Kühle aus der Flasche gesaugt. Schon seit Wochen waren Warnungen ausgegeben worden: keine Lagerfeuer, kein Verbrennen von Abfällen. Schon allein eine Zigarette aus dem Fenster eines fahrenden Wagens zu werfen, konnte eine saftige Strafe nach sich ziehen. Es war das dritte Dürrejahr in der Wüste Südwestamerikas. Obwohl es überall zu extremen Witterungsverhältnissen kam, machte es den Eindruck, als wären die Berge des nördlichen New Mexico

ganz besonders betroffen. In Skigebieten dort in der Gegend hatte es dieses Jahr keine Eröffnung der Saison gegeben, und der Rio Grande war vor seiner Mündung in den Red River bei Questa zu einem dünnen Rinnsal geworden.
Beim Öffnen der Flasche ließ mein fester Griff um den nachgiebigen, erwärmten Kunststoff etwas Wasser um den Verschluss hervorschießen. Ich beobachtete fasziniert, wie es auf den Boden tropfte. Die Oberfläche war so ausgedörrt, dass die Tröpfchen zu einem kleinen Teich zusammenliefen, bevor sie in eine kleine Mulde in der Nähe rollten. Selbst in dieser flachen Kuhle jedoch verteilten sie sich nicht, um im Boden zu versickern. Zu meinem Erstaunen war der ganze Teich innerhalb von Sekunden verdunstet.
»Die Erde ist zu durstig, um zu trinken«, sagte David hinter mir mit sanfter Stimme.
»Hast du sie jemals so trocken gesehen?«, fragte ich.
»Die Alten sagen, es sei über hundert Jahre her, dass der Regen so lange ausblieb«, gab David zurück. »Deshalb sind wir hierhergekommen, um den Regen anzurufen.«
Ich hatte David vor Jahren kennengelernt, schon bevor ich selbst in die Hochwüste nördlich von Santa Fe zog. Wir waren beide auf einer heiligen Reise gewesen, fern von unserem Zuhause, unserer Familie und unseren Lieben. In Davids Volk nannte man eine solche Reise eine »Visionssuche«. Für mich handelte es sich um eine Chance, meinen beruflichen Verpflichtungen eine Zeit lang zu entrinnen, ein erdverbundenes Leben zu führen und eine der periodischen Bestandsaufnahmen meines Daseinszwecks und der Richtung meines Lebens vorzunehmen. Fünf Monate nach unserer ersten Begegnung hatten sich die Dinge dann so entwickelt, dass ich dauerhaft in den Bergen lebte, die ich ehemals aufgesucht hatte, um mich für eine gewisse Zeit zurückzuziehen. Obwohl David und ich uns selten sahen, waren unsere

Begegnungen immer so, als hätten wir uns gerade erst am Tag zuvor unterhalten. Da war keine Verlegenheit oder Notwendigkeit, uns zu entschuldigen, weil wir nicht geschrieben hatten. Wir wussten alle beide, dass wir eben jenen Ereignissen in unserem Leben Priorität einräumen mussten, die gerade unsere Aufmerksamkeit erforderten. Und im derzeitigen Moment erlebten wir gemeinsam einen heißen Morgen in der sommerlichen Wüste.
Nach einem ausgiebigen, warmen Schluck aus meiner Flasche stand ich auf und ging hinter David her. Mittlerweile war er schon gut zwanzig Schritte vor mir. Ich folgte ihm auf einem unsichtbaren Weg, den nur er sehen konnte. Unser Schritt beschleunigte sich, als wir uns den Weg durch dichten, kniehohen Salbei und Dornensträucher bahnten. Ich blickte beim Gehen auf die Erde vor mir. Jeder von Davids Schritten wirbelte eine kleine Staubwolke auf, die von dem heißen, trockenen Wind davongetragen wurde. Hinter uns war keine Spur von dem Pfad zu sehen, den wir geschaffen hatten. David wusste genau, wohin er ging: zu einer besonderen Stätte, die seiner Familie und ihren Ahnen schon seit vielen Generationen bekannt war. Zu genau dieser Stelle kamen sie Jahr für Jahr zur Visionssuche, zu Übergangsriten und zu besonderen Anlässen wie diesem Tag.
»Da drüben«, sagte David.
Ich blickte in die Richtung, in die er zeigte. Dort sah alles ganz genauso aus wie auf den restlichen fünfzigtausend Hektar des mit Salbei, Wacholder und Kiefern bewachsenen Tals. »Wo?«, hakte ich nach.
»Dort, wo die Erde anders ist«, antwortete David.
Ich sah genauer hin und studierte die Gegend. Ich ließ den Blick über die Spitzen der Vegetation schweifen und suchte nach Unregelmäßigkeiten in Abstand und Farbe.
Da sprang es mir plötzlich in den Blick, wie ein versteck-

tes Bild in einer dieser dreidimensionalen Darstellungen, bei denen sich unter den Punkten ein Bild verbirgt. Ich betrachtete es eingehender und sah, dass die Spitzen der Salbeibüsche dort einen anderen Abstand aufwiesen. Als ich auf die scheinbare Anomalie zuging, sah ich etwas auf dem Boden, etwas Großes und Unerwartetes. Ich hielt inne, um den Schatten, den mein Körper warf, am günstigsten zu positionieren, und konnte eine ganze Reihe von Steinen ausmachen, wunderschöne Steine aller Art, in perfekter Geometrie zu Linien und Kreisen angeordnet. Jeder Stein war perfekt positioniert, die Präzision verratend, mit der ihn Hände in uralter Zeit dorthin gelegt hatten. »Was ist mit dieser Stelle?«, fragte ich David. »Warum ist sie hier, mitten im Niemandsland?«
»Genau aus dem Grund sind wir hierhergekommen.« Er lachte. »Genau wegen diesem ›Niemandsland‹, wie du es nennst, sind wir hier. Heute sind hier nur du, ich, die Erde, der Himmel und unser Schöpfer. Das ist alles. Sonst gibt es nichts hier. Heute werden wir die unsichtbaren Mächte dieser Welt berühren und mit Mutter Erde, Vater Himmel und den Boten des Zwischenreichs sprechen. Heute«, sagte David, »beten wir Regen.«
Ich wundere mich immer wieder, wie schnell alte Erinnerungen wie eine Flutwelle über die Gegenwart hereinbrechen können. Genauso sehr erstaunt es mich, wie schnell sie verschwinden. Sofort raste mein Geist zu den Bildern, wie die nächsten Augenblicke meiner Erwartung nach aussehen würden. Im Geist erinnerte ich mich an Gebetsszenen, die mir vertraut waren. Ich erinnerte mich, wie ich in Nachbardörfer gegangen war und dort Eingeborene gesehen hatte: Sie trugen Kleidungsstücke aus Materialien, die die Erde hergab. Ich weiß noch, wie ich sie genau beobachtete, während sie sich rhythmisch im Takt der hölzernen Schlegel bewegten, die auf die Hirschhauttrommeln niederprasselten.

Nichts von meiner Erinnerung jedoch hatte mich auf das vorbereitet, was ich nun sehen sollte.
»Der Steinkreis ist ein Medizinrad«, erklärte David. »Es ist schon hier, solange mein Volk zurückdenken kann. Das Rad für sich genommen hat keine Kraft. Es dient als Stätte der Konzentration für den, der das Gebet hervorbringt. Du könntest es dir als Straßenkarte vorstellen.«
Ich muss ein verblüfftes Gesicht gemacht haben. David nahm meinen nächsten Gedanken vorweg und antwortete, bevor ich im Geist die Frage zu Ende formuliert hatte.
»Eine Karte für die Wege zwischen den Menschen und den Mächten dieser Welt«, entgegnete er. »Sie wurde an dieser Stelle angelegt, weil hier die Membranen zwischen den Welten sehr dünn sind. Als ich noch ein kleiner Junge war, brachte man mir die Sprache dieser Landkarte bei. Heute werde ich einen uralten Pfad bereisen, der zu anderen Welten führt. Von diesen Welten aus werde ich mit den Mächten dieser Erde sprechen, um das zu tun, wozu wir hierhergekommen sind: den Regen einzuladen.«
Ich sah David zu, wie er sich die Schuhe auszog. Selbst die Art und Weise, wie er die Schnürsenkel seiner zerfledderten Arbeitsstiefel aufband, war ein Gebet: systematisch, gezielt und heilig. Als er mit bloßen Füßen auf der Erde stand, wandte er mir den Rücken zu und schritt von mir weg auf den Kreis zu. Lautlos tasteten sich seine Füße um das Rad herum, sorgsam darauf bedacht, die Platzierung eines jeden Steins zu ehren. Mit Ehrerbietung für seine Ahnen setzte er seine nackten Fußsohlen auf die rissige Erde. Bei jedem Schritt näherten sich seine Zehen auf Millimeter den runden, weißen Steinen. Er berührte sie nicht einmal. Jeder Stein blieb genau an der Stelle, an die sie die Hände von jemandem aus einer längst vergangenen Generation gelegt hatten. Während er den äußersten Rand des Kreises umrundete,

drehte sich David, sodass ich sein Gesicht sehen konnte. Zu meinem Erstaunen waren seine Augen geschlossen. Sie waren die ganze Zeit geschlossen gewesen. Er ehrte die Lage jedes einzelnen runden, weißen Steins, indem er die Position seiner Füße spürte.

Als David wieder zu der Stelle zurückkehrte, wo er mir am nächsten stand, hielt er inne, richtete sich noch mehr auf und führte seine Hände zum Gebet vor sein Gesicht. Sein Atem war kaum noch wahrnehmbar. Er schien die Hitze der Mittagssonne gar nicht zu bemerken. Nach ein paar kurzen Augenblicken in dieser Haltung tat er einen tiefen Atemzug, lockerte seine Haltung und wandte sich mir zu.

»Lass uns gehen, unsere Arbeit hier ist getan«, sagte er und blickte mich dabei geradeheraus an.

»Schon?«, fragte ich etwas überrascht. Mir kam es so vor, als wären wir gerade erst angekommen. »Ich dachte, du wolltest um Regen bitten.«

»Nein, ich sagte, ich würde Regen beten«, gab er zurück. »Wenn ich *um* Regen gebetet hätte, könnte er nie kommen.«

Noch am gleichen Nachmittag änderte sich das Wetter. Der Regen begann plötzlich, mit ein paar Spritzern auf die Terrasse, von der aus wir auf die Berge im Osten blickten. Innerhalb weniger Augenblicke wurden die Tropfen dicker und häufiger, bis ein ausgewachsenes Gewitter im Anzug war. Riesige schwarze Wolken hingen über dem Tal und verschleierten für den Rest des Nachmittags und noch bis in den Abend hinein die Berge Colorados im Norden. Das Wasser sammelte sich schneller, als die Erde es aufnehmen konnte, und es dauerte nicht lange, da bestand stellenweise realer Anlass zu der Sorge, es könne zu Überschwemmungen kommen. Ich blickte über die achtzehn Kilometer Salbei zwischen mir und dem Gebirgszug im Osten. Das Tal sah aus wie ein riesiger See.

Später an diesem Abend sah ich mir die Wetterberichte der Lokalsender an. Wenn sie mich auch nicht überraschten, so erinnere ich mich doch, wie mich eine Art ehrfürchtiges Staunen überkam, als die bunten Klimakarten über den Bildschirm flimmerten. Bewegliche Pfeile zeigten ein typisches Muster von kühler, feuchter Luft, die schräg von der nordwestlichen Pazifikküste einfiel, über Utah hinzog und nach Colorado hinein, wie so oft während der Sommermonate. Dann jedoch änderte der Luftstrom unerklärlicherweise seinen Kurs und tat etwas Ungewöhnliches: Ich sah staunend zu, wie die Luftmassen präzise nach Südcolorado und zum Norden New Mexicos abtauchten, bevor sie in einer engen Schleife wieder nach Norden zurückwanderten, um ihren Weg über den Mittleren Westen fortzusetzen. Mit dem Abtauchen kamen ein niedriger Luftdruck und kühle Luft; sie vermischten sich mit der warmen, feuchten Luft, die vom Golf von Mexiko heraufzog – das perfekte Rezept für Regen. Den Wetterberichten zufolge klang es, als würde es Regen geben, und zwar eine Menge.
Am anderen Morgen rief ich David an. »Was für ein Chaos!«, rief ich aus. »Straßen sind weggespült worden. Überall stehen Häuser und Felder unter Wasser. Was ist passiert? Wie erklärst du dir all diesen Regen?«
Die Stimme am anderen Ende der Leitung schwieg ein paar Sekunden lang. »Da liegt das Problem«, meinte David. »Das ist der Teil des Gebets, den ich noch nicht herausbekommen habe.«
Am nächsten Tag war die Erde nass genug, um mehr Wasser aufzunehmen. Ich fuhr mit dem Wagen auf dem Weg zur nächsten Stadt durch mehrere kleine Dörfer. Die Menschen dort waren ausgelassen vor Freude über den gefallenen Regen. Kinder spielten im Schlamm. Die Farmer trafen sich in den Futtermittel- und Werkzeugläden, um wieder der Viehzucht

und dem Ackerbau nachzugehen. Die Feldfrüchte hatten nur minimal Schaden erlitten. Die Rinder hatten wieder Wasser in den Tränken, und es sah so aus, als würde dem Norden New Mexicos der Kummer einer Dürre erspart bleiben, zumindest für den Rest dieses Sommers.

Dankbarkeit: Wie wir unseren Gebeten Leben einhauchen

Die Geschichte mit David illustriert die innere Funktionsweise unserer vergessenen Form des Gebets. Nach seiner kurzen Zeremonie im Innern des Medizinrades hatte mich David angesehen und einfach nur gesagt: »Lass uns gehen, unsere Arbeit hier ist getan.« Die restliche Zeit, die ich an diesem Tag mit David verbrachte, ergibt jetzt im Nachhinein viel mehr Sinn und gewinnt auch größere Bedeutung. Nun weiß ich, was Davids Antwort, er sei gekommen, weil er »Regen beten« wollte, bedeutete. Den Rest der Geschichte gebe ich vielleicht am besten in Davids eigenen Worten wieder.
»Als ich noch ein Junge war«, sagte er, »gaben unsere Stammesältesten das Geheimnis des Gebets an mich weiter. Das Geheimnis liegt darin: Wenn wir um etwas *bitten,* bestätigen wir, was wir *nicht* haben. Fortwährendes Bitten verleiht nur jenem Macht, was nie eingetreten ist. Der Pfad, der die Menschen und die Kräfte dieser Welt verbindet, beginnt in unseren Herzen. Das ist der Ort, an dem unsere Gefühlswelt mit unserer Gedankenwelt vermählt wird. In meinem Gebet habe ich mit dem Gefühl der Dankbarkeit begonnen – Dankbarkeit für alles, was *ist,* und alles, was eingetreten ist. Ich habe für den Wüstenwind, die Hitze und die Dürre gedankt, denn sie sind eben das, was wir vorfinden – bislang.

Es ist weder gut noch schlecht. Es war unsere Medizin. Dann wählte ich eine neue Medizin. Ich begann damit, in mir das Gefühl wachzurufen, wie sich Regen anfühlt. Ich spürte den Regen auf meinem Körper. Während ich im Steinkreis stand, stellte ich mir vor, bei uns auf dem Dorfplatz zu sein, barfuß im Regen. Ich spürte die nasse Erde, die zwischen meinen bloßen Zehen hindurchquoll. Ich roch den Geruch des Regens auf den Mauern aus Lehm und Stroh in unserem Dorf nach den Gewittern. Ich spürte, was für ein Gefühl es ist, durch Maisfelder zu gehen, die mir bis zur Brust reichen, weil die Regenfälle so reich gewesen sind. Die Alten erinnern uns daran, dass wir so unseren Weg auf dieser Welt wählen. Zuerst müssen wir das *empfinden, was wir zu erfahren wünschen.* So pflanzen wir die Saat für eine neue Richtung. Von diesem Punkt an«, fuhr David fort, »wird unser Gebet dann ein Dankgebet.«
»Dank? Du meinst, Dank für das, was wir geschaffen haben?«
»Nein, nicht für das, was wir vielleicht geschaffen haben«, antwortete David. »Die Schöpfung ist bereits vollendet. Unser Gebet wird zum Dankgebet für die Gelegenheit, zu wählen, welche Schöpfung wir erfahren. Durch unseren Dank ehren wir alle Möglichkeiten und bringen diejenigen, für die wir uns entscheiden, in diese Welt.«
Auf diese Weise hatte David mich in den Worten seines Stammes am Geheimnis der Zwiesprache mit den Kräften unserer Welt und unseres Körpers teilhaben lassen. Obwohl ich bereits damals mit meinen Ohren hörte und verstand, was er gesagt hatte, haben seine Worte für mich heute noch mehr Bedeutung gewonnen.

Die uns verloren gegangene Art des Betens

Nach meiner Zeit mit David durchforstete ich erneut die Schriften, manche aus alter Zeit, manche aus der Gegenwart. Ich stieß darauf, dass viele Gruppierungen, Organisationen und Philosophien die uns verloren gegangene Art des Betens angesprochen hatten. Manche tun dies noch heute, mit Techniken, bei denen uns nahegelegt wird, wir sollten uns denken, »unsere Gebete seien bereits eingetreten« oder sie kämen »von dem Ort, an dem unser Gebet bereits in Erfüllung gegangen ist«. Bei näherer Erkundung ihrer Techniken jedoch zeigte sich fast überall, dass das Gefühlselement fehlte.

Mitte des zwanzigsten Jahrhunderts brachte jener Mann, der einfach unter dem Namen »Neville« bekannt wurde, durch seine Pionierarbeit im Hinblick auf die Gesetze von Ursache und Wirkung die verloren gegangene Art des Betens in die vorderste Reihe des zeitgenössischen Denkens. Neville, geboren auf Barbados, Westindische Inseln, schilderte beredt seine Philosophie, *unsere Träume durch Einsatz des Gefühls zum Leben zu erwecken.* Er lud uns ein, »[unseren] zukünftigen Traum zur gegenwärtigen Tatsache zu machen, indem wir uns in das *Gefühl* hineinbegeben, dass [unser] Wunsch bereits erfüllt ist.«[4] Außerdem stellte Neville die These auf, es sei unsere Liebe für unseren neuen Zustand, die ihm die Kraft verleihe, in das Dasein hineingeboren zu werden. »Du musst dich schon selbst in das Bild hineinbegeben und von ihm ausgehend denken, sonst kann es nicht geboren werden.«[5]

Untersucht man ein bestimmtes Gebet näher, sagen wir zum Beispiel ein Friedensgebet, werden diese manchmal nebulösen Gedanken konkreter.

Vieles an unserer Konditionierung in den religiösen Traditionen des Westens hat es uns nahegelegt, darum zu »bitten«, dass sich angesichts bestimmter Umstände auf unserer Erde Frieden einstellen möge. Indem wir zum Beispiel um Frieden bitten, erkennen wir an, dass es auf unserer Welt an Frieden mangelt, und verstärken damit vielleicht unabsichtlich den Zustand, den man als Nichtfrieden betrachten kann. Aus der Perspektive unseres fünften Gebetsmodus jedoch erhalten wir den Anstoß, durch die Qualität unseres Denkens, Fühlens und der Emotionen in unserem Körper Frieden auf unserer Welt zu schaffen. Haben wir in unserem Kopf erst einmal das Bild dessen entstehen lassen, wonach es uns verlangt, und in unserem Herzen gespürt, was für ein Gefühl es ist, wenn unser Wunsch in Erfüllung gegangen ist, ist alles bereits geschehen! Wir nehmen an, dass alles geschehen ist, obwohl sich das, worauf unser Gebet abzielte, für unsere uns unmittelbar präsenten Sinne vielleicht nicht vollständig gezeigt hat. Das Geheimnis der fünften Art zu beten liegt darin, Folgendes anzuerkennen: Wenn das Fühlen involviert ist, ist die Auswirkung unseres Gefühls irgendwo, auf irgendeiner Ebene unseres Daseins, in Erscheinung getreten. Unser Gebet entspringt also einer völlig anderen Sichtweise. Statt darum zu bitten, dass unser Gebet den gewünschten Ausgang nimmt, bestätigen wir unsere Rolle als aktiver Bestandteil der Schöpfung und danken für das, was wir sicher sind, geschaffen zu haben. Ob wir sofortige Ergebnisse sehen oder nicht: *Unser Dank würdigt die Tatsache, dass unser Gebet irgendwo in der Schöpfung bereits erfüllt worden ist.* Nun wird unser Gebet ein *affirmatives Dankgebet,* das unsere Schöpfung antreibt und ihr erlaubt, so aufzublühen, dass sie ihr höchstes Potenzial erreicht. Nachfolgend wird eine Zusammenfassung unseres Friedensgebets gezeigt: aus der Sicht des herkömmlichen Bittens und aus der Sicht jener Art des Betens, die uns abhanden gekommen ist.

Das Bittgebet

1. Wir konzentrieren uns auf Umstände, wo es unserer Auffassung nach keinen Frieden gibt.

2. Wir bitten um das Eingreifen einer höheren Macht, um die Umstände zu ändern.

3. In unserer Bitte bestätigen wir vielleicht, dass Frieden und gnädige Veränderungen an diesen Orten noch nicht gegeben sind.

Fünfte Art des Betens

1. Wir beobachten alle Ereignisse, die wir als Abwesenheit von Frieden sehen, ohne sie als gut, schlecht, richtig oder falsch zu beurteilen.

2. Durch unsere Technologie des Denkens, des Fühlens und der Emotionen erschaffen wir von innen heraus die Bedingungen, die wir für unsere Außenwelt wählen und dort sehen wollen. Etwa: »Sanfte Veränderungen auf der Erde, Heilung für alles Lebendige und Frieden in allen Welten.« Unser Gefühl, dass dem bereits so ist, verleiht unserem Gebet Kraft und rückt seinen Ausgang in den Mittelpunkt. Indem wir das tun, haben wir eine frische Erinnerung an eine weitergehende Möglichkeit geschaffen.

3. Wir würdigen die Kraft unserer »innerlichen Technologie« und nehmen an, dass unser Gebet in Erfüllung gegangen ist; Frieden und sanfte Veränderungen sind bereits gegeben.

4. Wir fahren damit fort, um dieses Eingreifen zu bitten, bis wir tatsächlich erleben, wie sich die Veränderung in unserer Welt einstellt.

4. Unser Gebet besteht jetzt darin,
a) zu bestätigen, was wir gewählt haben;
b) das Gefühl zu haben, es ist bereits erreicht;
c) uns für unsere Chance zu bedanken, dass wir wählen können, und dadurch unserer Entscheidung Leben einzuhauchen.

Zeitgenössische Übersetzungen aramäischer Texte bieten neue Erkenntnisse, warum Erwähnungen des Gebets in der Vergangenheit so mehrdeutig gewesen sein mögen. Manuskripte aus dem zwölften Jahrhundert offenbaren das Ausmaß, in dem man sich die Freiheit herausnahm, die Satzstruktur zu verknappen und die Bedeutung der Sätze zu vereinfachen.

Eines der vielleicht offensichtlichsten und gleichzeitig subtilsten Beispiele dieser Art ist ein Abschnitt, der in Religionsunterricht und Sonntagsschule seit Generationen gelehrt wird. Dieses Fragment der uns verloren gegangenen Form des Betens lädt uns ein, darum zu »bitten«, dass das, was unser Herz begehrt, sich einstellt, und dann werden wir den Gewinn unseres Gebetes »empfangen«, wie in dem bekannten Wort: »Bittet, so werdet ihr empfangen.« Ein Vergleich einer modernen biblischen Fassung des Gebets mit einer längeren Passage des aramäischen Textes zeigt es deutlich. Die moderne, verkürzte Fassung lautet:

Wahrlich, wahrlich, ich sage euch: Wenn ihr den Vater etwas bitten werdet in meinem Namen, wird er's euch geben. Bisher habt ihr um nichts gebeten in meinem Namen. Bittet, so werdet ihr empfangen, damit eure Freude vollkommen sei.[6]

Und hier die neue Übersetzung des aramäischen Originals:

Alle Dinge, um die ihr geradeheraus und direkt bittet ... aus dem Innern meines Namens heraus, werden euch gegeben werden. Bisher habt ihr dies noch nicht getan. Bittet ohne verstecktes Motiv, und lasst eure Antwort euch umgeben. Seid umfangen von dem, wonach es euch verlangt, dass euer Glück vollkommen sei ...[7]

Mit den Worten aus einer anderen Zeit werden wir eingeladen, uns für die uns abhanden gekommene Form des Betens zu öffnen: freudige *Verkörperung eines Bewusstseins* statt Verrichtung einer für bestimmte Anlässe vorgeschriebenen Handlung. Indem diese uralte Textpassage uns anweist, uns von unserer Antwort »umgeben« zu lassen und »umfangen« zu sein von dem, wonach es uns verlangt, betont sie die Macht unseres Gefühls. In moderner Sprache ausgedrückt: Um in unserer Welt etwas zu erschaffen, müssen wir zunächst einmal die Gefühle haben, die damit einhergehen, dass unsere Schöpfung bereits erfolgt ist. Dann werden unsere Gebete zum Dank für das von uns Geschaffene, statt zu der Bitte, dass unsere Schöpfungen wahr werden.

Ein neuer Glaube

Ich kann nicht mit Sicherheit behaupten, dass Davids Gebet eine Rolle bei den Stürmen spielte, die auf unsere gemeinsame Zeit folgten. Was ich aber sagen kann: Das Wetter im Norden New Mexicos änderte sich an diesem Tag. Nach

wochenlanger Dürre mit Ernteausfällen und halb verdurstendem Vieh schwenkte das Wetter um. Es kam zu sturzbachartigen Regengüssen und schließlich zu täglichen Schauern, die bis zum Einsetzen der Herbstfröste anhielten. Ferner kann ich sagen, dass es eine Synchronizität zwischen dem unerwarteten Wetterumschwung und meinem Erlebnis mit David gab. Bei der Zeit, die zwischen diesen Ereignissen lag, handelte es sich nur um Stunden. Wie können wir ein Ereignis von einer solchen Größenordnung und Tragweite beweisen?
Die Menschen aus den Indianerdörfern in der Wüste des amerikanischen Südwestens brauchen keinen Beweis; sie wissen zweifelsfrei, dass ihnen allen die Fähigkeit gegeben ist, direkt mit den Schöpfungskräften dieser und der jenseitigen Welt Zwiesprache zu halten. Sie tun dies ohne Erwartungen, ohne den Ausgang ihrer Zwiesprache zu beurteilen. Wären die Regenfälle zum Beispiel nicht eingetreten, so hätte David das Ausbleiben des Regens als Teil seines Gebets gesehen, statt als ein Zeichen für einen Fehlschlag. Sein Gebet war ohne Bedingungen. Er erlegte dem Ergebnis dieser Zwiesprache keinen zeitlichen Rahmen auf. David hatte mit den Schöpfungskräften einen geheiligten Augenblick geteilt, durch sein Gebet das Samenkorn einer Möglichkeit gepflanzt und für seine Chance gedankt, einen neuen Ausgang zu wählen. *Der Schlüssel war sein unerschütterlicher Glaube, dass sein Gebet etwas erreicht hatte.*
In unserer modernen Welt ertappen wir uns häufig dabei, dass wir schnelle Befriedigung und Reaktionen erwarten. Zum Beispiel arbeiten unsere Computer heute mehr als fünfzig Mal schneller als Anfang der Achtzigerjahre, als die Mikrocomputer auf den Markt kamen. Dabei hielten wir die damaligen bereits für schnell. Müssen wir heute nach Eingabe eines Befehls mehr als Sekundenbruchteile warten, fragen wir uns oft besorgt, ob der Rechner abgestürzt ist – und das bei einem

Reaktionsvermögen, das noch vor wenigen Jahren dem neuesten Stand der Technik entsprach. Mikrowellengeräte haben die Zeit, die man zum Wasserkochen braucht, gegenüber herkömmlichen Elektro- oder Gasherden um die Hälfte reduziert. Nun warten wir ungeduldig, bis die Digitalanzeige die Sekunden heruntergezählt hat, bis unser Wasser kocht. Wir haben eine gewisse Neigung entwickelt, die Ergebnisse von Gebeten ganz ähnlich zu betrachten. Wenn sich nicht umgehend etwas tut, haben wir vielleicht das Gefühl, unser Gebet habe nicht funktioniert. Die Alten wussten es besser.

Als David Regen betete, stand es für ihn völlig außer Zweifel, dass sein Gebet in der Gegenwart Raum für eine neue Möglichkeit geschaffen hatte. Er wusste auch, dass sein Gebet lediglich eine Möglichkeit war. Vielleicht war seine Auswirkung für unser Auge nicht gleich sichtbar. Als er und ich im Salbeifeld standen, hoch in den Wüsten des nördlichen New Mexico, spielte die Tatsache, dass wir nicht sofort Regen zu sehen bekamen, für David keine große Rolle. Er vertraute auf seine Fähigkeit, einen neuen Ausgang wählen zu können, und damit ging eine ganz natürliche Zuversicht einher.

Davids Gewissheit, irgendwo im Äther der Schöpfung ein Samenkorn einer Möglichkeit gepflanzt zu haben, führt uns zu einer neuen Auseinandersetzung mit einem Wort, das in letzter Zeit an Bedeutung verloren hat. Dieses Wort heißt »Glaube«. Obwohl Glaube im »American Heritage College Dictionary« definiert wird als »Überzeugung, die nicht auf logischen Beweisen oder materiellem Beweismaterial beruht«, akzeptieren die alten Kulturen und Eingeborenenvölker auf unserer Welt eine viel weiter gefasste Definition von Glauben. Ihr Verständnis bleibt heute so gültig wie in früheren Generationen, als Glaube der Schlüssel zur Kommunikation mit den unsichtbaren Kräften unserer Welt war. Durch ihre wunderbar integrierte Sicht unserer Rolle in der

Schöpfung *wird Glaube die Akzeptanz unsere[r] kend in die Schöpfung einzugreifen.* Diese vere[ffek]tive erlaubt es uns, im Leben voranzukommen u[nd zu] *vertrauen, dass wir durch unsere Gebete die Saat [für Mög]lichkeiten gepflanzt haben.* Unser Glaube gibt uns die Gewissheit, dass unsere Gebete etwas erreichen. In diesem Wissen werden die Gebete zum Ausdruck des Dankes und erfüllen unsere Entscheidungen mit Leben, indem sie sich in unserer Welt entfalten.

»*Mit den Engeln der Kraft, der Liebe und der Weisheit sollt ihr die sieben Pfade des Unendlichen Gartens beschreiten, und euer Leib, euer Herz, euer Geist soll sich vereinen im Heiligen Flug ...*«

DAS EVANGELIUM DER ESSENER

8

DIE WISSENSCHAFT VOM MENSCHEN

Geheimnisse des Gebets und der Heilung

Vom vierten Jahrhundert an änderte sich unsere Beziehung zu den Kräften der Welt um uns herum sowie in uns. Nachdem man die Worte, die eine Existenz solcher Beziehungen bestätigten, mit dem Konzil von Nicäa aus den Texten herausgestrichen hatte, begannen wir uns als Zuschauer zu sehen, die passiv die Wunder der Natur und unserer Körperfunktionen beobachten. Überlieferungen wie die der Essener und amerikanischen Indianer sagen uns, dass unsere Beziehung zur Welt weit über eine Beobachterrolle hinausgeht. Sie erinnern uns daran, dass wir ein Teil von allem sind, was wir sehen. In einer Welt wechselseitiger Verbundenheit ist es unmöglich, auch nur passiv zuzusehen, wie ein Blatt von einem Baum fällt oder eine emsige Ameise über den Boden krabbelt. Allein der Akt des Beobachtens macht uns zu Beteiligten.

Eine ganz ähnliche Sicht der Dinge beschrieb in modernen Begriffen der Physiker Niels Bohr in den ausgehenden 1920er-Jahren durch eine Theorie über genau diese Beziehung. Man hatte entdeckt, dass sich die Materie auf atomarer Ebene mitunter recht merkwürdig verhielt, anders als die gängige Theorie es erwarten ließ. Vereinfacht ausgedrückt, postulierte Bohr in seiner Theorie, »Kopenhagener Deutung der Quantentheorie« genannt, dass der Beobachter einfach durch das Beobachten eines Ereignisses zu einem Teil desselben wird. In der winzigen Welt der Atome bekommt das Beobachten eine größere Bedeutung, da bei Objekten dieser Größe jeder Versuch, sie zu beobachten, eine Störung bedeutet.[1] Gedanken wie dieser zeigen, dass die moderne Wissenschaft auf der Suche nach einer Sprache für genau die ganzheitliche Beziehung ist, die für die Essener Grundlage ihrer Gebete war.

Dass wir uns selbst als losgelöst von unserer Umwelt sehen, hat sich in einem Gefühl des Getrenntseins niedergeschlagen. Wir glauben an ein »Hier drin«, das einem »Da draußen« gegenübersteht. Von Kindheit an entwickeln wir die Vorstellung, dass die Welt »einfach geschieht«. Manchmal geschehen gute Dinge, dann wieder weniger gute. Unsere Welt scheint sich überall um uns herum abzuspielen, oft ohne ersichtlichen Grund für die Geschehnisse. Wir wappnen uns also für alle Eventualitäten des Lebens und verbringen viel Zeit damit, Überlebensstrategien zu entwickeln und alle Herausforderungen zu umschiffen, die sich uns in den Weg stellen mögen. Neuere Forschungsergebnisse zur Beziehung zwischen der Kraft unserer Gefühle und unserer Körperchemie lassen darauf schließen, dass diese Perspektive –»wir« und »die anderen« – weitreichende und manchmal unerwartete Konsequenzen hat.

Man konnte zum Beispiel wissenschaftlich belegen, dass bestimmte Gefühle bestimmte vorhersehbare chemische Prozesse in unserem Körper in Gang setzen. Ändern wir unsere Gefühle, verändern wir damit unsere Körperchemie. Wir haben buchstäblich so etwas, das man als »Hass-Chemie«, »Wut-Chemie«, »Liebes-Chemie« und so weiter sehen könnte. Biologisch betrachtet drücken sich Emotionen in unserem Körper als der Hormon-, Antikörper- und Enzymspiegel aus. Die Liebes-Chemie zum Beispiel weckt unsere Lebensgeister,

indem unser Immunsystem und die Steuerfunktionen unseres Körpers optimiert werden. Umgekehrt kann Wut, die sich mitunter in Form von Schuldgefühlen nach innen richtet, eine Schwächung des Immunsystems bewirken.
Im Sommer 1995 veröffentlichten Dr. Glen Rein, Mike Atkinson und Rollin McCraty, M.A., einen Fachaufsatz im »Journal of Advancement in Medicine«. Der Artikel mit dem Titel »The Physiological and Psychological Effects of Compassion and Anger« (Die physiologischen und psychologischen Auswirkungen von Mitgefühl und Ärger) drehte sich um eine Studie zum sekretorischen Immunglobulin A (S-IgA) in Speichelproben. S-IgA ist ein Antikörper, der im Eiter anzutreffen ist und unsere oberen Atemwege sowie den Magen-Darm-Trakt und die Ausscheidungswege vor Infektionen schützt. Essenz dieser Arbeit war die Feststellung, dass »ein höherer S-IgA-Spiegel mit einer Abnahme des Vorkommens infektiöser Erkrankungen der oberen Atemwege einhergeht«.[2] Die Zusammenfassung des Artikels konstatierte als Fazit, dass »Ärger eine signifikante Zunahme der Störungen auf der Stimmungsebene sowie der Pulsfrequenz [bewirkte], jedoch keine Zunahme der S-IgA-Werte. *Positive Emotionen dagegen bewirken eine signifikante Erhöhung der S-IgA-Werte.* Bei Untersuchung der Auswirkungen über einen Zeitraum von sechs Stunden konnten wir beobachten, dass Ärger, im Gegensatz zu freundlicher Zuwendung, eine signifikante Hemmung von S-IgA ein bis fünf Stunden nach dem emotionalen Erlebnis hervorrief«[3] (Hervorhebung Gregg Braden). Weitere Studien verweisen auf die Auswirkungen spezifischer emotionaler Qualitäten auf Bluthochdruck, dekompensierte Herzinsuffizienz und Herzkranzgefäßerkrankungen.
So zu leben, als wäre die Welt »da draußen« irgendwie getrennt von uns, macht uns anfällig für erlernte Bewertungen und Urteile, die dann im Körper ihren chemischen

Ausdruck finden. So neigen wir dazu, zwischen »guten Bakterien« und »schlechten Bakterien« zu unterscheiden, und verwenden Worte wie »Gifte« und »Abfallstoffe«, um die Nebenprodukte jener Funktionen zu beschreiben, denen wir unser Leben verdanken. In einer derartigen Welt kann unser Körper zum Schlachtfeld für widerstrebende Kräfte werden, wodurch der biologische Kampf entsteht, der sich in Krankheit und Siechtum äußert.

Die ganzheitliche Perspektive der Essener dagegen sieht alle Facetten unseres Körpers als Elemente einer heiligen und göttlichen Kraft, die sich durch die Schöpfung hindurchzieht. Jede ist ein Ausdruck Gottes. In einer Welt, in der alles, was wir wissen und erfahren mögen, einer solchen geeinten Quelle entspringt, arbeiten Bakterien, Keime und die Nebenprodukte unseres Körpers zusammen, um unserem Körper Kraft und Leben einzuflößen. Diese Ansicht ist eine Aufforderung an uns, Tränen, Schweiß, Blut und Ausscheidungsprodukte, die wir als »Abfall« gekannt haben, als heilige Elemente der Erde zu sehen, die uns gedient haben, statt als Ekel erregende Abfallstoffe, die es auszuschalten, zu entsorgen und zu vernichten gilt.

Warum beten?

Die Stimme kam von irgendwo hinten im Raum. Von meinem Standort auf der Bühne am Ende des Tanzsaals blickte ich suchend über die Teilnehmerinnen und Teilnehmer unserer dreitägigen Veranstaltung hinweg. Ich habe es schon immer als Ehre und Vertrauensbeweis betrachtet, mit einem Publikum zu sprechen, besonders während der Fragen, die unweigerlich am Schluss jeder wichtigen Erörterung aufkommen. So auch hier. Gleißend hell fiel das Licht

der Deckenbeleuchtung auf die ersten Reihen. Je weiter ich in den hinteren Teil des Raumes sah, desto dämmriger war es dort. Die ganz hinten Sitzenden schließlich verschmolzen so sehr mit der Dunkelheit der Wände hinter ihnen, dass ich sie gar nicht sehen konnte.
»Von wem kam die Frage?«
Von den Gesten des Publikums nach links dirigiert, trat ich vom Podest herunter und schritt, auf einen Blickkontakt hoffend, den Mittelgang entlang. In Höhe der Reihe, auf welche die Finger deuteten, kam mir ein Helfer mit Mikrofon entgegen.
»Hier bin ich«, ertönte die zarte Stimme noch einmal.
»Gut«, sagte ich. »Jetzt sehe ich Sie. Wie heißen Sie?«
»Evelyn«, hauchte die Stimme verlegen ins Mikrofon. »Ich heiße Evelyn.«
»Evelyn, könnten Sie Ihre Frage bitte noch einmal wiederholen?«, hakte ich nach.
»Natürlich«, antwortete sie. »Ich habe einfach nur gefragt: Warum beten? Was bringt es eigentlich, einmal ehrlich?«
Ich verstand, worauf Evelyn hinauswollte. Ich spürte eine gewisse Unschuld hinter ihrer Frage, während mein Verstand die Worte als solche zur Kenntnis nahm. Bei Gesprächen im Freundeskreis waren die Rolle und die Bedeutung des Betens alltägliche Themen. Per Konferenzschaltung mit mehreren verbunden und im Zusammenhang mit per Internet koordinierten Gebeten diskutierten wir über praktische Anwendung, Ursprünge und Techniken des Betens. Oft befassten wir uns dabei mit spezifischen Details zu aktuellen Ereignissen. Soweit ich mich jedoch erinnerte, hatten wir nie über den *Zweck* von Gebeten gesprochen. Nicht wirklich. Evelyn leistete gute Arbeit. Da mir noch nie jemand diese Frage gestellt hatte, forderte sie mich auf, von tief in meinem Innern eine Antwort zutage zu befördern.

Es war einer dieser Momente, die wir nur selten erleben. Irgendwie mogelte sich ihre Frage an den Wachposten der Logik und des rationalen Verstandes vorbei und schlüpfte in die pralle Wirklichkeit des Augenblicks. Ich hatte keine rechte Ahnung, was ich gleich sagen würde, aber ich vertraute völlig auf den Prozess, der zwischen uns in Gang gekommen war. Und siehe da, ein Wort nach dem anderen purzelte mir aus dem Mund, gerade so, wie sie entstanden. Ich war zwar nicht besonders überrascht, aber dennoch beeindruckt davon, wie leicht mir jedes Wort über die Lippen kam und wie prägnant die Antwort war.
»Beten«, setzte ich an, »ist für uns, was das Wasser für ein Samenkorn ist.« Punkt. Weiter nichts.
Stille senkte sich über den Raum. Gemeinsam hielten das Publikum und ich inne, um die Kraft und Schlichtheit dieser wenigen Worte auf uns wirken zu lassen. Ich dachte nach, was ich gesagt hatte. Das Samenkorn einer Pflanze ist in sich vollkommen und komplett. Unter den entsprechenden Bedingungen kann ein Samenkorn Hunderte von Jahren lang einfach als Same existieren – eine feste Schale, die schützend ein größeres Potenzial umhüllt. Nur wenn Wasser hinzukommt, wird das Samenkorn die optimale Ausdrucksmöglichkeit seines Lebens realisieren.
Wir sind wie diese Samenkörner. Wir kommen, für uns selbst genommen, komplett und vollständig auf diese Welt und tragen dabei den Keim von etwas noch Großartigerem in uns. Die Zeit, die wir angesichts der Herausforderungen des Lebens miteinander verbringen, erweckt unsere größten Potenziale an Liebe und Mitgefühl. Im Gebet kann sich unser Potenzial entfalten und erfüllen.
Ein Lächeln trat auf Evelyns Gesicht. Ich spürte, dass sie die Antwort bereits gekannt hatte, die sie mir hier mit Bravour entlockt hatte – als hätte sie gewusst, dass alle im Raum

davon profitieren würden, die Worte zu hören, die ich sonst an diesem Tag nicht gesagt hätte. Anfang des zwanzigsten Jahrhunderts stellte der Prophet und Dichter Kahlil Gibran fest, *dass die Arbeit, die wir in unserem Leben verrichten, unsere sichtbar gemachte Liebe sei.* Durch ihren Mut, sich vor mehreren Hundert zumeist fremden Leuten hinzustellen und zaghaft ins Mikrofon zu sprechen, entlockte mir Evelyn eine Antwort, die uns allen in diesem Moment einen großen Dienst erwies. Seit damals haben viele Menschen in vielen Städten von dieser Antwort profitiert. In diesen Augenblicken machten Evelyn und ich unsere Arbeit – unsere sichtbar gemachte Liebe – gemeinsam und gut.

Jenseits der Welten

Ich weiß noch, dass ich als Kind viel betete. Ich betete, wie man es mir beigebracht hatte: vor dem Essen, vor dem Schlafengehen, an Feiertagen und bei besonderen Anlässen. In diesen Momenten des Gebets dankte ich immer für die guten Dinge in meinem Leben und bat Gott ehrerbietig darum, Umstände zu ändern, die mir wehtaten oder unter denen andere litten. Oft bezog sich mein Gebet auf Tiere. Ich hatte schon immer eine besondere Verbindung zum Tierreich und nahm mir die Freiheit, unser Heim mit normalerweise frei lebenden Kreaturen zu teilen, die ich in der waldreichen Umgebung unseres Hauses im nördlichen Missouri fand. Da meine gefiederten, geschuppten, gepanzerten oder vierbeinigen Freunde nicht in unser eigentliches Wohnhaus hineindurften, machten sie in der Garage meines Elternhauses oft unserer »Familienkutsche« den Platz streitig. Wann immer man in die Garage sah, stets fand man dort so ziemlich alles, was da kreucht und fleucht.

Die »Menagerie« – so taufte meine Mutter das Mini-Reservat irgendwann.

Ich erinnere mich noch, dass die Menagerie für mich eine Art Zufluchtsstätte war – ein Rückzugsort, an dem die Gäste so lange bleiben durften, bis sie wieder in ihre natürliche Umwelt zurückfliegen, laufen, schwimmen oder huschen konnten. Manchmal waren die Tiere krank oder verletzt. Mit Knochenbrüchen, zertrümmertem Schnabel oder zerfetzten Gliedern fand ich sie mutterseelenallein ihrem Schicksal überlassen in der Wildnis. Zurückblickend weiß ich heute, dass einige der Gäste ganz einfach zu langsam waren, um sich meiner gut gemeinten »Rettung« zu entziehen.

Jedes Tier bekam ein maßgeschneidertes Habitat, einen Behälter ganz für sich allein, sei es ein Marmeladenglas oder eine umfunktionierte Badewanne. Dieses wurde mit einem Schild versehen, auf dem ich gewissenhaft Spezies, Fundort und bevorzugte Nahrung vermerkte. Freunde und Angehörige, die mir angestrengt erklärten, warum manche Tiere von ihren Artgenossen im Stich gelassen worden waren, erinnerten mich behutsam daran, dass das eben in der Natur so sei. Ich weiß noch, wie ich mich fragte: »Was ist, wenn die Natur es gut gebrauchen könnte, dass ich ein bisschen nachhelfe? Was ist, wenn dieses Tier hier nur ein paar Tage in einem sicheren Heim mit dem richtigen Futter braucht, damit seine Verletzung heilen kann?« Meine Überlegung war, dass die Tiere nach einer kurzen Verschnaufpause, in der sie gesund werden konnten, ja wieder in die freie Wildbahn entlassen würden, und dort würden sie dann erfahren, was auch immer das Leben für sie bereithielt. Ob sie in Freiheit dann nur noch einen weiteren Tag oder aber viele weitere Jahre lebten, war mir nicht so wichtig. Worauf es ankam, war, dass das Tier nicht mehr leiden musste. Selbst wenn dieses Geschöpf am nächsten Tag von einem anderen gefressen würde: Bis dahin jedenfalls wäre es bei Kräften und schmerzfrei.

Ich betete jeden Abend für meine Tiere: um ihre Sicherheit, ihre Genesung, ihr Leben. Manchmal wirkten meine Gebete. Manchmal taten sie es nicht. Ich verstand nie, warum. Wenn Gott doch überall war und mir zuhörte, warum war er dann so zögerlich mit seiner Antwort? Wenn er alle meine Gebete mitbekam und einige erhören konnte, warum weigerte er sich dann zu einem anderen Zeitpunkt, dasselbe für ein anderes Tier zu tun? Diese Inkonsequenz ergab wenig Sinn.

Ich betete auch noch, als ich älter wurde. Obwohl ich glaubte, nun eher Erwachsenengebete zu sprechen, veränderten sich die Themen meiner Gebete im Grunde nie wirklich. Noch immer machte ich mich gegenüber den »Mächten da oben« zum Fürsprecher für die Tiere in meinem Umfeld. Für diejenigen von ihnen, die frei in der Natur umhersprangen, wie auch für jene, die als Verkehrsopfer reglos am Straßenrand lagen, bat ich um Sicherheit auf ihren Wegen und Frieden in den ewigen Jagdgründen.

Obwohl ich schon immer auch für Menschen gebetet hatte, begannen meine Gebete für andere in dieser Zeit über Fürbitten für vertraute Gesichter hinauszugehen. Neben meiner Familie, meinen Freunden und anderen Menschen, die ich liebte, galten meine Gebete nun oft auch Personen, denen ich noch nie begegnet war. Ich kannte sie nur als namenlose Gesichter, die in unserem Wohnzimmer über die Mattscheibe flimmerten oder mich aus Zeitschriften wie »Look« und »Life« ansahen. Für Tiere und Menschen gleichermaßen betete ich um den Erhalt ihres Lebens und um Heilung oder Behebung von Dingen, die ihnen auf dieser Welt Schmerzen bereiteten.

Irgendwann veränderten sich meine Gefühle zum Beten. Insbesondere meine Gefühle *beim* Beten. Ich spürte, dass etwas fehlte. Obwohl mir die Heiligkeit des Augenblicks in gewissem Umfang Trost spendete, hatte ich immer das Gefühl, dass es da noch mehr geben musste. Oft bemerkte ich ein quälendes Gefühl tief in mir selbst, eine Ahnung wie aus uralter Zeit, dass das Gebet, das ich in einem bestimmten Moment beendete, nur der Anfang von etwas Erhabenerem war. Es musste eine Zeit gegeben haben, in der wir den unsichtbaren Mächten unserer Welt und anderen Menschen näher waren. Wo Religion und Ritual fehlten, so ahnte ich, bot sich nun das Gebet selbst als Schlüssel zur Herstellung dieser Nähe an. Da waren uralte Erinnerungen, die mir schemenhaft zeigten, dass es noch mehr auf sich haben musste mit der stummen Sprache, die uns erlaubt, mit den Mächten unserer Welt und jenseits von ihr Zwiesprache zu halten. Anfang der 1990er-Jahre dämmerte mir zum ersten Mal ansatzweise, warum ich bei meinen Gebeten das Gefühl hatte, irgendwie fehle etwas. Ich stieß darauf eines Tages ganz unerwartet beim Durchblättern einer uralten Schrift, die mir ein Freund gegeben hatte. Was das Dokument von ähnlichen Werken unterschied: Der Übersetzer nahm Bezug auf die Originalsprache der Verfasser, statt die Worte anderer Wissenschaftler wiederzugeben, die vermutlich im Lauf der Zeit entstellt worden waren. Dort, in Neuübersetzungen der aramäischen Originalmanuskripte, stand doch tatsächlich in allen Einzelheiten, wie man die drei Komponenten des Gebets miteinander verschmelzen und zu einer gebündelten, bestärkenden Kraft in unserem Leben machen kann.

Die Anthologie stammte von einem berühmten Altertumsforscher, Dr. Edmond Bordeaux Székely, Enkel von Alexandre Székely, der vor über hundertfünfzig Jahren die erste tibetische Grammatik verfasste. Mit der aramäischen Originalversion der Evangelien arbeitend, illustrierten Székelys Übersetzungen die facettenreiche Sprache der ursprünglichen Gebete und Erzählungen Jesu und seiner Jünger. Ich staune noch heute über die Klarheit, mit der solche Übersetzungen kontinuierlich ein neues Licht auf die Lehren und die Wissenschaft des Gebets werfen. Ein unvoreingenommener Blick auf diese Werke aus der Sicht der Quantenphysik lässt Feinheiten zutage treten, die in anderen Übersetzungen im Lauf der Zeit verloren gingen.

In den Augen der aramäischen Autoren ist zum Beispiel die Art und Weise, wie Ereignisse in unserem Leben ihren Gang nehmen, eine Frage der Perspektive. Ob wir die Weltgeschichte betrachten oder unser persönliches Heil- und Ganzwerden: Die Gelehrten aus alter Zeit erinnern uns daran, dass alle Möglichkeiten bereits geschaffen und präsent sind. Statt den Ereignissen unseres Lebens gewaltsam Lösungen überzustülpen, werden wir aufgefordert, selbst zu *wählen,* mit welcher Möglichkeit wir uns identifizieren, und so zu leben, als sei sie bereits eingetreten. Damit soll eindeutig nicht gesagt werden, dass wir anderen in Form des Gebets unseren »Willen« aufzwingen. Vielmehr geht es darum, dass wir offen dafür sind, alle Möglichkeiten zuzulassen, ohne über irgendeine von ihnen zu urteilen. Und es geht darum, zu wissen, dass wir durch die getroffene Wahl in unserem Leben Dinge anziehen oder abstoßen können – genau hier liegt der feine Unterschied. Die Wahl eines bestimmten Ausgangs durch unser Gebet garantiert nicht, dass es so kommen wird. Unser Gebet öffnet nur die Tür für die Möglichkeit dieses Ausgangs. Hier stellt sich die Frage: Wie können wir durch das Gebet bestimmte Ergebnisse in den Fokus der Gegenwart rücken?

Wenn aus dreien eines wird

Aus ihren Schriften kennen wir die Überzeugung der Essener, dass wir durch unsere Wahrnehmungen und Sinne in tiefer Verbindung mit unserer Welt stehen. Jeder Gedanke, jedes Gefühl, jede Emotion, jeder Atemzug, jede Nahrung und jede Bewegung – und auch jede beliebige Kombination von alldem – galt als Ausdruck des Gebets. Aus Sicht der Essener sind wir, während wir im Lauf unseres Tages empfinden, wahrnehmen und uns ausdrücken, ständig ins Gebet versunken.

Durch die poetische Anmut und durch eindrückliche Metaphern ihrer Zeit erinnern uns essenische Texte daran, dass unser Körper, Herz (Gefühle) und Geist ganz ähnlich zusammenwirken wie Wagen, Ross und Kutscher.[4] Obwohl sie als unabhängig voneinander betrachtet werden, arbeiten die drei Hand in Hand. Gemeinsam sorgen sie dafür, das wir unser Leben erfahren. Wenn wir bei diesem Bild bleiben, ist der Wagen unser Körper und der Kutscher unser Geist. Das Ross steht für die Gefühle unseres Herzens – die Kraft, welche Kutscher und Wagen die Straße des Lebens entlangzieht. Durch die Kraft unseres physischen Körpers, die Weisheit unserer Herzenserfahrung und die Reinheit unserer Absichten bestimmen wir, welche Qualität unser Leben hat.

Wenn das Gebet tatsächlich die vergessene Sprache ist, durch die wir die Möglichkeiten und Ausgänge des Lebens wählen, kann man in einem sehr realen Sinne jeden Moment als Gebet betrachten. In jedem Moment unseres Wachens und Schlafens sind wir unablässig damit beschäftigt, zu denken, zu fühlen und Emotionen zu durchleben, um so zu dem Ausgang beizusteuern, den unsere Welt nehmen wird. Dabei kann unser Beitrag im einen Moment direkt und absichtsvoll sein, während wir in anderen Momenten nur indirekt teilnehmen und uns dessen eventuell gar nicht bewusst sind. Erfahrungen der zweiten Kategorie können vielleicht am besten Menschen schildern, die den Eindruck haben, ihr Leben sei etwas, das ihnen einfach »passiert«: Sie haben oft das Gefühl, nur Zaungäste zu sein und die Lebensvorgänge zu beobachten, die sich in ihrem Freundeskreis, ihrer Familie oder bei ihren Lieben, ja sogar auf der Erde selbst abspielen. Die gefühlsmäßigen Reaktionen auf diese Erfahrungen reichen von Ehrfurcht und Staunen bei der Geburt eines neuen Erdenbürgers bis zu einem Gefühl der Hilflosigkeit in Anbetracht der tragischen Verluste in Kriegen oder bei Naturkatastrophen. Das schreckliche Los von Flüchtlingen mitzuverfolgen, die während der Kosovokrise 1999 aus ihren Häusern vertrieben wurden, oder das Grauen eines Massenmords in einer Schule – das alles sind Beispiele für solche Momente der Hilflosigkeit.

Die neueren Übersetzungen der teilweise mehr als zweitausend Jahre alten Texte verweisen auf eine andere Möglichkeit, aktiv »etwas zu tun«, wenn uns Derartiges begegnet. Die Alten erkannten, wie wirksam die stille Kraft des Gebets ist, und schildern eine Form, die man heute oft als aktives Gebet bezeichnet. Wenn die verschiedenen Komponenten des Gebets zu einem Ganzen verschmelzen, haben wir eine Brücke zur Sprache der Schöpfung. Diese Brücke erlaubt es uns, aus einer ganzen Reihe von Möglichkeiten jeweils den Ausgang zu wählen, den eine bestimmte Situation nehmen soll.

Fünfhundert Jahre vor der Geburt Jesu luden die essenischen Meister uns ein, die Kraft der einzelnen Elemente des Gebets – Gedanke, Gefühl und Emotion, erfahren als unser Herz, Geist und Körper – auf einen einzigen, fokussierten Ausgang auszurichten. Der Schlüssel zu einer solchen Meisterschaft klingt in der folgenden Passage an: »Mit den Engeln der Kraft, der Liebe und der Weisheit sollt ihr die sieben Pfade des Unendlichen Gartens beschreiten, und euer Leib, euer Herz, euer Geist soll sich vereinen im Heiligen Flug zum Himmlischen Meer des Friedens.«[5] Diese einigende Kraft der

Sprache des Himmels, gesprochen von unserem Körper, verleiht unseren Gebeten Leben und versichert uns: »Wahrlich, ich sage euch: Wer zu diesem Berge spräche: Heb dich und wirf dich ins Meer! und zweifelte nicht in seinem Herzen, sondern glaubte, dass es geschehen würde, was er sagt, so wird's ihm geschehen …«[6]

Betrachten wir die Wirkung von Gebeten doch einmal anhand eines einfachen Modells. 1947 entwickelte Dr. Hans Jenny eine neue Wissenschaft, um die Beziehung zwischen Schwingung und Form zu erkunden.[7] In gut belegten Studien wies Dr. Jenny nach, dass Schwingungen geometrische Formen entstehen lassen. Mit anderen Worten, indem wir in einem Material, das wir sehen können, eine Schwingung entstehen lassen, können wir das Schwingungsmuster in diesem Medium sichtbar machen. Verändern wir die Schwingung, verändern wir das Muster. Kehren wir zur Ausgangsschwingung zurück, tritt das ursprüngliche Muster wieder in Erscheinung. Durch Versuche mit einer Reihe von Stoffen produzierte Dr. Jenny in Materialien wie Wasser, Öl, Graphit- und Schwefelpulver eine erstaunliche Vielfalt an geometrischen Mustern: von sehr simplen bis zu hochgradig komplexen. Jedes Muster war einfach die sichtbar gewordene Form einer unsichtbaren Kraft.

Der Sinn dieser Versuche: Dr. Jenny bewies durch sie zweifelsfrei, dass Schwingungen ein vorhersehbares Muster in der Substanz hervorrufen, in die man sie projiziert. *Gedanken, Gefühle und Emotionen sind Schwingungen.* Genau wie die Schwingungen in Dr. Jennys Versuchen, erschaffen die Schwingungen der Gedanken, Gefühle und Emotionen dort, wohin sie projiziert werden, entsprechende Muster. Nur dass wir unsere Schwingungen statt in Wasser, Schwefel und Graphit in jene feinere Substanz projizieren, die »Bewusstsein« heißt. Und jede hat ihre Auswirkungen.

In Kapitel 4 war von der Wissenschaft die Rede, die uns den Gedanken nahelegt, dass unsere Zukunft womöglich schon jetzt als eine der vielen »Möglichkeiten« existiert, die in der Ursuppe schlummern. Wenn wir in unserem Leben jeden Tag aufs Neue unsere Wahl treffen, kommen neue Möglichkeiten an die Oberfläche. Unentwegt arbeiten wir an dem Ausgang, den etwas nehmen wird. Diese Sichtweise bedeutet auch: Sooft wir im Gebet um etwas bitten, existiert parallel eine Variante, bei der unser Gebet bereits erhört wurde. Trifft diese Weltsicht zu, so waren zum Beispiel in der Garagenmenagerie meiner Kindheit alle zertrümmerten Schnäbel, alle zerfetzten Gliedmaßen und Knochenbrüche ein möglicher Ausgang für den betreffenden Moment. Gleichzeitig existierte ein weiterer möglicher Ausgang, bei dem meine Pfleglinge allesamt bereits geheilt waren. Jeder Ausgang existierte bereits. Jede Möglichkeit war real.

Der Schlüssel dazu, unter vielen möglichen Ausgängen einen bestimmten Ausgang zu wählen, ist *unsere Fähigkeit, uns in das Gefühl hineinzuversetzen, dass das Gewählte bereits Wirklichkeit geworden ist.* Anders ausgedrückt: Gehen wir einmal von unserer vorstehenden Definition des Gebets als »Gefühl« aus, so sind wir eingeladen, gedanklich und emotional herauszufinden, was ein solches Gefühl hervorruft – nämlich *so zu leben, als sei unser Gebet bereits erhört worden.* Denn wie können wir von der Wirkung unseres Gedankens und unserer Emotion profitieren, wenn sich die Muster ziellos in jede beliebige Richtung bewegen? Wenn sich andererseits die Muster unseres Gebets auf eine bestimmte Richtung konzentrieren und zu einer Einheit werden: Wie können dann die ganzen »Materialien«, mit denen wir es in der Schöpfung zu tun haben, nicht auf unser Gebet ansprechen? Wenn Gedanke, Gefühl und Emotion nicht aufeinander ausgerichtet sind, könnte man auch sagen, sie sind nicht phasengleich.

Es mag zwar kurze Überschneidungen geben, doch ein Großteil des Musters ist planlos, nimmt die verschiedensten Ausrichtungen an, ohne sich am restlichen Muster zu orientieren. Das Ergebnis ist eine Zerstreuung von Energie.

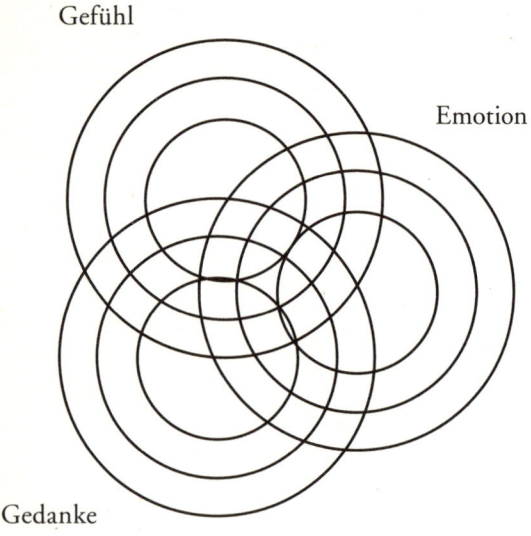

Abb 1: Gedanke, Gefühl und Emotion als nicht aufeinander ausgerichtete Muster. Ohne Vereinigung können sie den Fokus verlieren.

Haben wir zum Beispiel den Gedanken: »Ich wähle den perfekten Partner/die perfekte Partnerin für mein Leben«, so wird ein energetisches Muster freigesetzt, in dem dieser Gedanke zum Ausdruck kommt. Jedes Gefühl oder jede Emotion, die nicht im Einklang mit unserem Gedanken steht, ist außerstande, unsere Entscheidung für den perfekten Partner zu stützen und Wirklichkeit werden zu lassen. Besteht etwa Dissonanz, weil wir Ängste oder das Gefühl haben, wir hätten einen so perfekten Partner oder eine so perfekte Partnerin gar nicht verdient, so können unsere Muster tatsächlich verhindern, dass das Gewählte eintritt. In diesem gespaltenen Zustand stehen wir dann vielleicht irgendwann da und fragen uns, warum unsere Affirmationen und Gebete nicht gewirkt haben.

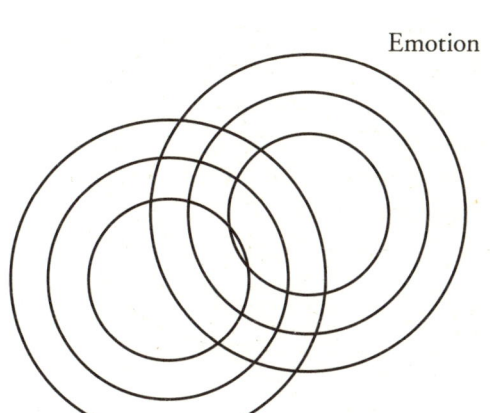

Abb. 2: Gedanke, der nicht mit Gefühl und Emotion harmoniert. Dieser Zustand kann unser Gebet zerstreut und unwirksam machen.

Diese simplen Beispiele machen klar, warum das Beten dann am meisten bewirkt, wenn die Elemente des Gebets auf dasselbe konzentriert und aufeinander ausgerichtet sind. Auf eine weniger technische Weise wurde die Idee der Vereinigung von Gedanken, Emotionen und Gefühlen mit dem Ziel, unser Leben von der Sehnsucht unseres Herzens bestimmen zu lassen, Anfang der 1920er-Jahre von Neville dargestellt, ohne den Begriff des Gebets zu verwenden. Entsprechend unserer fünften Art des Betens – nämlich anzunehmen, dass unser Gebet bereits verwirklicht ist – schreibt Neville: »Man muss sich im Geiste in seiner Liebe zu diesem Zustand vollkommen der Vorstellung hingeben, dass der Wunsch erfüllt wurde, und hierbei im neuen Zustand leben, statt wie zuvor vom alten Zustand ausgehend.«[8] So wirkungsvoll sie sind: Nevilles Beschreibungen unserer Fähigkeit, den Ausgang von Dingen zu verändern und uns in unserem Leben für neue Möglichkeiten zu entscheiden, konnten die Menschen des frühen zwanzigsten Jahrhunderts scheinbar wenig abgewinnen. Wie bei so vielen Denkern, deren Ideen ihrer Zeit voraus waren, war Nevilles Werk bis zu seinem Tod 1972 kaum bekannt.

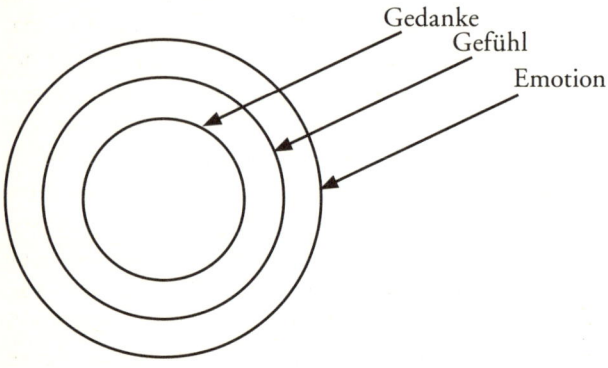

Abb. 3: »Wer zu diesem Berg spräche: Heb dich …, und … glaubte, dass geschehen werde, was er sagt, so wird's ihm geschehen« (Markus 11,23). Der Schlüssel zum wirkungsvollen Gebet ist die Vereinigung von Gedanke, Gefühl und Emotion.

Auffassungen wie diese machen es uns möglich, das Gebet als eine Sprache und Philosophie zu sehen, die eine Brücke zwischen Wissenschaft und Geistlichem schafft. So wie andere Philosophien in ganz bestimmte Worte gekleidet werden und eine bestimmte Fachsprache kennen, hat auch das Gebet ein eigenes Vokabular: in der stillen Sprache des Gefühls. Mitunter können wir mit einem Gedanken, der uns in der einen Sprache verständlich ist, in einer anderen, uns weniger vertrauten, sehr wenig anfangen. Aber das heißt noch lange nicht, dass die betreffende Sprache nicht existiert.

Das philosophische Konzept des Friedens beispielsweise kann man in völlig verschiedenen »Sprachen« ausdrücken, etwa der Sprache der Physik, der Politik und des Gebets. In der Physik lässt sich der größtmögliche Zustand des Friedens als Nichtvorhandensein von Bewegung in einem System beschreiben. Verwenden wir diese Sprache, so ist dann, wenn Frequenz, Geschwindigkeit und Wellenlänge Null erreichen, das System im Ruhezustand – es herrscht Frieden. In der Politik kann man unter Frieden das Ende von Aggressionen oder das Ausbleiben eines Krieges verstehen. In der Sprache des Gebets lässt sich auf ähnliche Weise Frieden im Grunde als eine Gleichung beschreiben, und damit rückt das Gebet der Wissenschaft noch näher, als viele je zu glauben gewagt haben. Nur dass wir es beim Gebet nicht mit einer Gleichung aus Zahlen und Variablen zu tun haben, sondern mit einer, deren Glieder Logik, Gefühl und Emotion sind. Bleiben wir bei diesem Bild, so nimmt die Gleichung für unser aktives Gebet die Form eines klassischen mathematischen Beweises an: *Wenn* das und das so ist, *dann* erleben wir das und das Ergebnis.

Wenn
Gedanke = Emotion = Gefühl,
dann
spiegelt sich in unserer Welt die Wirkung unseres Gebets.

Ist diese Einheit gegeben, so sind die Kräfte unserer innerlichen Technologie fokussiert und lassen sich auf unsere Außenwelt anwenden. Wenn wir die Komponenten des Gebets miteinander in Einklang bringen, werden wir feststellen, dass wir die stille Sprache der Schöpfung sprechen – die Sprache, die Berge versetzt, Kriege beendet und Tumore auflöst. Die Schönheit des Gebets liegt darin, dass wir nicht genau zu wissen brauchen, wie es funktioniert, um von seiner wundersamen Wirkung zu profitieren. Diese universelle Technik ist einfach eine Einladung an uns, zu erleben, zu spüren und zu würdigen, was unsere Gefühle uns sagen. Unsere Gebete bekommen Leben, wenn wir uns darauf ausrichten, wie sich das, wonach unser Herz verlangt, anfühlt, statt auf das Denken, von dem unsere Wissenswelt geprägt ist.

Der vergessene Schlüssel

Ich wusste, dass die Antwort irgendwo in den Texten um mich herum zu suchen war. Irgendwo zwischen den Büchern, Artikeln, Unterlagen und Manuskripten, die um mich herum auf dem Boden verstreut lagen, standen Worte, die alte Meister vor über zweitausend Jahren niedergeschrieben hatten, und dabei hatten sie Momente genau wie diesen im Sinn. Sie wussten, dass in einer zukünftigen Generation genau dieselben Fragen gestellt würden, die man Meistern im ersten Jahrhundert nach der Zeitenwende stellte. Die Welt würde zwar anders sein, doch die Fragen noch immer dieselben: Fragen zu unserer Beziehung zum Kosmos, zu unserem Schöpfer und untereinander. Genauer gesagt, wussten sie, dass die Menschen der Zukunft an einem Entwicklungspunkt angelangen würden, an dem die Errungenschaften ihrer Tage für sie wie ein Aufruf wären, sich an die Grundlage ihrer menschlichen Natur zu erinnern und die Essenz ihres Lebens zurückzuerobern. Ich wusste, dass man für uns Menschen von heute Hinweise hinterlassen hatte, die auf uralte Weisheitslehren verwiesen – für einen Moment wie den, in dem ich mich gerade befand.

Es war zwei Uhr früh. Ich hatte stundenlang auf dem Boden über den Texten gesessen. Ich stand auf und ging zu einem der Fenster mit Blick auf die Hochwüste mit ihren Tausenden von Hektar Salbei. In der mondlosen Nacht konnte ich kaum die Silhouette des Berges erkennen, der sich im Norden sechshundert Meter über der Talsohle erhob. Ich atmete tief die Abendluft ein und begab mich dann zurück zum Mittelpunkt des fünfseitigen Gebäudes, wo sich der größte Raum in der Anlage befand. Dort sann ich beim Blick zur Decke wieder einmal über die Balken nach, die von jeder Wand im schrägen Winkel nach oben führten und sich in einem Punkt oberhalb der Raummitte trafen. Abgesehen von diesen Vierkantbalken aus Kiefernholz fanden sich rätselhafterweise keine anderen sichtbaren Stützkonstruktionen für das Dach. Ich hatte die Konstruktion schon immer bewundert. Durch diese Bauweise entstand ein heiliger Raum, in dem ich mich immer wie im Schoß der Erde fühlte. Es war der perfekte Ort für eine Nacht wie diese.

Tief durchatmend ließ ich mich mit einem Seufzer wieder auf dem Boden nieder. Ich hatte für ein paar Wochen frei gemacht. Ich wollte Fragmente einer Lebensphilosophie zusammenfügen, die etwas beschrieb, das nach meiner Überzeugung die Elemente einer dem Westen vor fast siebzehnhundert Jahren verloren gegangenen Wissenschaft sein mussten. Ich zog ein Dokument zu mir herüber, das ich schon Hunderte von Malen angesehen hatte, und begann ein weiteres Mal, darin zu blättern. Plötzlich stand mir noch einmal eine Sequenz vor Augen, die ich Sekundenbruchteile zuvor beim Durchblättern gesehen hatte. Da war etwas in ihrer Anordnung gewesen, ein Muster, das meine Aufmerksamkeit auf sich gelenkt hatte. Vermutlich hatte ich die gleiche Stelle schon viele Male zuvor gesehen. Diesmal jedoch hatte sie anders ausgesehen, und ich durchforstete das ganze Buch auf der Suche nach ihr, bis ich sie wiederfand. Der Text war eine Übersetzung einer alten Sprache des Nahen Ostens ins Englische. Und dort fiel mein Blick auf exakt den Schlüssel, nach dem ich gesucht hatte. Er bestand in einem einzigen Wort: *peace, Frieden*. Es war die Stelle, an der es heißt: »Wie nun können wir unseren Brüdern *Frieden* bringen …, denn wir wünschen, dass alle Söhne der Menschen die Segnungen des Engels des *Friedens* teilen?«[9]

In dem Text klang jene Frage an, die man vor zweitausend Jahren stellte und die noch heute oft in öffentlichen Diskussionsforen zur Sprache kommt: Wie stellen wir es an, unseren Hungrigen zu essen zu geben, unseren Obdachlosen ein Dach über dem Kopf; wie lassen sich unsere Kranken heilen und Kriege und Leid bei uns beenden? Zwar können Hilfsprogramme, militärische Lösungen und das eine oder andere wackelige Abkommen Abhilfe schaffen, wenn es um die äußeren Formen des Leidens auf der physischen Ebene geht. All das bleibt nach wie vor wichtig. Doch der Schlüssel zu einer bleibenden Veränderung liegt darin, das Denken zu ändern, das eine Fortsetzung dieser Formen von Leid ermöglicht. Vielleicht als Antwort auf die gleichen Fragen, die moderne Suchende heute stellen, hinterließen uns die Visionäre und Schreiber unserer Vergangenheit Hinweise auf ihr Verständnis dieser Dinge und erklärten, wie man die Kraft des Gebetes so einsetzen konnte, dass sie sich auf gesellschaftliche Probleme auswirkt.

Von vielen Seiten der religiösen und spirituellen Praktiker unserer Zeit kommt die Aufforderung, das Gebet solle eng mit unserem Alltag verwoben sein. Selten jedoch hat man uns gezeigt, wie. Die gut gemeinten Anweisungen, die wir heute erhalten, sind zumeist vage, ungenau und nebulös. Doch es gibt Überlieferungen von Weisheitslehren aus Zeiten, die älter sind als unsere Geschichtsschreibung. Sie zeigen uns die Feinheiten dieser wirkungsvollen Technologie auf, die vor langer Zeit in Vergessenheit geriet. Nachdem sie die Elemente Gedanke, Gefühl und Emotion benannt haben, zeigen uns die Essener, wie wir die drei Komponenten in zielgerichteter Anwendung miteinander verschmelzen können. Sie tun das durch einen verbindenden Faktor, der die Beendigung des Leidens mit der Harmonisierung der Elemente des Gebets verknüpft. Diesen roten Faden beschreiben die Meister des Gebets am besten in ihren eigenen Worten:

Zuerst soll der Sohn des Menschen den Frieden mit seinem eigenen Körper suchen; denn sein Körper ist wie ein Bergsee, der die Sonne reflektiert, wenn er ruhig und klar ist; aber wenn er voller Schlamm und Steine ist, reflektiert er nichts ...
Dann soll der Sohn des Menschen Frieden in seinen eigenen Gedanken finden ... Denn ... es gibt keine größere Macht im Himmel und auf Erden als die Gedanken des Menschensohns. Wenn auch unsichtbar für die Augen des Körpers, hat doch jeder Gedanke große Macht, eine Macht, die die Himmel erzittern lassen kann ...
Dann soll der Sohn des Menschen den Frieden in seinen eigenen Gefühlen suchen ... [Wir rufen den Engel der Liebe an], damit

er in unsere Gefühle eintrete, auf dass sie gereinigt werden. Und alles, was vorher Ungeduld und Zwietracht war, verwandelt sich in Harmonie und Frieden ...[10]

Hier stand es! Das waren die Hinweise, welche die Essener künftigen Generationen hinterließen. Sie teilten uns nicht nur mit, welche Möglichkeiten das Gebet in unser Leben bringen kann, sondern sie öffneten auch Türen für Möglichkeiten des Gebets, die in der abendländischen Wissenschaft gern als »Wunder« abgetan werden. Sie wussten, dass wir in unserer Evolution irgendwann vor der Aufgabe stehen würden, die Rolle der Technologien in unserer Welt umzudefinieren. So hinterließen sie uns den Schlüssel zur Bejahung des Lebens, in der Wissenschaft und im Mysterium des Lebens selbst. Ihr Geheimnis liegt im uralten Schlüsselbegriff *»Frieden«*. Hierin, so subtil und scheinbar einfach es klingt, liegt die Macht der uns verloren gegangenen Art des Gebets.

Aufgeregt blätterte ich weiter zurück, auf der Suche nach einer zusätzlichen Bestätigung, vielleicht einem versteckten Hinweis, wo beschrieben würde, welche Rolle Frieden heute spielt. Meine Erwartungen übertreffend, sprangen mir die Worte geradezu entgegen:

»Sucht den Engel des Friedens in allem, was lebt, in allem, was ihr tut, in jedem Wort, das ihr sprecht. Denn Frieden ist der Schlüssel zu allem Wissen, zu jedem Geheimnis, zu allem Leben.«[11]

Zu ihrer Zeit hatte das essenische Wort für »Engel« verschiedene Bedeutungen, unter anderem »Mächte oder Kräfte, die da sind«. Für wen »Engel« also ein religiös oder christlich geprägter Begriff ist, der kann das Wort auch durch

»Macht« oder »Kraft« ersetzen. Die Technik, die wir durch das Geschenk des Gebets an die Hand bekommen, ist eindeutig jenseits aller weltlichen oder religiösen Ausrichtungen. Die Essener scheinen eine universelle Technologie zu schildern, die in manchen Fällen bis fünfhundert Jahre vor der Zeit Christi zurückreicht. Da ihnen die Kraft des Friedens in allen Aspekten ihres Lebens gegenwärtig war, sahen die Essener selbst die Augenblicke der Begrüßung und des Abschieds als Gelegenheit, den Einfluss dieser Kraft in ihrer Welt zu bestätigen. Die Abschiedsworte, die von Mitgliedern der Bruder- und Schwesternschaft der Essener gebraucht wurden, lauteten immer: »Friede sei mit dir.«

Nun fügten sich die Fragmente für mich zusammen. In der Sprache der damaligen Zeit bot man uns durch diese Worte Einblicke in eine hoch entwickelte Technologie, die im Westen heute oft übersehen wird. Die Technik des Gebets, die weit über die Mikrochips moderner Geräte hinausgeht, basiert auf Komponenten, die so komplex sind, dass wir sie noch nicht maschinell nachvollziehen können. Diese Komponenten sind Logik und Emotion, verstärkt durch das Betriebssystem Frieden.

Als ich die Seiten markierte, merkte ich, dass mir vor Aufregung fast schwindlig war. Ich musste einfach jemandem erzählen, zu welchen Ergebnissen ich in dieser Nacht gekommen war. Als ich den Blick zu der kleinen Uhr am anderen Ende des Raumes schweifen ließ, kniff ich ungläubig die Augen zusammen: Es war fast vier Uhr morgens, natürlich zu früh, um jemanden anzurufen. Ich zog meine Steppjacke über, erhob mich und ging zur Tür. Meine Frau schlief längst in unserem Holzhaus, das in einiger Entfernung vom Büro lag. Ein Wärmeschwall vom Holzofen hinter mir drängte in die frostige Nachtluft der Wüste, als ich nach draußen trat. Das Thermometer neben dem Gebäude stand knapp

über dem Gefrierpunkt, typisch für diese Jahreszeit. Mit den ersten Strahlen der hoch am Himmel stehenden Wüstensonne würden die morgendlichen Temperaturen innerhalb von ein, zwei Stunden schnell bis zwanzig Grad steigen, und dann würde uns ein milder Nachmittag erwarten.
Ich warf die Tür hinter mir ins Schloss und schritt über den knirschenden Kiesweg, der die Gebäude verband. Einen kurzen Moment lang hielt ich inne. Es war ein ganz besonderer Augenblick. Mit Ausnahme meines Atems, der als Dampfwolken vor meinem Gesicht hing, war kein Ton zu hören. Absolute Stille. Kein Windhauch. Die wenigen noch nicht herabgefallenen Blätter an den schmalblättrigen Ölweiden neben mir waren zusammengerollt und braun. Beim leisesten Windhauch hätten sie geraschelt – vertraute Herbstgeräusche. Doch nichts dergleichen geschah. Ich blickte in einen wolkenlosen Nachthimmel, geradewegs auf die Ausläufer der Milchstraße. Wohl Hunderte von Malen hatte ich sie schon gesehen. Heute Nacht aber schien mir alles anders. Ich dachte an die uralten Quellen, die uns zeigen, wie wir diese Sterne – und auch noch weiter Entferntes – durch unser Gebet berühren können. Eine ganze Wissenschaft. Die Reichweite unserer Gebete, so erinnerten sie uns, spiegelt sich in dem, wozu wir uns für fähig halten.
In diesem stillen Augenblick ergab alles einen Sinn. Ich eilte den Plattenweg hinauf und über die Terrasse in das winzige Haus, in dem meine Frau lag und schlief. Aufgeregt setzte ich mich auf die Bettkante, und meine Entdeckungen sprudelten nur so aus mir heraus. Meine Frau öffnete ein Auge, um zu signalisieren, dass sie mich hörte, und ich unterbrach mich kurz. Sie schenkte mir ihr warmes, aufmunterndes Lächeln.
»Hat das Zeit bis morgen früh?«, fragte sie leise.
»Ja, klar«, sagte ich etwas kleinlaut ob meiner Aufregung.
»Gut«, gab sie zurück. »Denn das klingt wichtig. Ich wäre

gern richtig wach, wenn du erzählst, was du herausgefunden hast.«
Obwohl ich überrascht war über die Intensität meiner Begeisterung, war ich nicht enttäuscht über die Reaktion meiner Frau. Vielleicht war es ja auch für mich Zeit, ins Bett zu gehen. Schließlich hatten diese Texte ihre Geheimnisse für fast zwei Jahrtausende bewahrt. Ich wusste, dass sie noch ein paar Stunden bis Sonnenaufgang warten konnten.

Wissen, Weisheit und Frieden

Ich sehe qualitativ einen feinen Unterschied zwischen Wissen und Weisheit. Wissen könnte man als das Element unserer Erfahrung sehen, das sich mit Informationen befasst. Alle Daten, Statistiken und Verhaltensmuster unserer Vergangenheit oder Gegenwart kann man als Wissen weitergeben. Weisheit jedoch hat damit zu tun, wie wir unser Wissen leben. Wissen kann man in Form von Texten und Überlieferungen über viele Generationen weitervermitteln. Weisheit jedoch will als Erfahrung von jedem Individuum einer jeden Generation gelebt und unmittelbar erfahren werden.
In den essenischen Lehren gab es ein durchlaufendes Thema, wie ich am Abend zuvor herausgefunden hatte. Dieser rote Faden bestand in einem uralten Schlüssel: Frieden. Ich betrachtete die Gedichte, Analogien und Parabeln, die man uns in zweieinhalbtausend Jahre alten Texten hinterlassen hat, genau so, wie ich heutzutage den Text einer schriftlichen Anleitung betrachten würde. Der essenische Schlüssel des Friedens basiert auf Qualitäten, die uns aus unserem Leben vertraut sind: Logik und Emotion. Auf ihre Weise hinterließen uns die Essener ihr Wissen zum Frieden und erinnern uns dabei an zweierlei Dinge: Erstens wird uns die

Bedeutung des Friedens in der gesamten Schöpfung gezeigt. Zweitens erfahren wir, wie die Übertragung des Friedens auf unsere Innenwelt unsere äußere Welt verändert.

Die Gelehrten der Qumran-Gemeinschaften rufen uns in Erinnerung, welch ein enormes Potenzial Gebete in unser Leben bringen können. Ihre Beschreibung der Komponenten des Gebets liefert uns die Gleichung dafür, wie wir elektrische Energie durch die Membranen unserer Zellwände wandern lassen, um so komplexe Muster in der Substanz des menschlichen Bewusstseins zu erzeugen und eine spezielle Chemie im Labor unseres Körpers zu erschaffen. Wenn doch eine solche Kraft präsent ist, kann es da womöglich sein, dass das Bild vom »Bergeversetzen« wörtlich zu nehmen ist und die große Energie beschreibt, die als das höchste Potenzial in uns lebt? Im Licht der wissenschaftlichen Bestätigung für die Wirksamkeit des Gebets müssen wir uns durchaus mit der möglichen Existenz einer solchen Kraft in unserem Leben anfreunden.

Bei allen Verzerrungen, zu denen es bei der Übersetzung der meisten unserer heiligsten Schriften gekommen ist: Der letzte Schlüssel zu unserer Technologie des Gebets ist ein Element, das der redaktionellen Überarbeitung des Konzils von Nicäa im vierten Jahrhundert entging und uns deshalb bis heute erhalten blieb. Obwohl der Wortlaut vielleicht etwas geglättet wurde, bleibt von der ursprünglichen Zielrichtung genug erhalten, um eine neue Sichtweise in unser Leben fließen zu lassen. Elemente dieses Schlüssels existierten heute noch in unseren biblischen Schriften sowie in den essenischen Manuskripten, die um mehrere Hundert Jahre älter sind als unsere Bibel. Die Passagen, in denen sie sich überschneiden, nähren die Überzeugung, dass die Dokumente auf einen gemeinsamen Ursprung zurückgehen.

Einigen Lehren zufolge kennt man den verloren gegangenen Schlüssel oder Code als das Große Gebot. Das Markus-Evangelium, Kapitel 12, Vers 30, bietet die Lösung für das letzte Mysterium, was die Verschmelzung der Elemente des Gebets zu einer konzentrierten und zielgerichteten Einheit anbelangt. Um diese Kraft zu erzeugen, werden wir aufgefordert, auf eine ganz besondere Art zu lieben: »Du sollst Gott, deinen Herrn, lieben von ganzem *Herzen,* von ganzer *Seele,* von ganzem *Gemüte* und von allen deinen *Kräften.*« Vielleicht findet sich der Schlüssel für das Verständnis dieser geheimnisvollen Passagen in der essenischen Sicht von unserer Beziehung zum Schöpfer. Aus der Warte der Essener sind wir eins mit unserem Vater im Himmel. »Denn da ist der Fluss, der zum ewigen Meer fließt. Und neben diesem Fluss steht der heilige Lebensbaum. Dort wohnt mein Vater, und mein Zuhause ist in Ihm. *Der Himmlische Vater und ich sind eins.*«[12] In jeder Person auf dieser Erde lebt der göttliche Funken der Schöpfung und unseres Schöpfers. Dieses Verständnis wird dann zur großen Herausforderung unseres Mysteriums. Um unserem Gebet eine Zielrichtung zu geben, müssen wir das schöpferische Prinzip des Lebens selbst, unseren Schöpfer, von ganzem Herzen, mit ganzer Seele, ganzem Geist und mit aller Kraft lieben. *Da wir eins sind mit unserem Vater im Himmel, lieben wir, wenn wir dem folgen, uns selbst.* Diese vier sehr genauen Angaben erinnern uns daran, die Liebe zu ehren, die bei den Essenern als »der Ursprung aller Dinge« bezeichnet wurde. Entscheidend ist, dass nur in Gegenwart dieser Art von Liebe die Qualität des Friedens zu finden ist, die uns den Lohn für die Mühe unseres Gebets beschert.

Die Worte sind nicht neu. Was genau bedeuten sie? Was bedeutet es, auf diese Weise zu lieben? Wie machen wir das: von ganzem Herzen, mit ganzer Seele, ganzem Geist und unserer ganzen Kraft zu lieben?

Der Code der Essener erinnert uns daran, wie der beschriebene Frieden zu erreichen ist. Durch unseren Körper, unser Herz und unseren Geist erfahren wir unsere Gedanken, Gefühle und Emotionen. Wir haben vielleicht den Eindruck, wenig Kontrolle über unsere Wahrnehmung zu haben, doch durch die Sinne, unsere Verbindung zu unseren Wahrnehmungen, können wir die Qualität unserer Erfahrung bestimmen. Der verloren gegangene Teil unseres auf Logik und Emotion gegründeten Codes ist vielleicht endlich der Schlüssel in unserem Bestreben, im Gebet alles eins werden zu lassen. »*Erkenne* diesen Frieden mit deinem Geist, *ersehne* diesen Frieden mit deinem Herzen, *erfülle* diesen Frieden mit deinem Körper.«[13]

In der Logik unseres Geistes müssen wir wissen, dass Frieden etwas Wahres ist. Wir müssen es uns beweisen, müssen die Realisierbarkeit von Frieden in unserem Leben und unserer Welt demonstrieren. Wir stehen vor der Herausforderung, ihn zu suchen, selbst an Orten Frieden zu finden, wo es nicht nach Frieden aussehen mag. In unserem Körper wiederum drückt sich unser Geist und unser Herz aus. Wir entscheiden selbst über unser Handeln in der Welt. Diese Passage erinnert uns daran, dafür Raum zu schaffen, dass unsere Handlungen im Äußeren die Wahl spiegeln, die wir im Innern getroffen haben. Auf diese Weise forderten die Essener uns gewissermaßen zur Entwicklung eines neuen Verhaltenskodexes heraus. Während sich andere in ihrem Leben für Handlungen entscheiden mögen, die für sie selbst oder für andere lebensverneinend sind, können wir selbst mithilfe dieser Worte an einem höheren Standard festhalten. Wir sind eingeladen, in jedem dieser Elemente Frieden zu schaffen und die Liebe zu erreichen, die Einigkeit in unser Handeln bringt.

Geheimnisse des Gebets und der Heilung

Die tiefe Weisheit der Essener wird vielleicht am deutlichsten in ihrer Vorstellung von Gebet und Heilung, deren Voraussetzungen dort anfangen, wo viele moderne Therapien aufhören. Der fundamentale Glaubenssatz der essenischen Heilung lautet, *dass wir bereits geheilt sind.* In jedem Moment unserer Zeit auf dieser Welt treffen wir Entscheidungen, die das Leben, das bereits in unserem Körper existiert, bejahen oder aber verneinen.

Essenische Meister sahen die Ausdrucksformen von Krankheit als machtvolle Illusionen, hervorgerufen durch die Entscheidungen und Handlungen des Einzelnen. Sie glaubten, dass wir unsere Reaktion auf die äußeren Umstände unserer Welt bestimmen – mal bewusst, mal unbewusst. Durch ihre heiligen Schriften wissen wir, dass die essenische Philosophie die Blaupause unserer Seele als göttlichen Ausdruck unseres Schöpfers sah, unberührt und unbefleckt von den Erfahrungen des Lebens. Unsere Seele ist bereits geheilt und sucht diesen Zustand durch unseren Körper zum Ausdruck zu bringen. Beim Annehmen unserer Heilung durch unsere persönliche Einstellung und unsere Vergebung spiegelt sie sich durch den Ausdruck unserer Seele in dieser Welt: in unserem Körper.

Diese Perspektive ermöglicht uns, die Zustände unseres Körpers als Indikatoren für die Qualität unserer Entscheidungen zu sehen. Wenn wir aus all den vielen Sprichwörtern, Parabeln, Lehren und Sprüchen knappe Zusammenfassungen herausdestillieren könnten, würden wir entdecken: Unsere bestätigende oder verleugnende Haltung gegenüber dem Leben kommt in unserem Körper in der Qualität von vier Annahmen oder Grundsätzen zum Ausdruck. Unser allgemeines Befinden hängt davon ab, wie wir diesen Grundsätzen Ausdruck verleihen. Jeder bezeugt, dass Geist, Materie und Leben ihrem Wesen nach miteinander verbunden sind. Wir können diese Grundsätze in der Sprache des zwanzigsten Jahrhunderts als Modelle sehen, die uns unsere Entscheidungen im Alltag besser verstehen lassen: ihre Art, unsere Gründe für sie und ihre möglichen Ergebnisse.

Auf den nächsten Seiten wird jeder Grundsatz in einer Überschrift kurz umrissen. Es folgt eine Erklärung in Form eines Beispiels oder einer einfachen Beschreibung. Danach untersuchen wir die Implikationen und Konsequenzen des Grundsatzes, wobei wir uns darauf konzentrieren, warum er wichtig ist. Und schließlich wird gezeigt, wie sich der jeweilige Grundsatz in unserem heutigen Leben anwenden lässt.

Grundsatz 1: Wir sind bereits geheilt.

Erläuterung

Der Schlüssel zum Verständnis dieses Grundsatzes ist genau der gleiche, der es uns erlaubt, einen neuen Ausgang für bestehende Bedingungen zu wählen. Das Verständnis, dass wir bereits geheilt sind, geht auf unsere Sicht der Welt als Palette möglicher Ergebnisse zurück und auf unser Vermögen, selbst zu wählen, welchen Ausgang wir erleben. Dazu gehört es, dass wir unsere Rolle als eine Kraft anerkennen, die in der Schöpfung durchaus etwas ausrichten kann, indem sie neue Ausgänge von Dingen fokussiert und die ausgedienten loslässt. Unser Körper ist der Feedback-Mechanismus, der uns die Qualität unserer Entscheidungen bezüglich Denken, Fühlen, Emotionen, Atem, Nährstoffe und Bewegung spiegelt und zeigt, inwieweit wir das Leben ehren. Statt der Krebserkrankung in dem Beispiel mit dem verschwundenen Tumor (Kapitel 4) ihren Heilungswillen aufzuzwingen, trafen die Heiler die Entscheidung, ihr Fühlen, ihr Denken und ihre Emotionen auf einen Ausgang einzustellen, der besagt: Es hat nie einen Tumor gegeben. Dadurch wurden sie zu Magneten, die den neuen Ausgang der Sache anzogen – eine über die andere gelagerte Schicht einer Quantenmöglichkeit, die ihre Auffassung in dem betreffenden Moment spiegelte. Innerhalb von zwei Minuten und vierzig Sekunden trat der neue Glaube an die Stelle des bisherigen. In alter Zeit kannte man die Macht dieser Technologie, eine Art von Gebet, die alle religiösen, mystischen oder wissenschaftlichen Prinzipien transzendierte.

Implikationen

Um den Grundsatz anzunehmen, dass wir bereits geheilt sind, müssen wir die Möglichkeit zulassen, dass es für einen bestimmten Umstand viele mögliche Ausgänge gibt. Der Akt, in unserem Leben neue Entscheidungen zu treffen – das ist die Technologie, die es uns erlaubt, neue Möglichkeiten auszuwählen. Wenn wir das Gebet als eine Qualität des Fühlens betrachten, wird das Gebet gleichzeitig zu der Sprache, mit deren Hilfe wir in Einklang mit lebensbejahenden Entscheidungen hinsichtlich Gesundheit und Beziehungen kommen. Der Grundsatz, dass wir bereits geheilt sind, erinnert uns daran: Jedes Mal, wenn wir darum bitten, geheilt zu werden, existiert gleichzeitig die Möglichkeit, dass unser Gebet bereits erhört wurde. Das bedeutet: Sooft bei uns ein schlechter Gesundheitszustand oder eine lebensbedrohliche Krankheit diagnostiziert wird, bekommen wir nur einen von vielen möglichen Ausgängen für diesen Moment gezeigt. Die Diagnose einer Erkrankung ist dabei nicht unbedingt richtig oder falsch. Sie ist einfach nur unvollständig, da sie andere

Möglichkeiten nicht mit einbezieht. Im gleichen Augenblick muss ein anderer Ausgang existieren, bei dem der schlechte Gesundheitszustand, die Krankheit oder Störung nicht präsent sind. Jede Möglichkeit existiert bereits. Jeder Ausgang ist real. Aus der Sicht dieses Grundsatzes betrachtet, ist der Unterschied zwischen verschiedenen Ausgängen eine Frage der Perspektive.

Praktische Anwendung in unserem Leben
In jedem Moment treffen wir Entscheidungen, die zu dem Leben in unserem Körper Ja sagen oder Nein. Bewusst oder unbewusst wählen wir die Qualität von sechs Parametern: Denken, Fühlen, Emotion, Atem, Nahrung und Bewegung. Für jeden Parameter müssen wir uns fragen, ob wir uns mit allem optimal versorgen. Unser Gesundheitszustand signalisiert uns, wenn im Körper hinsichtlich des einen oder mehrerer dieser Parameter etwas geändert werden sollte. Übertragen wir die uns verloren gegangene Art des Gebets auf den Grundsatz, dass wir bereits geheilt sind, so stellen wir in unserem Gebet klar, welche Situation wir der Welt präsentieren möchten, statt dass wir eine Veränderung unserer derzeitigen Umstände erflehen. Wenn wir aus dem Wissen heraus fühlen und leben, dass die neuen Bedingungen bereits präsent sind, stimmen wir uns auf das Ergebnis unserer neuen Wahl ein.

GRUNDSATZ 2: WIR SIND ALLE EINS.

Erläuterung
Weltweiten Bevölkerungszählungen zufolge leben heute zirka sechs Milliarden Menschen auf der Erde. Der obige Grundsatz erinnert uns daran, dass jeder und jede ein einzigarti-

ger, individueller Ausdruck eines einzigen, alles umfassenden Bewusstseins ist. Innerhalb dieser Einheit berühren die Entscheidungen und Handlungen einer jeden Person ein Stück weit auch alle anderen.

Implikationen
Die Tragweite dieses Grundsatzes ist groß. Im weitesten Sinne bedeutet unsere Rolle innerhalb eines Universums, in dem alles eins ist, dass es keine isolierten Handlungen mehr geben kann, kein »wir« und »die anderen«. Es funktioniert nicht mehr, dass wir die Lebensumstände unserer Welt in »mein Problem« und »dein Problem« unterscheiden. In einem energetischen Feld des Einheitsbewusstseins muss sich jede Entscheidung, die wir treffen, und jede Handlung in jedem Augenblick auf jede andere Person auf dieser Welt auswirken. Manche Handlungen haben eine größere Wirkung, manche eine geringere. Dennoch ist die Wirkung da.

Sooft wir uns für einen neuen Umgang mit den Herausforderungen des Lebens entscheiden, trägt unsere Lösung zur Vielfalt des menschlichen Willens bei, die unser Überleben sicherstellt. Wenn einer von uns als Pionier eine neue, kreative Lösung für die scheinbar kleinen Herausforderungen unseres individuellen Lebens findet, wird er oder sie zur lebenden Brücke für die nächste Person, die vor der gleichen Herausforderung steht, und dann für die nächste und so weiter. Jedes Mal, wenn jemand mit einem Umstand konfrontiert ist, vor dem in der Vergangenheit schon andere standen, stehen uns aus dem kollektiven Pool an Reaktionsmöglichkeiten mehr Optionen zur Wahl. Schon relativ wenige Individuen können Möglichkeiten kreieren, die zur Option für alle werden.

Eine solche Welt des geeinten Bewusstseins impliziert, dass unser Tun Konsequenzen hat. Jedes Mal, wenn wir andere durch unsere Worte oder Handlungen verletzen, haben wir letztlich uns selbst verletzt. Wenn wir einem anderen Menschen die Lebensqualität oder gar das Leben nehmen, haben wir uns einen Teil unseres eigenen Lebens genommen. Genau die Gedanken, die uns erlauben, andere zu verletzen, schränken unsere Fähigkeit ein, den Willen der Schöpfung durch uns selbst auszudrücken.

Zugleich lieben wir in jeder liebevollen Begegnung mit einem anderen uns selbst. Jedes Mal, wenn wir uns Zeit für jemanden nehmen, uns bemühen, jemanden zu verstehen, für jemand anderen da sind, haben wir gerade all das für uns selbst getan. Wenn wir die Handlungen, Entscheidungen oder Überzeugungen anderer missbilligen, erblicken wir in ihnen jene Anteile von uns selbst, die noch weitere Heilung brauchen.

Praktische Anwendung auf unser Leben

Wenn andere etwas tun, worüber wir vielleicht negativ urteilen, sind wir eingeladen, ihre Rolle in der Einheit anzuerkennen: die Rolle jenes Teils von uns selbst, der sich anders entschieden hat. Durch das Mitgefühl sind wir eingeladen, dieser Handlung als eine Möglichkeit unseren Segen zu geben – ohne sie zu billigen, zu dulden oder sogar ihr zuzustimmen –, und dann weiter unserer Wege zu gehen, indem wir uns für ein neues Vorgehen entscheiden. Diese Schlüssel zur Verwirklichung unserer Einheit können wir wie einen Hebel ansetzen, um unsere Welt zu verwandeln. Unser Einssein hat solche Kraft, dass schon relativ wenige Individuen die Lebensqualität der gesamten Bevölkerung beeinflussen können.

GRUNDSATZ 3: WIR SIND IN RESONANZ UND AUF UNSERE WELT »GESTIMMT«.

Erläuterung
Wir sind ein Teil von allem, was wir wahrnehmen. Als Bündel von Atomen, Molekülen und Verbindungen bestehen wir aus genau den gleichen Elementen, aus denen unsere Welt zusammengesetzt ist, nicht mehr und nicht weniger. Von diesem Grundsatz sind viele alte und eingeborene Traditionen überzeugt. Er lädt uns ein, nicht zu vergessen, dass wir durch unsichtbare Fäden und Schnüre, die wir nicht im Entferntesten ermessen können, mit jeder Form von Leben verbunden sind. In einer derart von Resonanz geprägten Welt ist jeder Stein, Baum, Berg, Fluss und Ozean ein Teil von uns. Was auch immer mit dem Stoff geschieht, aus dem unsere Welt besteht: Wir spüren es in unserem Körper. Die Materialien, die uns in unserem Alltag umgeben, spiegeln die Qualität der Entscheidungen, die wir in unserem Leben getroffen haben. Ob unser Zuhause, unser Auto, unsere Haustiere und unsere Erde – ausnahmslos spiegeln sie uns in jedem Augenblick die Qualität, Implikationen und Konsequenzen dieser Entscheidungen.

Implikationen
Wenn wir zu erkennen lernen, was uns unsere äußeren Lebensumstände sagen, werden uns Möglichkeiten gezeigt, durch Veränderungen in unserem Leben einen Wandel in unserer Welt zu bewirken. Wissenschaftler konnten dokumentieren, dass Veränderungen im Erdboden in direkter Beziehung zu Veränderungen im menschlichen Bewusstsein standen. Von extremer Aggressivität bis zu den höchsten Höhen des Mitgefühls: Über Sensoren im Boden kann man eine relevante Veränderung der biologischen Frequenz feststellen.

Wie wirkt es sich äußerlich aus, wenn viele Menschen, vielleicht sogar ganze Gemeinden oder Städte, miteinander Emotionen wie Aggressionen oder Mitgefühl teilen? Ist es möglich, dass die Heilung von Emotionen in der kleinen Welt unseres Körpers Auswirkungen auf Dinge wie Klimamuster und Erdbebenaktivität hat?

Praktische Anwendung
In jedem Moment des Lebens stehen wir in Beziehung zu den Elementen unserer Welt. Durch unsere Freundschaften, Liebesbeziehungen, Häuser, Fahrzeuge und Lebensumstände bieten sich uns wirkungsvolle Einblicke in die Welt unserer Überzeugungen, Urteile und Absichten. Wenn wir unsere Überzeugungen ändern und neue Wege finden, uns auszudrücken, so dieser Grundsatz, spiegelt uns die Welt um uns herum die getroffene Wahl. Turbulente Systeme werden in Gegenwart unseres Friedens friedlich. Lebensbejahende Entscheidungen in unserem Körper erzeugen auch in unserer Welt Bedingungen, die diese Wahl spiegeln. Vielleicht erklärt das die alte These, um unsere Welt zu heilen, müssten wir damit anfangen, uns selbst in einen Zustand der Heilung zu versetzen.

GRUNDSATZ 4: DIE TECHNOLOGIE DES GEBETS ERMÖGLICHT DIREKTEN ZUGANG ZU UNSEREM KÖRPER, ZU ANDEREN MENSCHEN UND ZU DEN SCHÖPFERISCHEN KRÄFTEN UNSERER WELT.

Erläuterung
Durch unsere innerliche Technologie des Gebets treten wir in Verbindung mit den unsichtbaren Kräften unserer Welt. Es war uns schon immer gegeben, Zugang zu diesen Kräften

zu finden und durch sie auf die Qualität unseres Lebens und unserer Welt zu wirken.

Implikationen
Die Erfahrungen unserer äußeren Welt spiegeln die Entscheidungen, die wir in jedem Augenblick, mit jedem Atemzug, treffen. Manchmal sind wir uns unserer Entscheidungen bewusst, manchmal nicht. Die Forschung belegt, dass unsere Emotionen und Gefühle unmittelbar die DNA in unserem Körper beeinflussen.[14] Weitere Studien deuten darauf hin, dass unsere DNA auch Einfluss darauf ausübt, wie sich Atome und Moleküle unserer äußeren Welt verhalten.[15]
Wir haben die Reaktion des menschlichen Gewebes auf bestimmte Gefühlsqualitäten beobachtet, etwa bei der »Heilung« von Verletzungen und Tumoren innerhalb weniger Augenblicke. Die Verbindung konnte nachgewiesen werden, wenn auch die Tragweite dieser Entdeckung den Rahmen der modernen Wissenschaft sprengt. Unsere Entscheidung, diese Beziehung anzuerkennen, ist zutiefst persönlicher Natur und lädt uns ein weiteres Mal ein, »die Gedanken der Engel zu denken und wie die Engel zu handeln.«[16]

Praktische Anwendung
Es kann durchaus sein, dass das Gebet die mächtigste Kraft in der Schöpfung ist. Individuell haben wir damit eine stille Sprache, um am Ausgang von Ereignissen und an den Herausforderungen unseres Lebens teilzuhaben. Tun wir uns zusammen, so bietet uns das Massengebet die Chance, mit darauf einzuwirken, was aus unserer Welt wird.
Uralte Überlieferungen und moderne Wissenschaftler deuten an, dass uns die komplexe Technologie des Gebets erlaubt, die Möglichkeiten zukünftiger Ausgänge zu erkennen und zu entscheiden, welchen davon wir in unserer Welt erfahren

wollen. Wenn wir zu genau den Bedingungen werden, die wir in unserer Welt erfahren wollen, ziehen wir das Resultat an, das unsere Wahl spiegelt. Insofern »treten« Kriege, Krankheiten und Leid nicht einfach so »ein«; stattdessen wird uns ein Mechanismus gezeigt, der sie geschehen lässt. Gleichzeitig erhalten wir auch die Macht, zu wählen.

Was für eine Ironie, dass die größtenteils aus militärischen Gründen entwickelte Technologie des zwanzigsten Jahrhunderts Erkenntnisse bewirkt hat, die uns zu der wirkungsvollen und dabei so simplen Wissenschaft des Gebets führen. Aber die Daten sind ermittelt und die Experimente durchgeführt. Wir haben – zumindest unter bestimmten Bedingungen – bewiesen, dass Gedanken und Emotionen Gefühle hervorrufen und dass diese Gefühle die Schwingungsmuster verändern, die auf unsere Welt einwirken. Wenn wir die Qualität unseres Gefühls ändern, so ändern wir das Schwingungsmuster und modifizieren damit das Muster in unserer Umwelt.

Nun taucht die Frage auf, wie und in welchem Maß unsere Gefühlsmuster die Welt um uns herum beeinflussen. Wenn wir ein Bindeglied zwischen der unsichtbaren Kraft des menschlichen Gefühls und der Auswirkung unserer Gefühle auf die Welt finden könnten, würde sich der Kreis schließen. Durch ein solches Bindeglied bekämen uralte Überlieferungen und die Fähigkeiten von Mystikern und Yogis, von denen man all die Jahre berichtete, eine neue Glaubwürdigkeit. Vielleicht bietet das Werk von Vladimir Poponin mit die ersten Beweise, die eine direkte Verbindung zwischen Materie und menschlicher DNA bestätigen.

Berge versetzen: Der DNA-Phantomeffekt

Anfang der 1990er-Jahre berichtete Moskaus »Russische Akademie der Wissenschaften« von einer verblüffenden Beziehung zwischen der DNA und den Qualitäten des Lichts, gemessen als Photonen.[17] In einem Bericht über die näheren Einzelheiten dieser frühen Studien schilderte Dr. Vladimir Poponin eine Versuchsreihe, die darauf schließen lässt, dass die menschliche DNA die physische Welt beeinflusst, und zwar durch ein neues, bislang unbekanntes Feld, das beide verbindet. Dr. Poponin, anerkannt als führender Experte auf dem Gebiet der Quantenbiologie, erhielt zum Durchführungszeitpunkt dieser Versuchsreihe ein Stipendium von einer amerikanischen Forschungseinrichtung.

Die Versuche begannen damit, dass man in einem kontrollierten Umfeld die Lichtmuster in einem Vakuum maß. Nachdem aus einer eigens hierfür konstruierten Kammer alle Luft abgesaugt worden war, folgten Muster und Abstände der Lichtpartikel erwartungsgemäß einer Zufallsverteilung. Diese Muster wurden zur Sicherheit noch ein zweites Mal überprüft und aufgezeichnet, um Referenzgrößen für den nächsten Versuchsabschnitt zu haben. Die erste Überraschung erwartete die Wissenschaftler, als DNA-Proben in der Kammer platziert wurden: In Gegenwart des Erbguts veränderten sich nämlich Abstände und Muster der Lichtpartikel. Anstelle des willkürlich wirkenden Musters, das die Forscher zuvor zu Gesicht bekommen hatten, begannen sich die Lichtpartikel nun zu einem neuen Muster umzugruppieren, das den Hebungen und Senkungen einer glatten Welle entsprach. Eindeutig beeinflusste die DNA die Photonen, als verliehe sie ihnen mithilfe einer unsichtbaren Kraft die Regelmäßigkeit von Wellenmustern.

Die nächste Überraschung stellte sich ein, als die Wissenschaftler die DNA wieder aus der Kammer entfernten. Sie waren der festen Überzeugung, dass die Lichtpartikel nun wieder ihren Ausgangszustand, eine zufällige Verteilung, einnehmen würden. Doch es geschah etwas völlig Unerwartetes: Die Muster unterschieden sich stark von denen, die vor Einführung der DNA beobachtet worden waren. Poponin beschrieb es mit seinen eigenen Worten: Das Licht habe sich »überraschend und der Intuition zuwiderlaufend« verhalten. Nach erneuter Überprüfung der Instrumente und einem neuen Versuchsdurchlauf waren die Wissenschaftler in Erklärungsnot: Was mochte es gewesen sein, das in Abwesenheit der DNA die Lichtpartikel beeinflusste? Hatte die DNA etwas hinterlassen, irgendeinen Rückstand an Kraft, der noch lange nach Verschwinden des biologischen Materials bestehen blieb?

Poponin schreibt, er und die Forscher seien »gezwungen gewesen, die Arbeitshypothese zu akzeptieren, dass eine neue Feldstruktur angeregt wurde ...« Um hervorzuheben, dass der Effekt mit dem DNA-Molekül zusammenhing, erhielt das neue Phänomen den Namen »DNA-Phantomeffekt«. Poponins »neue Feldstruktur« erinnert überraschend an den »Urgrund« bei Max Planck sowie Wirkungen, die in uralten Traditionen angedeutet werden.

Diese Versuchsreihe ist wichtig, da sie – vielleicht zum ersten Mal unter Laborbedingungen – eindeutig eine Beziehung demonstriert, die es noch glaubwürdiger erscheinen lässt, dass Gebete Einfluss auf unsere physische Welt haben. In diesem Fall war die DNA mehr oder weniger eine passive Ansammlung von Molekülen, die nicht mit dem Gehirn eines lebendigen, mit einem Bewusstsein ausgestatteten Wesens verbunden waren. Selbst wo das unmittelbare Gefühl fehlte, das durch die Doppelhelix-Antennen pulsierte, war da eine Kraft und eine messbare Wirkung in deren direktem Umfeld.

Nach Aussage der Wissenschaftler verfügt ein Mensch durchschnittlicher Größe und durchschnittlichen Gewichts in seinem Körper über viele Billionen Zellen. Wenn jede Zelle, jede Gefühls- und Emotionsantenne in einem einzelnen Menschen diese Eigenschaften aufweist, die die Welt um sie herum beeinflussen, wie sehr wird der Effekt dann verstärkt? Was geschieht nun, wenn es nicht unwillkürliche Gefühle sind, welche die Zellen dieser einen Person durchströmen, sondern ein Gefühl, das aus einer bestimmten Form von Gedanke und Emotion resultiert, bewusst gesteuert im Gebet? Man multipliziere den Einfluss dieses einen, mit der Macht einer speziellen Form des Gebets ausgestatteten Individuums, mit auch nur einem Bruchteil der vielleicht sechs Milliarden Menschen, die sich heute auf der Erde befinden, und man wird ansatzweise ahnen, wozu unser kollektiver Wille in der Lage ist. Das ist die Macht, allem Leid ein Ende zu bereiten und den Schmerz abzuwenden, von dem das zwanzigste Jahrhundert gekennzeichnet war. Der Schlüssel liegt darin, dass wir zusammenarbeiten müssen, um ein solches Ziel zu erreichen. Das könnte sich als die größte Herausforderung des dritten Jahrtausends erweisen.

In unserer Sprache haben wir das Vokabular, um unsere vergessene Beziehung zu den Kräften unserer Welt, der Intelligenz des Kosmos und anderen Menschen zu beschreiben. Mithilfe einiger der empfindlichsten Messinstrumente unserer Zeit konnte die Wissenschaft nun Energiefelder bestimmen, deren Existenz vor einem halben Jahrhundert nicht einmal anerkannt war, und eine Beziehung beweisen, an die uns die Alten vor mehr als zweitausend Jahren erinnerten. Wir haben direkten Zugang zu den Kräften unserer Welt; der Kreis hat sich geschlossen. Dies ist die Sprache, die Berge versetzen kann. Es ist die gleiche Sprache, die es uns erlaubt, uns für das Leben zu entscheiden statt für Krebsgeschwüre, und in Situationen Frieden zu schaffen, in denen wir vielleicht glauben, dass es keinen Frieden gibt. Wenn wir von Wunderheilungen in früheren Zeiten lesen, stehen wir nicht mehr da und wünschen uns, dass solche Wunder auch in der heutigen Zeit geschehen sollen. *Das Wundersame ist bereits da; uns wird lediglich abverlangt, uns für derartige Ausgänge zu entscheiden.*

Ich bete auch heute noch. Für mich ist jeder Moment des Lebens zum Gebet geworden. Ich danke noch immer für das Gute in meinem Leben und habe nun das Gefühl, dass es in meiner Macht liegt, neue Bedingungen zu wählen statt der Umstände, unter denen ich in der Vergangenheit gelitten habe. Meine streng naturwissenschaftliche Ausbildung hat mir dargelegt, dass es wenig Geheimnisse gibt und dass wir nur selten etwas nicht begründen können, wenn wir es wagen, die »Gesetze« zu akzeptieren, die uns die Natur im Wunder eines jeden Tages zeigt. Das Beten hat mir demonstriert, dass bestimmte Dinge einfach existieren, unabhängig davon, ob wir im betreffenden Moment in der Lage sind, sie zu beweisen.

Ich weiß zum Beispiel, dass einige der heiligsten Erinnerungen des Menschheitserbes in den Klöstern, Kirchen, Grabstätten und Tempeln derer verstreut sind, die vor uns kamen. Ich weiß auch, dass die gleichen Erinnerungen in den Bräuchen und Traditionen von Völkern weiterleben, die wir vielleicht bislang als primitiv eingestuft haben. Ich weiß, dass wir ein großartiges Potenzial haben und dass wir zu wunderbaren Träumen und zu einer Liebe fähig sind, für deren Tiefe es keine Worte gibt. Ich weiß – was vielleicht noch wichtiger ist –, dass bereits eine Möglichkeit existiert, bei der wir dem Leiden aller Geschöpfe ein Ende bereitet haben, indem wir die Heiligkeit allen Lebens ehren. Diese Möglichkeit besteht bereits und ist uns hier und jetzt verfügbar. Ich weiß, dass diese Dinge wahr sind, denn ich habe sie gesehen. In dem Moment, in dem wir massenweise zulassen, dass derartige Möglichkeiten existieren, haben wir den ersten Augenblick neuer Hoffnung. An diesen Moment werden wir uns stets erinnern. Es ist der Moment, in dem wir den letzten Tag der Prophezeiungen außer Kraft setzen.

»Kein Volk soll sein Schwert mehr gegen ein anderes erheben, noch sollen sie mehr Kriegskunst erlernen, denn die vergangenen Dinge sind ausgelöscht.«

DAS ESSENER BUCH DER OFFENBARUNGEN

9

HERZEN HEILEN NATIONEN

*Ein neues Manuskript für unsere Zukunft
in den prophezeiten Tagen*

Eben war ich noch allein gewesen. Ich hatte mir durch die brusthohen Sträucher an der alten Landstraße entlang der Westseite des Tals einen Weg gebahnt. Der Salbei war an diesem Morgen noch vom Raureif benetzt. Eine dünne Eisschicht über dem weichen, trockenen Erdreich knirschte unter meinen Füßen. Mit jedem Schritt sank mein Fuß tief in die Erde und hinterließ im Wüstenboden hinter mir einen perfekten Abdruck meiner dicksohligen Arbeitsschuhe. Als ich im schwachen Licht der Morgendämmerung suchend umherschaute, konnte ich jemanden auf mich zukommen sehen. Ich kniff die Augen zusammen, um besser zu sehen. Es war Joseph. Wir hatten uns, wie so oft, zum Spazierengehen verabredet, einfach um uns zu unterhalten und gemeinsam den Morgen zu erleben. Die ersten Strahlen der Wintersonne, die hinter den Sangre de Christo Mountains östlich von uns aufging, warfen lange Schatten. Wir postierten uns mit dem Rücken zu den Felsen und genossen die herrliche Aussicht.
Am Rand des großen Tales, das von besonders stark duftendem Salbei übersät war, blieb Joseph stehen und tat einen tiefen Atemzug. »Dieses ganze Feld«, setzte er an, »so weit das Auge reicht, funktioniert wie eine einzige Pflanze.« Seine Worte ließen stoßweise kleine Dampfwolken vor ihm entste-

hen, als sich sein Atem mit der noch nachtkühlen Luft vermischte. »Es gibt viele Sträucher in diesem Tal«, fuhr er fort, »und jede Pflanze ist durch ein Wurzelsystem, das wir nicht sehen können, mit den anderen verbunden. Die Wurzeln sind zwar verborgen in der Erde, aber sie existieren. Das ganze Salbeifeld ist eine einzige Großfamilie. Und wie bei jeder Familie«, erklärte er, »wird das, was ein Familienmitglied erlebt, in einem gewissen Maß von allen anderen geteilt.«

Was für ein schönes Bild, dachte ich, als ich Joseph so zuhörte. Ein Bild für die Art und Weise, wie Menschen miteinander durch das Leben verbunden sind. Obwohl wir viele Körper sehen, die wir für Fremde halten, weil sie ein von uns unabhängiges Leben führen – mit Aufgaben, die scheinbar nichts mit unseren zu tun haben –, gibt es da einen einzigen Bewusstseinsfaden, der uns alle wie eine Familie verbindet. Unsere Verbindung entsteht durch ein System, das wir nicht sehen. Dennoch existiert die Verbindung – als das, was manche als den »universellen Geist« bezeichnet haben: das Mysterium unseres Bewusstseins. Wie die Salbeipflanzen hängen auch wir während unserer Lebensreise alle zusammen. Was das Bewusstsein angeht, sind wir auf dieser Welt alle eins.

Manchmal werden die großen Mysterien des Lebens erst dann klar, wenn wir aufhören, über sie nachzudenken. Unser Verstand weiß vielleicht eine Menge an Fakten und Informationen, doch die Bedeutung eines Mysteriums müssen wir fühlen, bevor wir entsprechend leben können. In der Unschuld des Augenblicks wird das Erlebnis, das wir mit jemand anderem teilen, zum Katalysator, der ein neues Verständnis in uns weckt. Jetzt weiß ich, warum.

Ich denke oft an diesen Morgen zurück, an das ehrfürchtige Staunen, das mich packte, als Joseph mit diesem einfachen, aber ergreifenden Bild die Beziehung zwischen den Salbeipflanzen beschrieb. Es stellte nicht nur dar, wie wir miteinander verbunden sind, sondern auch die Möglichkeiten einer solchen Beziehung. Entwickelt der Salbei zum Beispiel an einer Stelle eine Resistenz gegenüber einem Insekt oder einer bestimmten Chemikalie, so wird die gesamte Familie dagegen resistent. *Der Schlüssel liegt darin, dass viele von den Erfahrungen einiger weniger profitieren.*

Neuere Studien zur Wirkung des Massengebets – den auf ein gemeinsames Thema fokussierten Gefühlen von vielen Menschen – dokumentieren ähnliche Beziehungen im menschlichen Bewusstsein. Man konnte nachweisen, dass sich durch das zielgerichtete Gebet einiger weniger die Lebensqualität für die gesamte Nachbarschaft ändert.

In fast allen alten Traditionen herrscht der Glaube, dass die Beziehung zwischen der Alltagswelt und der inneren Welt unseres Bewusstseins noch tiefer reicht. Man sieht unseren Körper und die Erde als Spiegel voneinander und geht davon aus, dass Extreme, die wir bei einem von beiden beobachten, als Metaphern für Veränderungen des anderen gesehen werden können. Dieses Denken bringt zum Beispiel verheerende Klimamuster und Stürme mit dem aus dem Gleichgewicht geratenen Bewusstsein der Menschen in jener Gegend in Verbindung. Gleichzeitig postulieren ganzheitliche Sichtweisen, dass diese Extreme in Form von Erdbeben, mörderischen Orkanen und Taifunen sowie von Krankheiten durch subtile Veränderungen in unserer inneren Einstellung abgeschwächt oder sogar ausradiert werden können.

Existieren hier tatsächlich Beziehungen, so können wir vielleicht zum ersten Mal mit neuer Zuversicht und neuem Vertrauen das einundzwanzigste Jahrhundert beginnen. Vielleicht bietet uns der Beginn des neuen Jahrtausends viel mehr als einen lange prophezeiten dritten Weltkrieg, viel mehr als die vorhergesagten katastrophalen Verluste von Menschenleben und chaotischen Verhältnisse: das wiederentdeckte zweieinhalbtausend Jahre alte Geheimnis des Gebets als seltene Chance, unsere Zeit entsprechend dem zu gestalten, was wir bislang nur in Träumen gesehen haben. Statt uns vor Ereignissen zu schützen, die scheinbar Macht über uns haben, könnten wir regelrecht Bedingungen wählen, die Ja zum Leben sagen und mit denen unsere Zukunft Krankheit, Leiden und Krieg hinter sich lässt.

Tempel aus Fleisch und Blut

In den Worten ihrer Zeit appellierten die gnostischen Gelehrten an zukünftige Generationen, sich zu erinnern, dass die Erde in uns ist, dass wir in ihr sind und dass wir beide in allem, was wir durchleben, auf das Innigste miteinander verwoben sind. Neue Übersetzungen der essenischen Dokumente aus den Höhlen am Toten Meer illustrieren ein noch größeres und manchmal unerwartet tiefes Verständnis ihrer Urheber. Die Motivation für die Zeremonien, die Rituale und die Lebensweise der frühen Essener-Gemeinschaften war die tiefe Überzeugung, dass es den lebendigen Faden zu ehren gilt, der alles Leben in allen Welten verbindet.
Die essenischen Meister betrachteten unseren Körper als Schnittpunkt, an dem die Kräfte der Schöpfung zusammenkommen, um den Willen Gottes zum Ausdruck zu bringen. Für sie war die Zeit, die wir miteinander verbringen, eine Gelegenheit, gemeinsam gerade jene Erfahrungen von Ärger, Wut, Eifersucht und Hass zu erleben, die wir in unserem Leben mitunter scheuen und aburteilen. Mit genau demselben Körper verfeinern wir die Liebe, das Mitgefühl und die Vergebung, die uns zu den größten Ausdrucksformen unseres Menschseins erheben. Deshalb sahen sie unseren Körper

als heilige Stätte, als weichen und verletzlichen Tempel für unsere Seele.

Im Tempel unseres Körpers vereinen sich die Kräfte des Kosmos als Ausdruck von Zeit, Raum, beseelendem Geist und Materie. Genauer gesagt strebt der beseelende Geist durch die Erfahrung von Zeit und Raum nach dem umfassendsten Ausdruck der Anerkennung von Leben in der Materie. Interessanterweise ruhte das Augenmerk der Qumran-Gelehrten auf einer bestimmten Stelle im Körper statt auf der gesamten Körperlandschaft als Ausdruck des Göttlichen. Ein Fragment, das man in den Schriftrollen vom Toten Meer fand, erinnert uns daran, dass wir durch unseren Körper »ein Heiliges Land geerbt« haben, und es heißt dort weiter: »... Dies Land ist kein Feld, das man pflügen muss, sondern eine Stätte, auf die wir unseren Heiligen Tempel erbauen können.«[1]

Die heiligsten Bereiche eines Heiligtums finden sich immer in den verborgensten Winkeln der alten Tempel. In den Tempeln Ägyptens beispielsweise ruht die heiligste Kapelle tief im Innern des Gesamtkomplexes. Verblichene Schriften verweisen immer wieder auf diesen einzelnen Raum: oft klein im Verhältnis zum Rest des Bauwerks, eingebettet zwischen verschlungenen Korridoren und auf dem Weg liegenden Schreinen, als das *beth elohim*, das Allerheiligste. Im Allerheiligsten berührt die unsichtbare Welt des alles beseelenden Geistes die physische Materie unserer Welt.

Übertragen wir diese Metapher von den harten Tempeln aus Stein auf die weichen Tempel unseres Lebens, so muss es auch im Körper ein Allerheiligstes geben. Auf eine Weise, die von der heutigen Wissenschaft vielleicht noch unerkannt ist, steht der innerste Teil unseres lebendigen Tempels für die heilige Stätte, wo der Körper der Materie vom Atem des Geistes berührt wird. Existiert ein solcher Ort in uns?

Nach einem Bericht zur dritten Jahresfachtagung der »International Society for the Study of Subtle Energies and Energie Medicine« (Internationale Gesellschaft für das Studium feinstofflicher Energien und Energiemedizin) zu urteilen, hatten Wissenschaftler demonstriert, wie die nichtphysische Kraft der Emotion eine faktische Veränderung des physischen DNA-Moleküls bewirkte. Man hatte eine strenge Studie an Versuchspersonen durchgeführt, die in emotionaler Selbstkontrolle geübt waren, sowie an einer Kontrollgruppe ohne spezielle Schulung in diesem Bereich. Das Fazit lautete: »Individuen, die darin geübt waren, konzentrierte Gefühle tiefer Liebe zu erzeugen ..., waren in der Lage, *willentlich eine Veränderung* in der Konformation [Gestalt] der DNA *hervorzurufen*« (Hervorhebung Gregg Braden).[2] Spezifische Qualitäten der Emotion, willentlich produziert, bestimmten, in welchem Maß und wie eng die beiden Stränge des Moleküls, das über das Leben entscheidet, zusammengerollt waren.

Diese Studie ist aus verschiedenen Gründen wichtig. Der Aufbau des grundlegenden Bausteins unseres Lebens spielt eine Schlüsselrolle dabei, wie sich die DNA in unserem Körper selbst repariert und reproduziert. Es ist unklar, was eigentlich über die Form des DNA-Moleküls entscheidet. Den schon lange bestehenden Verdacht bestätigend, dass Emotionen einen großen Einfluss auf unsere Gesundheit und Lebensqualität ausüben, belegen diese Berichte nun vielleicht zum ersten Mal, dass das fehlende Bindeglied die Emotionen sind, eine direkte Kommunikationsader zum Kern des Lebens.

Könnte das »Heilige Land«, das in den Schriftrollen vom Toten Meer erwähnt wird, »eine Stätte, auf die wir unseren Heiligen Tempel erbauen können«, eine Schilderung der Zellen unseres Körpers darstellen? Schließlich ist das der Ort, an dem die Wissenschaft nun die Vermählung von Geist und

Materie beobachtet hat. Wenn ja, so ist jede Zelle im Tempel unseres Körpers definitionsgemäß ein Allerheiligstes. Dann müssen wir jede Zelle als heilig betrachten. In dem Moment, da unsere Technologie uns erlaubt hat, zu beobachten, wie der alles beseelende Geist die Welt der Materie formt (die Emotion bei der Formung der DNA), haben wir die Tür zu einer neuen Ära aufgetan: Sie anerkennt eine Beziehung zwischen unserer Einstellung und unserem Erleben.

Erkenntnisse, die man einer so unwahrscheinlichen Quelle wie zweitausenddreihundert Jahre alten Texten entlehnt hatte, wurden nun von der Wissenschaft des zwanzigsten Jahrhunderts für gültig befunden – gewissermaßen eine »biologische Einheits-Theorie«. Mit einer solchen Theorie haben wir den lange gesuchten Mechanismus, der unsere Beziehung zu allem Lebendigen beschrieben. Außerhalb von Wissenschaft, Religion und mystischen Traditionen haben wir bislang noch keinen Namen für unsere revidierte Weltsicht. In ihr klingen die Traditionen von Eingeborenenvölkern vergangener Zeitalter genauso an wie die Worte unseres Abtes in Tibet. »Wir sind alle miteinander verbunden«, hatte er gesagt. »Wir sind alle Ausdruck von ein und demselben Leben … Wir sind alle dasselbe … Wir sind alle eins.«

Vielleicht ist es kein Zufall, wie sehr seine Worte den Worten gleichen, mit denen Joseph den Salbei beschrieb, und wie sehr sie sich mit den essenischen Texten decken. Aufzeichnungen deuten darauf hin, dass eine bestimmte Sekte der Essener, die Karmeliter vom Berg Carmel, Abschriften ihrer heiligsten Schriften zu entfernten Winkeln der Erde brachten, um sie vor der Korruption solcher Texte in der Zeit nach Jesu Erdenleben zu bewahren. Die Stammesältesten nordamerikanischer Stämme schildern Erinnerungen ihres Volkes, wie vor fast zweitausend Jahren Gesandte kamen und essenische Überlieferungen nach Nordamerika brachten.

Weitere Texte fanden im gleichen Zeitraum den Weg in abgeschiedene Klöster Zentralasiens. Eines dieser Dokumente, Historikern als das »Aramäische Evangelium nach Matthäus« bekannt, wird auch das »Evangelium der Nazarener«, »Evangelium der Hebräer« und »Evangelium der Ebioniten« genannt. Alle diese Namen beziehen sich auf dasselbe Manuskript. Von diesem Text konnte man eindeutig belegen, dass er während des ersten Jahrhunderts seinen Weg in isolierte Klöster Tibets fand, und er gilt als »erheblich älter« als die Endfassung des Neuen Testaments.[3]

Tor zwischen den Welten

Die Entwicklung moderner Technik ist oft nicht ohne Ironie. Im Allgemeinen lässt sich sagen: Je einfacher die Technik dem Benutzer erscheint, desto komplexer sind die Systeme hinter den Kulissen, die eine solche Einfachheit erlauben. Ein sehr schönes Beispiel für diesen Gedanken sind unsere per Mausklick auf Icons gesteuerten Computer. Jedes Mal, wenn wir unseren Cursor über den Bildschirm wandern lassen und das Symbol für das gewünschte Programm anklicken, leiten wir damit eine erstaunlich komplexe Serie von Operationen ein. Mit der Geschwindigkeit von Elektronen, die die Bahnen von Mikroschaltkreisen entlangrasen, erwachen interne Zeiger, Maschinensprache, Betriebssystem und Anwendungsprogramme zum Leben. Wir haben lediglich auf ein Bild gezeigt und auf einen Knopf gedrückt. Zum Glück brauchen wir nichts von alldem zu wissen, was sich hinter den Kulissen abspielt. Es ist sogar eher entlastend, es nicht zu wissen.
Die innere Technologie für unseren Zugang zur Schöpfung arbeitet ganz ähnlich. Wenn wir bestimmte Erfahrungen

in unserem Leben meistern, öffnen uns genau diese Erfahrungen Türen zu anderen Welten und Möglichkeiten, von denen wir in der Vergangenheit nur geträumt haben mögen. Gelehrte aus alter Zeit erinnern uns – vielleicht sogar ohne zu wissen, was ihre Schriften bewirken können –, dass wir vom Augenblick unserer Geburt an Kanäle sind für jene anwenderfreundliche und doch hochgradig komplexe Technik, mit der sich unsere Welt verwandeln lässt. In Andeutungen verweisen die Lehren der Ebioniten- und Nazarener-Gemeinschaften auf die verloren gegangene Sprache und die vergessene Kraft in jedem Einzelnen von uns. Eben diese stumme Sprache ermöglicht es uns, zu einem Tor zu werden und so die Qualitäten des Himmels auf die Erde zu bringen. Die Weisheit, der Frieden und das Mitgefühl zum Beispiel, die wir in unseren Träumen erleben, können in unserer Welt Wirklichkeit werden, indem wir solche Eigenschaften in unseren Alltag ausstrahlen.

In einem Auszug aus einem essenischen Text werden wir an die Möglichkeiten erinnert, die eine solche Beziehung in sich birgt: »Wer in Frieden mit seinem Körper lebt, hat einen heiligen Tempel gebaut, in dem für immer der Geist Gottes wohnt.«[4] Die uns verloren gegangene Sprache des Gebets ist die Brücke, welche die Welten des Himmels und der Erde verbindet. »Nur durch die Kommunionen mit den Engeln des Himmelsvaters werden wir lernen, die Gedanken der Engel zu denken und wie die Engel zu handeln.«[5]

Die Konsequenzen dieses vorchristlichen Gedankenguts wirken so einfach wie unsere raffinierteste Computertechnik, und genauso berühren sie unser Leben auf ungeahnte Weise. Sie bedeuten, dass wir alle am Ausgang globaler Ereignisse ebenso mitwirken wie an unserer körperlichen Gesundheit und der Qualität unserer Beziehungen. Im Licht dieses Verständnisses gewinnt der Hinweis aus jahrhundertealten Quellen, die uns nahelegen, dass unser jetziges Leben eine seltene Chance ist, nun eine neue und vielleicht noch größere Bedeutung. Noch zu unseren Lebzeiten haben wir die Möglichkeit, durch bewusst gelenkte Entscheidungen eine äußere Welt zu erschaffen, die unsere tiefsten Gebete und Träume spiegelt.

Wunder in den Anden

Im Frühjahr 1998 richtete das Klimaphänomen, das unter dem Namen El Niño bekannt wurde, durch extreme Temperaturen, Regenfälle und Windverhältnisse auf der ganzen Welt verheerende Schäden an. An der Westküste Südamerikas erfuhr Peru die Hauptwucht der Sturmsysteme, die vom Pazifik in Richtung Festland wanderten. Nach Niederschlägen in Rekordhöhe strömte das Wasser in den überfluteten Tiefebenen zusammen, um einen neuen See zu bilden, der fast sechstausend Quadratkilometer bedeckte. Fruchtbares Ackerland, das in Familien seit Generationen weitervererbt worden war, hatte sich dauerhaft in ein Süßwasservorkommen von solcher Ausdehnung verwandelt, dass dieser neue See nun sogar auf Satellitenfotos zu erkennen ist.

In anderen Teilen Perus jedoch zeigte El Niño genau die entgegengesetzte Wirkung; er sorgte für weit unterdurchschnittliche Niederschläge und ließ die dichte Dschungelvegetation vertrocknen, die der Regen Anfang des Jahres hatte sprießen lassen. Vor allem das gebirgige Hochland im Süden des Landes erlebte bald eine dort unübliche extreme Trockenzeit, begleitet von einer großen Waldbrandgefahr in schwer zugänglichen Gebieten. Auf einer Höhe von fast dreitausendzweihundert Metern über dem Meeresspiegel, inmitten eines der üppigsten Waldgebiete des Landes, liegt der alte Tempelkomplex von Machu Picchu, von dem man annimmt, dass

Teile von ihm noch vor der Zeit der Inkas errichtet wurden. Der massive Tempelkomplex, eine der populärsten und geheimnisvollsten archäologischen Ausgrabungsstätten, die uns heute auf der Welt geblieben sind, zieht Jahr für Jahr Tausende von Touristen an und ist ein nationales Kulturgut. Das Ausbleiben des Regens, kombiniert mit der ohnehin niedrigen Luftfeuchtigkeit in derartigen Höhenlagen, schuf Voraussetzungen für Brände, die leicht zu einem Desaster katastrophalen Ausmaßes führen konnten.

Als ich im Mai 1998 einen Gebetstreck durch die Berge außerhalb von Cuzco führte, erzählte unsere peruanische Führerin und Übersetzerin eine Geschichte, die alle in unserer Gruppe tief berührte. Gleichzeitig bestätigte ihre Erzählung unseren Glauben an das, was im Mittelpunkt unserer Reise stand: die verloren gegangene Wissenschaft des Gebets zu erforschen und sie uns wieder anzueignen. Maria stand vorn in unserem Reisebus, als wir den kurvenreichen Weg durch enge Straßen zu der alten Grabungsstätte von Pissiac zurücklegten. Der dazugehörende Tempelkomplex liegt auf einer Höhe von mehr als dreitausendzweihundert Metern. Am nächsten Morgen sollte für uns ein viertägiger Treck durch die Anden beginnen, bis wir unser Ziel, die »verlorene Stadt« Machu Picchu, erreicht haben würden. Abgesehen davon, dass uns die körperlichen Herausforderungen des Trecks reizten, wollten wir auf dieser Reise Erfahrungen machen, welche die Qualitäten der Kraft, der Weisheit und des Mitgefühls in uns fördern würden.

An jedem Morgen unserer Reise begannen wir mit einem Meditationsthema, das sich uns angesichts der Herausforderungen des jeweiligen Tages tiefer und umfassender erschließen würde. Diese Momente sollten zu Erlebnissen werden, die wir mit nach Hause nehmen wollten, mit in unsere Welt der Familien, Arbeitsstellen und Freundeskreise. So sollte die

Kraft, die wir jeden Abend aufbringen mussten, um unseren Körper zum Camp zu schleppen, das auf viertausenddreihundert Metern Höhe auf einem Felsvorsprung lag, uns ein Beispiel sein für jene Kraft, die wir angesichts der großen Herausforderungen des Lebens brauchen, um vorwärtszugehen. Jeder Tag der Reise bezog sich auf eine Qualität des Gebets, die das Potenzial in sich birgt, uns irgendwann einmal in schweren Zeiten dienlich zu sein.

Als Anfang des Jahres die Dschungelgebiete im Andenhochland durch Blitzschlag in Brand geraten waren, hatten sich die Dorfgemeinschaften im Umfeld organisiert, um das Flammenmeer zu bekämpfen und ihre Dörfer zu retten. Trotz ihrer Anstrengungen geriet das Feuer außer Kontrolle und griff tagelang immer weiter um sich, während Behörden und Einheimische hilflos und erschöpft zusehen mussten. Die Brände hinterließen eine breite Schneise der Zerstörung und schienen in allen Himmelsrichtungen gleichzeitig aufzuflackern. Eines Nachmittags drehte sich der Wind, und das Feuer fraß sich direkt auf die Tempel von Machu Picchu zu. Die wenigen verfügbaren Ressourcen mobilisierend, gaben sich Feuerwehrleute alle Mühe, die Flammen zu ersticken, bevor sie dieses berühmteste Beispiel der Anden-Geschichte erreichen würden. Dürftig ausgerüstet wie sie waren, die Eisenbahnstrecken unterspült und die Wege nach Erdrutschen durch vorausgegangene Regenfälle blockiert, war die einzige Löschwasserquelle der nahe gelegene Fluss Urubamba in einer Schlucht wohl vierhundert Meter unterhalb. Alle Bemühungen, die Tempelruinen zu retten, verliefen erfolglos. Die vorderste Front des Feuers wälzte sich voran und machte Stätten am Rand des viele Hektar großen Komplexes dem Erdboden gleich. Als die Flammen bereits die äußeren Tempelreste auf dem Gipfel des nahen Wyanna Picchu verbrannten, schien die Situation hoffnungslos.

Nachdem die Einheimischen alle anderen Mittel, das Inferno aufzuhalten, ausgeschöpft hatten, griffen sie auf eine Technik zurück, die jahrhundertelang Teil ihrer Kultur gewesen war: Sie taten sich in Familien und Gruppen zusammen, um öffentlich oder still zu beten. Die Gebete variierten zwar in den Einzelheiten, doch das Grundthema war überall gleich: Sie beteten darum, dass die Tempelanlage von Machu Picchu verschont bleiben solle. Kollektiv richteten sie ihre Gebete auf eine gemeinsame Herausforderung.
Es dauerte nur Stunden, bis die Menschen im Süden Perus Zeugen eines Ereignisses wurden, das viele als Wunder betrachten: Ein Tiefdrucksystem entwickelte sich über ihrem Teil der Anden. Eine Front feuchter, warmer Küstenluft vermischte sich mit der kalten, trockenen Gebirgsluft; Wolken zogen am Himmel auf, und es begann zu regnen. Aus dem Regen wurden wahre Wolkenbrüche, die den dichten Wald durchnässten, in dem das Feuer von Wipfel zu Wipfel sprang. Durch Rinnen, die man in das nackte Gestein am Gipfel geschlagen hatte, strömte das Regenwasser in die ausgedorrte Erde der tiefer gelegenen Regionen. Mit dem nährstoffreichen Erdboden zu dickem schwarzem Schlamm vermischt, ergoss sich die dampfende Masse über das erhitzte Gestein in das Brandgebiet. Innerhalb von Stunden waren die Flammen verschwunden, und nur noch die glimmenden schwarzen Baumskelette verwiesen darauf, dass gerade die schlimmsten Brände stattgefunden hatten, von denen die Geschichte der Gegend zu berichten weiß.
Außenstehende Beobachter hielten es für einen glücklichen Zufall. Den Behörden war es ein Rätsel. Die Einheimischen waren einfach nur erleichtert. Für sie war die Sache kein Mysterium. Gott hatte ihre Gebete vernommen und erhört.
Ähnliche Geschichten kursieren über Massengebete, die den Frieden in Nordirland vorantrieben oder die durch NATO-

Bombardements im Irak bedrohtes Leben retteten, sowie über den rätselhaften Kurswechsel eines Asteroiden, der sich 1996 auf Kollisionskurs mit der Erde befand. In jedem dieser Fälle hatten sich Umstände, in denen ein tragischer Ausgang und der Verlust von Menschenleben sicher schienen, unerwartet geändert. Immer fiel die Wende zeitlich mit den Bemühungen vieler Einzelpersonen und Gruppen zusammen, die sich in großer Zahl zum Gebet zusammentaten. Die westliche Wissenschaft hat mittlerweile belegt, dass unsere äußere Welt der Atome und Elemente zumindest in einem gewissen Grad unsere innere Welt der Gedanken und Emotionen spiegelt. Könnte die Schaffung von Frieden und Kooperation auf unserer Welt so simpel sein, dass man sich einfach zum gemeinsamen Gebet zusammentut?

Mehr als Hunderte von Generationen lang bot das Gebet einen stützenden Rahmen in freudvollen wie in krisenreichen Zeiten und spielte im Leben des Einzelnen, der Familien und des Gemeinwesens eine zentrale Rolle. Die stumme Sprache des Gebets, die sich über kulturelle, altersbedingte, religiöse und geografische Grenzen hinwegsetzt, ist vielleicht die am meisten verbreitete Sitte, die uns als Spezies miteinander verbindet. Es ist fast so, als erinnerten wir uns, irgendwo im Nebel unserer kollektiven Geschichte verborgen, an diese heilige Sprache, die mit den unsichtbaren Kräften unserer Welt und anderen kommuniziert.

Vielleicht haben ausgerechnet unsere tiefgehenden und sehr persönlichen Ansichten zum Gebet dazu geführt, dass diese universelle Gepflogenheit der Menschheit mit zum Auslöser unserer Getrenntheit wurde. Selbst heute noch, bei unseren ersten Schritten in das dritte Jahrtausend, schlagen die Wogen der Emotionen hoch, wenn Wissenschaft und Philosophie über die Macht des Betens debattieren. Für die Menschen in alter Zeit, für die Eingeborenenvölker unserer Welt und in vielen heutigen Haushalten des Westens braucht man keinen Beweis für die Macht des Gebets. Diejenigen, die beten, konnten seit Generationen das Ergebnis ihrer Gebete beobachten – auch ohne Bestätigung, ohne Messungen und ohne das, was viele heute als wissenschaftliche Beweise bezeichnen. Für gläubige Menschen sind die Wunder in ihrem Leben alles, was sie an Beweisen brauchen.

Anderen Zeitgenossen jedoch hat es genau die Tatsache, die Wunder des Lebens messen, dokumentieren und für gültig erklären zu können, erlaubt, die Technik zu konstruieren, die uns sicher bis zu diesem Moment in unserem Leben gebracht hat. Jeder Weg hat seine Gültigkeit. Beide laden uns ein, jene Entscheidungen zu treffen, die unsere Zukunft bestimmen.

Was müsste passieren?

Große Menschenmengen haben mich schon immer fasziniert. Wenn ich aus der Warte eines zurückgezogenen Platzes in einem Flughafencafé oder einer Bank am Rand eines geschäftigen Großstadtplatzes die Passanten beobachte, blicke ich in Hunderte von Gesichtern und frage mich oft, was passieren müsste, damit all diese Personen, die scheinbar unabhängig voneinander ihren separaten Aufgaben nachgehen, zu einem gemeinsamen Moment des Friedens und der Kooperation zusammenkämen. Welcher Anlass könnte wohl alle erreichen, ungeachtet aller äußerlichen Unterschiede? Was könnte über das Alltagsgeschäft hinausgehen und die Erinnerung an eine gemeinsame Geschichte wecken, die uns in der einzigen uns bekannten Welt in eine gemeinsame Zukunft führt? Unsere Schule des Denkens sagt: Aufgrund der Tatsache, dass sich Menschen und Nationen so weit von Mutter Erde und voneinander entfernt haben, wird nur eine

Krise von immensen Ausmaßen unsere Erinnerungen an das Einssein wieder wecken und die Möglichkeit der Kooperation erneuern. Scheinbar locken harte Zeiten unser tiefstes Wissen in Form unserer größten Stärken hervor, durch die wir über unsere mit anderen geteilten Qualen triumphieren. In solchen Zeiten gewinnt das gemeinsame Ziel den Vorrang gegenüber jeglichen Unterschieden der ethnischen Abstammung, sozialen Schicht oder Kultur.

Die Geschichte zeigt, dass die Bevölkerung dazu tendiert, in Krisenzeiten näher zusammenzurücken. Während des Erdbebens in der japanischen Stadt Kobe zum Beispiel, bei den großen Bränden in Mexiko oder in der beispiellosen Wirbelsturmsaison 1998, stellten Menschen aller Schichten ihren sozialen Status hintan, um dort Hilfe anzubieten, wo sie am dringendsten gebraucht wurde. Plötzlich standen Angestellte aus der Chefetage Seite an Seite mit Straßenverkäufern in den Trümmern eingestürzter Gebäude, um unter dem Schutt begrabene Kinder zu befreien. Bankdirektoren arbeiteten mit der Nationalgarde zusammen, um gebrochene Dämme zu festigen. Während eines der schlimmsten Eisstürme, die in der Geschichte Amerikas je aufgezeichnet wurden, im Winter 1998, überlebten mehr als fünf Millionen Menschen dreiunddreißig Tage lang ohne Elektrizität. In Teilen Kanadas und im Nordosten der Vereinigten Staaten teilten sich Menschen, die sich wenige Tage zuvor kaum gekannt hatten, notdürftige Kerosinkocher und Küchenöfen.

Es kann sein, dass ein ähnliches Szenarium – vielleicht globalen Ausmaßes – der Impuls sein wird, unsere innere Technologie des Gebets, das Quantendenken und die Kraft der menschlichen Emotionen miteinander zu verschmelzen. Die Bedrohung durch einen tückischen Asteroiden beispielsweise, der auf die Erde zurast, oder eine Krankheit, deren Entwicklung sich mithilfe der herkömmlichen Medizin nicht aufhalten lässt, kann ein Katalysator für eine derartige Kooperation sein. Zum Glück sind diese Beispiele hypothetischer Natur, zumindest bis auf Weiteres. Nicht so hypothetisch jedoch ist eine wachsende Bedrohung für den zerbrechlichen Frieden, der unsere Welt seit dem Ende des letzten Weltkriegs beehrt.

Nation gegen Nation

Bei der Geburt des einundzwanzigsten Jahrhunderts scheinen die Voraussetzungen für eine starke Polarisierung der Weltmächte vorzuliegen, wodurch die Bedrohung durch einen weltweiten Krieg in den Bereich des Möglichen rückt. Länder, die man ehemals im Rahmen der globalen Strategien als nicht so wichtig sah, nehmen nun neue und unerwartete Rollen in dem Drama ein, das sich derzeit entwickelt und unserer Welt ein neues Gesicht gibt.

In den beiden letzten Jahren des zwanzigsten Jahrhunderts zum Beispiel erlebte man, wie sich eine Reihe weiterer Länder den exklusiven Zirkeln der Atommächte anschloss. Besondere Beachtung fanden die überraschenden Atomwaffentests von Indien und Pakistan. Trotz der eindringlichen Aufrufe zur Abrüstung durch den Sicherheitsrat der Vereinten Nationen testeten Russland und die Vereinigten Staaten, die beiden technologischen Rivalen, weiterhin unbeirrt ihre Waffen und Trägersysteme. Ihre Erweiterung von Kernwaffenarsenalen verteidigten sie zu Friedenszeiten mit dem Argument, dass diese dem Interesse der nationalen Sicherheit dienten.

Obgleich viele die Möglichkeit eines weltumspannenden Krieges wegen der noch zu frischen Erinnerungen an die Schrecken des Zweiten Weltkrieges gering einschätzen, ist es wichtig, wachsam und kritisch zu bleiben und die Tragweite globaler Ereignisse zu erkennen, auch wenn sie zunächst weit entfernt und von geringer Relevanz für das eigene Leben zu sein scheinen.

Die Kosovokrise des ausgehenden zwanzigsten Jahrhunderts bot ein Beispiel für genau solche Ereignisse. Obwohl die Konflikte, die zur Kosovokrise führten, zufälligen Beobachtern so vorkamen, als seien sie »aus heiterem Himmel« entstanden, gehen sie in Wirklichkeit auf jahrhundertealte Spannungen in einem Teil Osteuropas zurück, den zahlreiche Analytiker als das »Pulverfass Balkan« bezeichnen. Nach den ethnischen Säuberungen und Kriegsgräueln, die die Welt weniger als ein Jahrzehnt zuvor in Bosnien beobachtet hatte, waren die westlichen Nationen nicht gewillt, zuzulassen, dass sich eine ähnliche Tragödie im Kosovo fortsetzen würde. Über Zielsetzung, Dauer und Form des militärischen Eingreifens waren jedoch selbst die interventionsbereiten Alliierten geteilter Meinung. Am Machtkampf in Osteuropa lässt sich eindeutig studieren, wie regionale Zwistigkeiten die Großmächte der Welt unerwartet polarisieren und gefährlich in Positionen an entgegengesetzte Seiten des Verhandlungstisches bringen können.

Die Balkanregion ist nur ein Beispiel von vielen für eine politische Situation von immenser militärischer Tragweite. Während die Vereinten Nationen die Entwicklung der Ereignisse in Europa verfolgen, legen sie dem Irak weiterhin ein Embargo und militärische Einschränkungen auf. Vom Aufbau eines Arsenals an chemischen und biologischen Waffen bedroht, sieht man den Irak als ein weiteres Pulverfass, diesmal im Nahen Osten. Selbst die arabischen Nachbarn dieses Landes, seine traditionellen Verbündeten, missbilligen das neue Waffenpotenzial des Irak und die Destabilisierung des ohnehin empfindlichen Gleichgewichts in einem brisanten Teil der Welt.

Tatsache ist, dass die letzten Jahrzehnte, die viele auf globaler Ebene als relativ friedvoll betrachteten, auf lokaler Ebene Tragödien und enorme Not hervorgebracht haben. Man schätzt die Zahl der Toten, die auf das Konto separatistischer Bewegungen sowie Religions- und Bürgerkriege gehen, auf über viereinhalb Millionen – eine Zahl, die der Gesamtbevölkerung des US-Bundesstaats Louisiana oder des ganzen Staates Israel entspricht. Rechnet man den Konflikt in Tibet mit ein, so steigen die Verluste an Menschenleben um mindestens eine weitere Million, eher mehr.

LOKALISIERUNG GLOBALER SPANNUNGEN ZU BEGINN DES NEUEN JAHRTAUSENDS[6]

Ort	Schilderung des Konflikts	Zahl der Toten*
Bosnien/Herzegowina	Serbische Opposition bosnischer Unabhängigkeit	200.000 +
Kosovo	Freiheitskampf der Kosovaren	2000 +
Nordirland	Gewalt zwischen verschiedenen Konfessionen	3200
Haiti	Bürgerkrieg, der zum Militärcoup von 1991 führte	?

Tschetschenien	Unabhängigkeitskampf Moslems gegen Russen	40.000
Sri Lanka	Tamilen bekämpfen Singhalesen seit 1983	56.000
Ruanda	Hutu-Mehrheit bekämpft Tutsi-Minderheit	800.000 +
Republik Kongo	Bürgerkrieg	10.000 +
Somalia	Bürgerkrieg	300.000 +
Sudan	Moslems bekämpfen Christen	1,9 Millionen
Angola	Bürgerkrieg	1,0 Millionen
Sierra Leone	Bürgerkrieg	3000
Liberia	Bürgerkrieg	250.000
Algerien	Bürgerkrieg	65.000–80.000
Türkei	Bürgerkrieg	37.000
Tibet	Konflikt zwischen China und Tibet	1,0 Millionen

* Stand der Statistik: erstes Quartal 1999

Eines steht fest: Diese Statistiken beschreiben ⟨…⟩ res als eine friedliche Welt. Bis in die späten N⟨…⟩ jahre jedoch schienen derartige Konflikte rein lokaler Na⟨…⟩ und, wenn auch tragisch, wenig relevant im Alltag der Menschen der westlichen Welt. Ereignisse im Spätjahr 1998 und in 1999 jedoch veränderten unsere Sicht der Welt, als die Massenmedien das Grauen regionaler Konflikte und isoliert stattfindender Kriege auf eine Weise in unsere Wohn- und Klassenzimmer brachten wie noch nie zuvor. Zusätzlich tragen Situationen wie der Zusammenbruch der Friedensverhandlungen zwischen Israel und Palästina, fortwährende Spannungen in Nordirland und ein plötzlicher Sprung in Chinas Kerntechnologie zu dem bei, was viele Gelehrte für die Vorläufer der sattsam bekannten Prophezeiungen halten: die globale Anbahnung eines dritten großen Krieges. Durch die steigenden Spannungen stellt schon allein die Zahl der Konflikte eine immer realere Bedrohung für die globale Stabilität dar.

Kriegsvisionen

In alten Prophezeiungen finden sich in der Tat reichlich Visionen eines Zusammenbruchs der Regierungssysteme um die Jahrtausendwende, gefolgt von einer Zeit ausufernder grauenvoller Kriege. Der Apostel Matthäus zum Beispiel beschrieb unsere Epoche als eine, in der man von Kriegen und Kriegsberichten höre; eine Nation werde sich »gegen die andere erheben und ein Königreich gegen das andere.«[7] Oft umfassen derartige Prophezeiungen auch eine ganze Palette an Deutungen im Hinblick auf Ursache und Wesen dieses Ergebnisses. Von einer Verknappung der natürlichen Ressourcen wie Wasser und Öl bis zu Streitigkeiten über fruchtbares Land: Viele Propheten haben die Geburt des dritten Millenniums als eine Zeit noch nie zuvor da gewesener Kriege zwischen den Großmächten der Erde gesehen. Nahezu universell zieht sich das Thema »Konflikte« durch die Vorhersagen für die Jahrtausendwende: die berühmten Visionen von Edgar Cayce und Nostradamus, aber auch die Sicht von weniger bekannten Propheten wie etwa Bischof Christianos Ageda und des bayrischen Visionärs Stormberger.

Stormberger, geboren im achtzehnten Jahrhundert, bewies in seinen Prophezeiungen zur Welt des zwanzigsten Jahrhunderts erstaunliche Präzision. Seine Vorhersagen beinhalten Einzelheiten zu einem Konflikt, aus dem der Zweite Weltkrieg, die Weltwirtschaftskrise und eine dritte globale Heimsuchung, ein weiterer Weltkrieg wurde: »Nach dem zweiten großen Ringen zwischen den Nationen wird eine dritte universelle Feuersbrunst folgen, die über Alles entscheiden wird. Es wird vollkommen neue Waffen geben. An einem Tag werden mehr Menschen zugrunde gehen als in allen vorherigen Kriegen zusammen. Enorme Katastrophen werden eintreten.«[8]

Besonders interessant an Stormbergers Zukunftsvision ist sein Kommentar, dass der Krieg für viele überraschend kommen werde. Er sieht diejenigen, die das Geschehen erkennen, als unfähig, ihre Erkenntnisse weiterzugeben: »Die Nationen der Erde werden mit offenen Augen in diese Katastrophen hineingeraten. Ihnen wird nicht bewusst sein, was sich da abspielt, und diejenigen, die es wissen und darüber sprechen, werden zum Schweigen gebracht. Der dritte große Krieg wird das Ende vieler Nationen sein.«[9] Stormberger bringt nicht klar zum Ausdruck, ob das Ende der besagten Nationen darauf zurückgehen wird, dass andere Mächte sie vereinnahmen, oder auf Vernichtung durch die neuen Waffen.

In einigen seiner klarsten Vierzeiler schildert Nostradamus, dass der Krieg seiner Millenniumsvision im Jahr 2000 eintritt. In Centurien X, Vers 74, schreibt er: »Im Jahr, wo die große Septime vollendet ist [2000], wird zur Zeit der Schlachterei nicht fern vom Beginn des grandiosen Jahrtausends ...«[10]

Es kommen einem die Hunderttausende von Flüchtlingen in den Sinn, die sich in den letzten Jahren des zweiten Jahrtausends gezwungen sahen, die Balkanländer zu verlassen, wenn man liest, wie Bischof Christianos Ageda in seiner Prophezeiung aus dem vierten Jahrhundert eine Zeit vorhersah, wo »es Kriege geben wird und Raserei, die lange andauern wird; ganze Provinzen werden ihrer Bewohner entledigt, und Königreiche in Verwirrung gestürzt.«[11]

In einem Dokument, das als die »Warschauer Prophezeiung« bekannt wurde, beschrieb ein polnischer Mönch des achtzehnten Jahrhunderts den großen Krieg als eine Zeit »giftiger Wolken, und Strahlen, die sich tiefer einbrennen als die Sonne am Äquator; Armeen werden marschieren, umhüllt von Eisen; fliegende Schiffe voll mit entsetzlichen Bomben und Pfeilen, und fliegende Sterne mit schwefeligem Feuer, die binnen eines Augenblicks ganze Städte auslöschen.«[12]

In den genannten Beispielen zeigt sich eindeutig ein roter Faden, denn jede Prophezeiung schildert eine Zeit der Tragödie, des Krieges und Todes. Zwar lassen sich solche Prophezeiungen natürlich verschieden interpretieren, doch die Tatsache, dass so gut wie jede der großen Religionen die Zeit, in der sich ihre Prophezeiungen erfüllen werden, in unserer Ära ansiedelt, verdient einen eingehenden Blick auf aktuelle-

Situationen. Der Schlüssel zur Auslegung solcher prophetischer Aussagen – manche von ihnen so alt wie das altindische »Mahabharata«-Epos* – liegt darin, dass sie lediglich Möglichkeiten darstellen, Schilderungen von Ereignissen, die noch nicht praktisch in Erscheinung getreten sind.

In den vorangegangenen Kapiteln wurde erklärt, wie es geschehen konnte, dass Menschen schon vor Jahrhunderten derart detaillierte Berichte eingegeben wurden. Es wurde ein Kontext angeboten, innerhalb dessen sich diese und andere Vorhersagen als flüchtige Einblicke in eine unermessliche Palette von möglichen Zukünften betrachten lassen. Statt derartige Visionen als »Millenniumsspinnerei« oder »apokalyptisches Blabla« abzutun, tun wir vielleicht besser daran, uns zu fragen, was wir aus solchen Erkenntnissen lernen können.
Bei aller Mehrdeutigkeit alter Prophezeiungen und Vorhersagen bleibt eines gewiss: Seit Hunderten und in einigen Fällen Tausenden von Jahren haben alte Propheten etwas in unserer Zukunft gesehen, das sie beunruhigte. Ob die Prophezeiung vor einem halben Jahrhundert entstand oder vor zweieinhalbtausend Jahren: Die Visionen der Propheten bleiben bemerkenswert ähnlich. In den Worten der jeweiligen Zeit beschreiben sie ihre Erfahrungen in dem Bemühen, die Tragödie ihrer Visionen abzuwenden. Die Chance unserer Zeit besteht darin, aktuelle Ereignisse miteinander in Einklang zu bringen und für uns die Rolle und Brauchbarkeit alter Visionen in unserem modernen Leben herauszufinden. Wir müssen uns fragen, ob die Bedingungen unserer heu-

---

* Das »Mahabharata« (entstanden etwa im vierten Jahrhundert vor Christus; Anm. d. Übers.), das der Vermittlung von Grundlehren des Hinduismus diente, besteht aus rund 100 000 Zweizeilern, in denen Dharma, das rechte Handeln, beschrieben wird.

tigen Welt die Visionen erfüllen, die aus der Warte einer anderen Zeit gesehen wurden. Wenn ja, so haben wir es bei unserem jetzigen Leben vielleicht mit jenen Tagen zu tun, in denen »alles Geheimnis offenbart werden wird«[13] und in denen wir endlich unsere in Vergessenheit geratene Technologie des Betens anwenden, um die uralten Visionen von Tragödie und Leid umzulenken.

Massengebete und das biblische Senfkorn

Zusätzlich zu den schriftlichen Vorhersagen alter Propheten berichten auch die mündlichen Überlieferungen vieler Eingeborenenvölker von Zuständen, die einer Zeit großer Kriege vorangehen. Vielleicht werden die Ereignisse, die einer solchen Tragödie den Weg bahnen, am besten vom Volk des Friedens selbst zusammengefasst: den Hopi. In einem bestimmten Abschnitt ihrer Prophezeiungen erinnern uns die Hopi in plastischen Worten: Sobald die Entscheidungen der Menschheit von den lebensfördernden Naturgesetzen abirren, spiegeln sich diese Entscheidungen in der Gesellschaft und den natürlichen Gegebenheiten um uns herum. Wenn Herz und Geist der Menschen sich so isolieren, dass sie einander vergessen, wirkt die Erde darauf hin, uns an unsere wichtigsten Eigenschaften zu erinnern. »Wenn Erdbeben, Überschwemmungen, Hagel, Dürre und Hungersnöte Alltag werden, ist die Zeit gekommen, zum wahren Weg zurückzukehren.« Die Hopi-Überlieferungen lassen uns nicht nur die Zeichen einer solchen Zeit wissen – sie empfehlen außerdem ein Handeln, das Herz und Geist der Menschen wieder mit der Erde harmonisiert.

Die scheinbar einfache Prophezeiung erinnert uns: »Wenn Gebet und Meditation zum Einsatz kommen, statt sich auf neue Erfindungen zu verlassen, die noch mehr Ungleichgewicht erzeugen, dann werden sie [die Menschheit] auch den wahren Weg finden.«[14] Die Worte der Hopi sind ein schlichter Hinweis auf das Quantenprinzip; es besagt: Um den Ausgang von Ereignissen zu verändern, die bereits in Gang sind, müssen wir unsere Überzeugung im Hinblick auf den Ausgang selbst verändern. Hierdurch ziehen wir jene Möglichkeit an, die unserer neuen Überzeugung entspricht, und *lassen die derzeitigen Umstände los, selbst solche, die bereits eingesetzt haben.*

Durch die neueren Studien zu den Auswirkungen des Gebets erhalten uralte Thesen, dass wir gegen die Gräuel unserer Welt – jene der Gegenwart wie auch die der Zukunft – »etwas tun« können, neue Glaubwürdigkeit. Diese Studien verstärken das zunehmende Beweismaterial, dass konzentriertes Gebet, insbesondere dann, wenn es im größeren Maßstab dargebracht wird, eine vorhersehbare und messbare Auswirkung auf die Qualität des Lebens während der Zeit des Gebets hat. In einer Reihe von Studien, in denen statistisch Veränderungen im Alltag dokumentiert wurden – etwa im Hinblick auf bestimmte Verbrechen und Verkehrsunfälle –, konnte man eine direkte Beziehung zwischen den Gebeten und der Statistik nachweisen: Während der Gebete sinken die Zahlen in der Statistik. Sobald die Gebete enden, kehrt die Statistik zum vorherigen Niveau zurück.

Wissenschaftler haben den Verdacht, dass die Beziehung zwischen Massengebet und der Aktivität von Individuen in den einzelnen Kommunen mit einem Phänomen zusammenhängt, das als »*Feldeffekt* des Bewusstseins« bezeichnet wird. Recht ähnlich wie bei Josephs Beschreibung des Salbeis, wo sich die Erfahrung einer einzelnen Pflanze auf das gesamte Feld auswirkt, scheinen Studien spezifischer Bevölkerungsstichproben eine solche Beziehung zu bestätigen.

Zwei Wissenschaftler, denen man eine Schlüsselrolle bei der Entwicklung der modernen Psychologie zuschreibt, verwiesen in Studien vor rund einhundert Jahren eindeutig auf derartige Effekte.
William James brachte in einem ursprünglich 1898 veröffentlichten Thesenpapier vor: »... es existiert ein Bewusstseinskontinuum, das den Geist von Individuen vereint und das sich unmittelbar erfahren ließe, wenn die psychophysische Wahrnehmungsschwelle durch ein Feinerwerden des funktionierenden Nervensystems hinreichend gesenkt würde.«[15] Die Arbeit von James war eine durchaus moderne Bezugnahme auf eine Bewusstseinszone, eine Ebene des universellen Geistes, die jedes einzelne Leben berührt. Durch Einsatz spezieller Qualitäten des Denkens, Fühlens und der Emotionen können wir Zugang zu diesem universellen Geist bekommen und davon profitieren. Der Sinn vieler Gebete und Meditationstechniken ist es, aktiv einen solchen Zustand herzustellen.
In den Worten der damaligen Zeit legen die alten Lehren die Existenz eines ähnlichen Bewusstseinsfeldes und einen Zugang mit ähnlichen Methoden nahe. Die vedischen Traditionen zum Beispiel sprechen von einem geeinten Feld des »reinen Bewusstseins«, das die gesamte Schöpfung durchdringt.[16] In derartigen Traditionen wird unsere Erfahrung des Denkens und Wahrnehmens als Störung betrachtet, Unterbrechungen in einem ansonsten bewegungslosen Feld. Gleichzeitig können wir genau durch unsere meisterliche Beherrschung der Wahrnehmung und des Denkens als Einzelne oder als Gruppe das einende Bewusstsein finden. Die praktische Anwendung solcher Studien spielt eine zentrale Rolle bei den weltweiten Bemühungen, unserer Welt Frieden zu bringen. Wenn wir Konflikte, Aggressionen und Krieg in unserer äußeren Lebenswelt als Anzeichen für Stress in

unserem kollektiven Bewusstsein betrachten, so dürfte die Linderung von kollektivem Stress weltweite Spannungen lösen. Oder um die Worte von Maharishi Mahesh Yogi zu gebrauchen, Begründer der Programme der Transzendentalen Meditation: »Alles Auftreten von Gewalt, Negativität, Krisenkonflikten oder Problemen in der Gesellschaft ist lediglich Ausdruck einer Zunahme von Stress im kollektiven Bewusstsein. Wenn das Stressniveau hinreichend hoch wird, brechen im großen Maßstab Gewalt, Krieg und Bürgerunruhen aus, die ein militärisches Handeln erfordern.« Das Schöne am Feldeffekt: *Wenn innerhalb einer Gruppe Stress gemildert wird, sind die Auswirkungen auch außerhalb dieser unmittelbaren Gruppe zu spüren, selbst noch in einem größeren Umfeld.* Dieser Gedanke führte zu Studien von Massenmeditationen und -gebeten während des israelisch-libanesischen Krieges Anfang der 1980er-Jahre.

Im September 1983 wurden diese Untersuchungen in Jerusalem durchgeführt, um die Beziehung zwischen Gebet, Meditation und Gewalt zu erforschen. Unter Anwendung neuer Technologien bei Versuchen zu einer uralten Theorie wurden Personen während des Konflikts mit dem Libanon an strategisch wichtigen Orten in Jerusalem postiert; sie waren in den Techniken von TM ausgebildet, die von Gebetsforschern als eine Form des Gebets betrachtet wird. Zweck der Studie war es, festzustellen, ob sich eine Stressminderung in den Populationen an diesen bestimmten Orten tatsächlich regional in weniger Gewalt und Aggression spiegeln würde.

Die Studien von 1983 folgten auf vorangegangene Experimente, aus denen hervorging, dass es zur Reduzierung von Verbrechen, Unfällen und Selbsttötungen ausreiche, wenn nur *ein* Prozent der Gesamtbevölkerung Formen des friedlichen Gebets und der Meditation im Sinne des Einheitsgedankens praktiziere. 1972 durchgeführte Studien zeigten, dass vierundzwanzig US-Städte, jede mit einer Bevölkerungszahl von mehr als zehntausend, eine statistisch messbare verminderte Kriminalität erlebten, wenn nur *ein* Prozent der Bevölkerung (einhundert Personen pro zehntausend) eine Form von Meditation praktizierte.[17] Dieses Phänomen machte unter dem Namen »Maharishi-Effekt« von sich reden.

Um in der israelischen Studie festzustellen, wie bestimmte Formen der Meditation und des Gebets die allgemeine Bevölkerung beeinflussen würden, bestimmte man die Lebensqualität mithilfe eines statistischen Indexes, der auf der Zahl von Bränden, Verkehrsunfällen, kriminellen Handlungen, Schwankungen auf dem Börsenmarkt und der generellen Stimmung der Nation basierte. Auf dem Höhepunkt der Experimente meditierten in der Studie zweihundertvierunddreißig Teilnehmerinnen und Teilnehmer, ein Bruchteil der Bevölkerung im Großraum Jerusalem. Die Ergebnisse der Studie wiesen eine hochgradige Korrelation zwischen der Zahl der Betenden und der Abnahme der Aktivität in den unterschiedlichen Kategorien sowie der Lebensqualität in der unmittelbaren Nachbarschaft nach. Bei höherer Teilnehmerzahl sanken die Indizes der verschiedenen Kategorien, bei geringer Beteiligung nahmen Verbrechen, Brände und Unfälle wieder zu.[18]

Ähnliche Studien, die in großen Ballungsgebieten der Vereinigten Staaten, Indiens und der Philippinen durchgeführt wurden, ergaben ähnliche Korrelationen. Daten von diesen Städten zwischen 1984 und 1985 zeigten eine Abnahme in der Kriminalitätsrate, die »nicht auf Kriminalitätstrends oder -zyklen zurückging und auch nicht auf Veränderungen in Politik oder Vorgehensweise der Polizei.«[19]

Die Ernte ist reich, wenngleich der Arbeiter wenige sind

Seit Jahrhunderten sagen Propheten und Weise, dass ein Zehntel von einem Prozent der Bevölkerung, das mit vereinten Kräften zusammenarbeitet, das Bewusstsein der ganzen Welt verändern kann. Wenn diese Zahlen stimmen, kann eine überraschend kleine Zahl von Individuen den Samen für große Möglichkeiten legen. Derzeit wird unsere Weltbevölkerung auf rund sechs Milliarden Menschen geschätzt. Ein Prozent unserer globalen Nachbarschaft bedeutet also sechzig Millionen; hiervon wiederum ein Zehntel ergibt eine Zahl, die annäherungsweise sechs Millionen meint. Um hier einen Maßstab zu haben: Sechs Millionen Menschen – das entspricht etwa drei Viertel der Einwohnerzahl von Los Angeles.

Aus diesen Statistiken mag zwar eine *optimale* Zahl für das Erzielen von Veränderungen hervorgehen, doch lassen die Untersuchungen in Jerusalem und den anderen großen Ballungsgebieten darauf schließen, dass die Zahl der Menschen, die man braucht, um einen solchen Umschwung zu initiieren, sogar noch kleiner sein kann. Die Studien weisen darauf hin, *dass die ersten Bemühungen des Massengebets beziehungsweise der Massenmeditation spürbare Auswirkungen hatten, sobald die Zahl der Beteiligten größer war als die Quadratwurzel von einem Prozent der Einwohnerzahl.*[20] In einer Stadt mit einer Million Menschen zum Beispiel wären das nur einhundert Personen!

Überträgt man die lokalen Ergebnisse in den Teststädten auf eine größere Population, erhält man eindrucksvolle und mitunter unerwartete Ergebnisse. Die Quadratwurzel von einem Prozent der Weltbevölkerung beträgt etwas weniger als achttausend Menschen – das wäre also nur ein Bruchteil der Zahl, die man früheren Schätzungen zufolge braucht, um etwas zu bewirken. Mit dem Aufkommen des World Wide Web und der computergestützten Kommunikation ist es selbstverständlich machbar geworden, koordinierte Meditationen und Gebete zu organisieren, bei denen jeweils mindestens achttausend Menschen mitwirken. Dabei gibt diese Zahl eindeutig nur das Minimum an, das erforderlich ist, damit eine Wirkung eintritt – ein Schwellenwert sozusagen. *Je größer die Zahl der Teilnehmenden, desto mehr nimmt der Effekt zu.* Derartige Zahlen erinnern uns an alte Ermahnungen, die darauf verwiesen, dass sogar ganz wenige Menschen durchaus etwas für die ganze Welt erreichen können.

Vielleicht ist dies das »Senfkorn« aus der Parabel, die Jesus verwendete, um zu demonstrieren, welches Ausmaß von Glauben seinen Jüngern abverlangt würde. Besteht ein solcher Glaube – daran erinnert uns das verlorene Q-Evangelium –, so ist »die Ernte reich, wenngleich der Arbeiter wenige sind.«[21] Beweise für ein solches Potenzial haben wir also. Welche Folgen hat es, eine solche kollektive Kraft geballt auf die großen Herausforderungen unserer Zeit zu richten? Nun, vielleicht zeigte es sich zum Beispiel schon damals im November 1998 beim Friedensgebet am Vorabend der militärischen Aktion im Irak.

Die Gedanken der Engel denken

Gelehrte, Forscher und Wissenschaftler haben herausgefunden, welche Umstände sich ihres Erachtens bis weit ins einundzwanzigste Jahrhundert hinein in einem Desaster katastrophalen Ausmaßes niederschlagen. Ein Konglomerat aus Politik, sozialen Veränderungen und nie da gewesenen Klimaveränderungen hat in den letzten Tagen des zwanzigsten Jahrhunderts schon Tausende das Leben gekostet, vor allem Frauen und Kinder. Zwar müht man sich redlich, hier Abhilfe zu schaffen und die Auswirkungen zu lindern, doch zeigt sich, dass die gut gemeinten Bemühungen bestenfalls vorübergehend helfen.

Vielleicht ist es jetzt an der Zeit, politische Verträge und militärische Lösungen nicht länger als Antworten zu betrachten, sondern in ihnen Brücken zu einem neuen Denken zu erkennen. Es scheint, dass wir in der Entwicklung der Regierungen und Nationen eine kritische Zeit erreicht haben, wo das Muster der Androhung von Gewalt zur Durchsetzung von Forderungen schlichtweg nicht mehr so funktioniert wie noch vor einigen Jahrzehnten. Bei isolierten Zwischenfällen von kurzer Dauer mag der kluge Einsatz von Gewalt dienlich sein. Jedes Mal jedoch, wenn wir eine solche militärische Bandage anlegen, ist das so ähnlich, als würden wir mit dem Finger einen Riss in einem wassergefüllten Ballon abdichten: Was an einer Stelle der schnellen »Reparatur« dient, bewirkt an einer anderen, dass sich der Ballon ausbeult. Genau dieses Szenario spielt sich im Hinblick auf die Weltpolitik ab. *Um die Zustände zu ändern, die Krieg, Unterdrückung und Massenelend ermöglichen, müssen wir das Denken verändern, das die Existenz dieser Zustände ermöglicht hat.*

Wir leben in einer Welt der *kollektiven Zustimmung*. Krieg und Leid im Großen spiegeln die Elemente, die Derartiges im Kleinen möglich machen. Wir geben unsere Zustimmung mal bewusst, mal ahnungslos zu den Ausdrucksformen unseres Gruppenwillens. Auf Ebenen, die uns nicht einmal bewusst sein mögen, tragen unsere Gedanken, Einstellungen und Handlungen anderen gegenüber tagtäglich zu den kol-

lektiven Überzeugungen bei, die Ja zu unseren Kriegen und dem Leid auf der Welt sagen.
So zum Beispiel kann die Entstehung der für Kriegszeiten typischen Mentalität, Konflikte zu erwarten und auf sie gefasst zu sein, *in unserer internationalen Welt* nur dann eintreten, wenn wir derartigen Konflikten *in unserem persönlichen Leben* Raum geben. Während wir individuell unsere Episoden leben, bei denen wir uns in unseren persönlichen Beziehungen »wehren müssen« oder andere in der Schule »ausstechen« beziehungsweise Kollegen und Konkurrenten »schachmatt setzen«, erinnert uns die Quantenphysik daran, wie genau diese individuellen Ausdrucksformen unseres Lebens, um ein Vielfaches verstärkt, in einer anderen Zeit und an einem anderen Ort den Weg für einen ähnlichen Ausdruck bereiten. *Um Frieden in unserer Welt zu erfahren, müssen wir in unserem Leben zum Frieden werden.* Aus der Quantenperspektive ergibt es wenig Sinn, uns unter Ellbogeneinsatz zu unserem geparkten Wagen vorzuarbeiten und dann im wilden Zickzack durch den Straßenverkehr zu rasen, weil wir am anderen Ende der Stadt zu einer Friedenskundgebung wollen.
Wie subtil diese Angelegenheit ist, wurde mir noch klarer Anfang 1999, kurz nach der Kosovokrise, gegen Ende eines Radiointerviews. Der Moderator hatte uns freundlicherweise die erste Stunde einer Livesendung zur Verfügung gestellt: So konnten wir Konzepte entwickeln und in groben Umrissen Möglichkeiten für die künftige Entwicklung skizzieren, bevor er telefonisch Zuhörerfragen entgegennehmen würde. Ich hatte gerade die Vorstellungswelt des Quantendenkens mit ihren vielen potenziellen Ausgängen und die Kraft der Gebete zur Wahl unserer Zukunft dargelegt, als der erste Anruf einging. Nach einigem Lob für unser Interview und Komplimenten zum Programm setzte der Anrufer an:

»Gregg, ich verstehe, was Sie über die Kraft des Betens gesagt haben und dass es größere Auswirkungen hat, wenn viele Menschen zusammen beten, als wenn es hie und da Individuen tun. Meine Frage ist nun, warum wir nicht gemeinsam die Macht unserer Gebete dazu einsetzen können, dass der Diktator, der die ganzen Schwierigkeiten in Osteuropa zu verantworten hat, einen Herzschlag bekommt?«
Unbehagliches Schweigen, während sowohl dem Moderator als auch mir selbst bei dieser Frage ganz schwindlig wurde.
»Ich schätze, die Frage geht wohl an mich«, sagte ich und durchbrach so die Stille.
»Legen Sie los, Gregg«, hörte ich die Stimme des Moderators.
»Einem politischen Führer das Leben zu nehmen, und sei es, um die Gewalt in seinem Land zu beenden, geht an dem vorbei, was es mit der Macht unseres Gebets auf sich hat. Genau dieses Denken hat es überhaupt erst möglich gemacht, dass der Terror des Krieges geschehen konnte!«, gab ich zurück. »Wir reden uns zwar vielleicht ein, dass wir das unmittelbare Problem durch das Töten einer Person gelöst hätten, aber irgendwo, in irgendeinem Teil der Welt, werden wir die Konsequenzen unseres Handelns erleben – wahrscheinlich auf völlig unerwartete Weise. Das Gebet geht darüber hinaus, anderen unseren Willen aufzuzwingen. Das Gebet ist unsere Möglichkeit, mehr entstehen zu lassen als solche Kreisläufe. Wir können unsere Wissenschaft des Fühlens dazu einsetzen, neue Möglichkeiten in eine existierende Situation hineinzubringen.«
»Ich glaube, ich verstehe, was Sie da sagen«, gab der Anrufer zurück. »So weit habe ich nicht gedacht. Vielleicht brauchen wir ihn nicht gleich umzubringen – wir könnten ihn ja auch nur verletzen. Vielleicht reicht das schon.«
Der Moderator unterbrach das Gespräch für eine Werbepause, und danach hatte ich Gelegenheit, unser Interview

noch einmal zusammenzufassen und ein paar abschließende Worte zur Sendung zu sagen. Den gesamten restlichen Abend und noch Tage danach dachte ich an den Anrufer und daran, wie viel Schmerz es in seinem Leben geben musste, dass er zu solchen Schlüssen kam. Ich glaube zwar, dass er eine Extremposition vertrat, doch gleichzeitig demonstrierte er, wie tief kriegerisches Denken in unserer Kultur verankert ist. Warum überraschen uns Massenmorde in unseren Häusern, in Büros oder Schulen, wenn wir auf einer umfassenderen Ebene im Namen des Friedens dem gleichen Denken beipflichten?

Ob wir unsere Welt aus der Perspektive der uralten Überlieferungen oder aus der Sicht der Quantenphysik sehen: Wir sind aufgefordert, vollkommen umzudenken, was unseren früheren Umgang mit Konflikten angeht. Beide Paradigmen, Wissenschaft und alte Philosophie, erinnern uns daran, dass es kein »wir« und »die anderen« geben kann. Es gibt nur »uns«, und wir sind aus den Umständen herausgewachsen, wo es wirkte, dem Leben anderer unseren Willen und unsere Veränderungsideen aufzuzwingen. Ein Blick auf die zuvor in diesem Kapitel tabellarisch aufgelisteten Konflikte erinnert uns, dass es früher zwar den Anschein gehabt haben mag, solche Lösungen würden funktionieren; aber vielleicht haben wir durch sie nur ein wenig Zeit gewonnen, um neue Optionen zu erkennen, statt dass sie dauerhafte Lösungen waren. Wenn wir uns entscheiden, das Leben in unserem alltäglichen Umfeld zu respektieren, beobachten wir, wie sehr unsere Entscheidungen die Macht haben, Krieg zu beenden und Aggressionen zu etwas Überholtem zu machen.

Das Beten wird oft als passiver Akt bezeichnet. Schon oft wurde ich im Hinblick auf eine bestimmte Krisensituation in unserer Welt gefragt, was ich denn »wirklich tun« wolle. In solchen Momenten sah man das Gebet als etwas Sekundäres im Vergleich dazu, tatsächlich »etwas zu tun«. Nehmen wir die Perspektive ein, die alte Überlieferungen uns eröffnen und die nun von den Erkenntnissen moderner Forschung gestützt werden: Demzufolge könnte unsere Fähigkeit, in Zwiesprache mit den Kräften des Kosmos zu treten, unseren Weg durch die Zeit zu wählen und über den Gang unserer zukünftigen Geschichte zu entscheiden, die am höchsten entwickelte und wirkungsvollste Macht sein, mit der unsere Welt gesegnet ist.

Das Gebet ist eine konkrete, messbare und gerichtete Kraft in der Schöpfung. Das Gebet ist real. Zu beten heißt durchaus, »etwas« zu tun. Was sonst können wir tun? Die Lösungen der Vergangenheit lassen uns in der Gegenwart im Stich. Das Gebet ist der Akt der Umdefinierung eines Fundaments, das sich aus Hass, ethnischer Gewalt und Krieg zusammensetzt. Das Tun tritt lediglich in einer ganz anderen Form auf, als wir uns aktives Handeln in der Vergangenheit vorgestellt haben. Könnte es denn so einfach sein? Ist es möglich, dass alles, was wir tun müssen, um den Frieden unseres Herzens in die Wirklichkeit unserer Welt zu reflektieren, darin besteht, uns die entsprechende Wirklichkeit auszusuchen, indem wir sie als Ausgang gefühlsmäßig so erleben, als sei sie bereits eingetreten? Die neueren Ereignisse scheinen dazu in den Augen der Welt »Ja« zu sagen.

Am Beginn des einundzwanzigsten Jahrhunderts stehen wir vor einer Zeit, in der das Überleben unserer Spezies tatsächlich davon abhängen mag, wie wir unsere inneren und äußeren Wissenschaften in derartigen Technologien vereinen können. Wenn wir die Rolle von politischer Zugehörigkeit, militärischen Bündnissen und zwischenstaatlichen Grenzen neu definieren, kann die Macht der Massengebete nicht unberücksichtigt bleiben. Die Auswirkungen der Technologie des Gebets auf globaler Ebene sind immens und vielleicht weiter reichend, als wir ermessen können. Unser Leben stellt einen seltenen Moment dar, in dem wir – vielleicht zum ersten Mal in unserer Geschichte – bewusst über den Ausgang dieses Augenblicks entscheiden können. Wissenschaft, Religion und mystische Überlieferungen transzendierend, legen die Essener uns nahe, dass genau in dieser historischen Epoche durch den Einsatz der uns verloren gegangenen Wissenschaft des Gebets und der Prophetie alle Wesen geheilt würden – die bereits entstandenen und noch nicht entstandenen – und dass in dieser Zeit in allen Welten Frieden herrschen würde. Noch zu unseren Lebzeiten würden die Völker der Erde alle Geheimnisse der »Engel im Himmel« kennen.

Wir sind eingeladen, als Reaktion auf grauenhafte Vorfälle eine neue Sichtweise einzunehmen und uns für eine höhere Option zu entscheiden, die darauf verzichtet, die Ereignisse eines jeden Tages als gut, schlecht, richtig oder falsch zu beurteilen. Wenn die Grundsätze zu Gebet und Frieden gültig sind, so ist der Schmerz der Menschen in Afrika, auf dem Balkan, im Nahen Osten und überall sonst, wo Menschen leiden, auch unser Schmerz. Die uralten Geheimnisse des Heilens erinnern uns daran, dass wir hier auf unserer Welt alle eins sind. Wenn wir den Schmerz anderer lindern, lindern wir auch unseren eigenen Schmerz. Wenn wir andere lieben, lieben wir uns selbst. Jeder Mann, jede Frau und jedes Kind dieser Welt ist imstande, eine neue Möglichkeit zu erschaffen, jenes Denken zu ändern, das Leid zulässt. Unsere Vorfahren haben uns gut auf diesen Zeitpunkt in der Geschichte vorbereitet. Wir haben die Gelegenheit, angesichts von scheinbar täglich zunehmenden Herausforderungen einen neuen Kurs einzuschlagen. Wir sind eingeladen, in unserer Welt so zu denken und zu handeln, wie die Wesen des Himmels in der ihren. Dadurch erwecken wir eine vergessene Technologie aus dem Schlaf unseres kollektiven Gedächtnisses und bringen endlich die Bedingungen des Himmels auf die Erde.

Die Gelehrten von Qumran zeichneten in ihren eigenen Worten die Lehren ihrer großen Meister auf, um sie für Augenblicke wie diesen zu erhalten – Augenblicke, in denen uns ihre Ermutigung die Kraft gibt, einen weiteren Tag in dieser Welt zu lieben und zu leben. Wir werden daran erinnert, dass es »nicht leicht ist, die Augen zum Himmel zu heben, wenn die Augen aller Menschen zur Erde gerichtet sind. An den Füßen der Engel zu beten, wenn alle Menschen nur Ruhm und Reichtum ehren, ist nicht leicht. Aber das Schwerste von allem ist, die Gedanken der Engel zu denken, die Worte der Engel zu sprechen und wie die Engel zu handeln.«[22]

AUSKLÄNGE

Auf die folgende Geschichte war ich aufmerksam geworden, als ich unmittelbar davorstand, den ersten Abend einer Tagung zu eröffnen, die drei Tage dauern würde. Einen Großteil des Nachmittags hatte ich mit der Frage verbracht, womit ich bei der Veranstaltung an diesem Abend beginnen sollte. Ich hatte zwar eine recht gute Vorstellung davon, wie unsere Zeit miteinander nach dem Eröffnungsteil verlaufen würde, doch wie sich die ersten Momente des Abends im Einzelnen gestalten sollten, war mir noch ein Rätsel. In solchen Momenten der Ungewissheit, wo es den Anschein erweckt, als existierten annehmbare Lösungen nur als eine in der Ferne aufglimmende Möglichkeit, fehlt, wie ich inzwischen festgestellt habe, meist ein Stück des Puzzles – etwas, auf das ich noch aufmerksam werden muss. Mein Vertrauen auf dieses Gefühl und das Wissen, dass es kommen wird, lässt oft eine eigentümliche Gelassenheit an die Stelle ängstlicher Unruhe treten.

Ich ging bei uns zu Hause ins Esszimmer und öffnete den großen Briefumschlag, den mir an diesem Tag jemand überreicht hatte. Er enthielt mehrere Zeitungsausschnitte über Triumphe der Menschlichkeit, von denen mich einer so sehr berührte, dass mir unversehens die Tränen über die Wangen liefen. Am Abend erzählte ich diese Geschichte dann vor ein paar Hundert Personen. Die Wirkung war dieselbe. Der Artikel schilderte einen Zwischenfall bei den Paralympics 1998.

Die Behindertenolympiade war als Gelegenheit organisiert worden, bei der Kinder, Jugendliche und junge Erwachsene im Geist eines freundschaftlichen Wettkampfs zusammenkommen konnten. Was diese Olympischen Spiele von den anderen unterscheidet, ist die Tatsache, dass alle Teilnehmerinnen und Teilnehmer besondere körperliche oder geistige Herausforderungen zu bewältigen haben, die sie davon abhalten, bei den regulären Internationalen Olympischen Spielen anzutreten, die alle vier Jahre im Brennpunkt der Weltöffentlichkeit stehen. Der Artikel befasste sich mit der Geschichte von neun Kindern, die sich in ihrer Zeit im Olympia-Trainingscamp 1998 miteinander anfreundeten.

Eines Morgens traten die Kinder bei einem Wettkampf auf der gleichen Bahn gegeneinander an. Als der Startschuss ertönte, kämpften sie sich alle in Richtung Ziellinie am anderen Ende der Aschenbahn durch. Das Beeindruckende an dem Bericht war ein kleiner Junge mit Downsyndrom. Während sich die anderen Wettkampfteilnehmer jeweils mit ihren eigenen Mitteln und mit viel Geschicklichkeit auf das Ziel hinarbeiteten, drosselte dieser Junge sein Tempo und blickte zur Startlinie zurück. Er hatte nämlich gesehen, wie einer aus seinem Team zu Beginn des Wettlaufs gestürzt war und sich mühte, wieder auf die Beine zu kommen.

Der Junge mit Downsyndrom blieb unvermittelt stehen, machte kehrt und ging zu seinem Freund zurück. Einer nach dem anderen merkten auch die anderen Wettkampfteilnehmer, was sich da abspielte. Sie drehten sich um und machten kehrt. Schließlich standen alle wieder dort, wo der Wettlauf begonnen hatte. Sie hoben ihren Freund auf, hakten sich unter und gingen zusammen die Bahn entlang zum Ziel. In diesem Moment hatten die neun Kinder die Wettkampfregeln für sich neu definiert. Während die Stoppuhr noch immer weitertickte, setzten sie sich über zeitliche und sportliche Einschränkungen hinweg und schufen sich stattdessen ein Erlebnis, bei dem sie alle auf ihre eigene Weise ans Ziel kamen, und zwar gleichzeitig. Es ergab für sie keinen

Sinn, dass einer von ihnen ohne die anderen an der Ziellinie ankäme.
Diese Geschichte ist aus zwei Gründen wichtig: Zum einen, weil das Bild der zusammenarbeitenden Kinder jedes Mal, wenn ich von dem Vorfall erzähle, eine machtvolle Emotion auslöst. Keine Traurigkeit oder Enttäuschung, vielmehr wird oft berichtet, wie sie Hoffnung weckt. Diese Emotion der Hoffnung öffnet die Tür zu größeren Möglichkeiten und schafft die Chance eines neuen Ergebnisses in unserem Leben. Zum anderen ist der Bericht ein wunderschönes Beispiel dafür, wie eine Gruppe von Kindern in ihrer unschuldigen Zuneigung zueinander den Ausgang ihres Erlebnisses neu definierten, indem sie in einer vorgegebenen Situation neue Regeln anwandten. Auf ihre eigene Weise erinnern uns die Kinder bei der Behindertenolympiade an die großartigen Möglichkeiten unseres eigenen Lebens in dieser besonderen Zeit unserer Geschichte.
Uns ist vor Augen geführt worden, dass es möglich ist, die Parameter der Prophezeiungen für unsere Zukunft neu festzulegen. Das Beweismaterial erinnert uns daran, dass wir uns jedes Mal, wenn wir auf die Herausforderungen unseres Alltags reagieren, für uns selbst einsetzen. Am besten können wir uns solche Möglichkeiten vielleicht vor Augen führen, wenn wir das Wesen des Mitgefühls, der Zeit, der Vergebung und des Gebets aus der Sicht derer erkunden, die vor uns kamen. In den Worten ihrer Zeit werden wir daran erinnert, dass wir hier alle eins sind und dass wir vor allem auf diese Welt gekommen sind, um zu lieben.

ANMERKUNGEN

EINLEITUNG

1   Lutherbibel mit Apokryphen, revidierte Fassung von 1984, »Der Prophet Jesaja«, Kapitel 24, Vers 3; Stuttgart: Deutsche Bibelgesellschaft, 1999 (Bibeltexte sind auch online verfügbar unter http://www.die-bibel.de/online-bibeln/luther-bibel-1984/lesen-im-bibeltext/)
2   Ebenda, Kap. 35, Verse 6–7
3   Ebenda, Kap. 29, Vers 18
4   David W. Orme-Johnson, Charles N. Alexander, John L. Davies, Howard M. Chandler und Wallace E. Larimore, »International Peace Project in the Middle East«, *The Journal of Conflict Resolution* 32, Nr. 4 (Dezember 1988), S. 776–812
5   Michael C. Dillbeck, Garland Landrith III und David W. Orme-Johnson, »The Transcendental Meditation Program and Crime Rate Change in a Sample of Forty-Eight Cities«, *Journal of Crime and Justice* 4 (1981), S. 25–45
6   John F. Harris, »U.S. Launches, Then Aborts Airstrikes after Iraq Relents on U.N. Inspections«, *Washington Post*, 15. November 1998

KAPITEL 1: LEBEN WIR IN DEN LETZTEN TAGEN DER PROPHEZEIUNGEN?

1   Lutherbibel mit Apokryphen, revidierte Fassung von 1984, »Das Evangelium nach Matthäus«, Kapitel 24, Verse 7–8

2   Ron Cowen, »Gamma-Ray Burst Makes Quite a Bang«, *Science News* 135 (8. April 1998), S. 292; ursprünglich berichtet von S. George Djorgovski vom California Institute of Technology in Pasadena in *Nature*

3   Doug Isbell, Bill Steigerwald und Mike Carlowicz, »Twin Comets Race to Death by Fire«, NASA Goddard Space Flight Center (http://umbra.nascom.nasa.gov/comets/comet_release.html und http://umbra.nascom.nasa.gov/comets/SOHO_sungrazers.html), 3. Juni 1998

4   Jonathan Eberhart, »Fantastic Fortnight of Active Region 5395«, *Science News* 153 (9. Mai 1998), S. 212; Bericht von Patrick S. McIntosh vom National Oceographic and Atmospheric Administration's Space Environment Laboratory in Boulder, Colorado

5   Joseph B. Gurman, »Solar Proton Events Affecting the Earth Environment«, NOAA Space Sciences Environment Services Center (http://umbra.gsfc.nasa.gov/SEP/seps.html); aus einer Revision vom 25. August 1998

6   Richard Monastersky, »Recent Years Are Warmest Since 1400«, *Science News* 153 (9. Mai 1998), S. 303; ursprünglich berichtet von Michael E. Mann von der University of Massachusetts, Amherst, in *Nature*, 23. April 1998

7   Richard Monastersky, »Satellites Misread Global Temperatures«, *Science News* 154 (15. August 1998), S. 100; ursprünglich berichtet von Douglas M. Smith vom United Kingdom Meteorological Office in Bracknell, in *Geophysical Letters*, 15. Februar 1998

8   Richard Monastersky, »Antarctic Ice Shelf Loses Large Piece«, *Science News* 153 (9. Mai 1998), S. 303;

	ursprünglich berichtet von Ted Scambos vom National Snow and Ice Data Center in Boulder, Colorado
9	Richard Monastersky, »Signs of Unstable Ice in Antarctica«, *Science News* 154 (11. Juli 1998), S. 31; ursprünglich berichtet von Reed P. Scherer von der Universität Uppsala, Schweden, in *Science,* 3. Juli 1998
10	Matt Mygaff, »Sudden Occurrence of Radio Waves at Galactic Center Puzzles Scientists«, berichtet in *Valley Times* (Livermore, Kalifornien), aus: Bericht der Associated Press, 5. Mai 1991
11	Tom Majeski, »Airport Renames 2 Runways as Magnetic North Pole Drifts«, *St. Paul Pioneer Press,* 7. Oktober 1997; Bericht über ein Interview mit Bob Huber, Assistant Manager des Federal Aviation Administration's Airports District Office
12	Richard Monastersky, »Earth's Magnetic Field Follies Revealed«, *Science News* 147 (22. April 1995), S. 244; ursprünglich berichtet von Robert S. Coe von der University of California, Santa Cruz, sowie Michel Prevot und Pierre Camps von der Universität Montpellier in Frankreich
13	Dr. Edmond Bordeaux Székely, *Das Evangelium der Essener* (Buch 1), Südergellersen: Verlag Bruno Martin, 1988, S. 23 bzw. 12 f.
14	Michael Drosnin, *Der Bibel Code,* München: Heyne, 1999, S. 188
15	David W. Orme-Johnson u.a., »International Peace Project in the Middle East«, *The Journal of Conflict Resolution* 32, Nr. 4 (Dezember 1988), S. 778
16	Jeffrey Satinover, *Die verborgene Botschaft der Bibel. Der Code der Bibel entschlüsselt.* München: Goldmann, 1998, S. 340

KAPITEL 2: VERLORENE WORTE EINES VERGESSENEN VOLKES

1. *The Lost Books of the Bible and the Forgotten Books of Eden* (New York: New American Library, 1963). Aufschlussreich für deutschsprachige Leserinnen und Leser: Gerd Lüdemann und Martina Janssen, *Bibel der Häretiker. Die gnostischen Schriften aus Nag Hammadi,* Stuttgart: Radius-Verlag, 1997
2. *The Lost Books of the Bible and the Forgotten Books of Eden,* Vorwort zu Buch 1
3. Ebenda
4. Ebenda, Einleitung zu Kapitel 2
5. Ebenda, »The Gospel of the Birth of Mary«, Kapitel 2, Vers 10
6. Ebenda, »The First Book of Adam and Eve«, Kapitel 1, Verse 1–2
7. Dr. Edmond Bordeaux Székely, *Die Lehren der Essener* (Buch 1), Südergellersen: Verlag Bruno Martin, 1988, S. 15
8. Ebenda, S. 14
9. Székely, *Das Evangelium der Essener* (Buch 1), S. 45
10. *Die Schriftrollen von Qumran,* Übersetzung und Kommentar von Michael Wise, Martin Abegg und Edward Jr. Cook. Augsburg: Pattloch, 1997, S. 8
11. Székely, *Das Evangelium der Essener* (Buch 1), S. 16–20; deutsche Übersetzung mangels einer exakten Entsprechung nach der englischen Ausgabe (Anm. d. Übers.)
12. Ebenda, S. 23 und 12 f.
13. James M. Robinson, Hrsg., *The Nag Hammadi Library,* übersetzt und mit einer Einleitung versehen von Mitgliedern des Coptic Gnostic Library Project des Institute for Antiquity and Christianity, Clearmont,

      Kalifornien (New York: Harper San Francisco, 1990), S. 279 (Anm. d. Übers.: Der komplette Wortlaut der Apokalypse des Adam in deutscher Sprache findet sich in: Gerd Lüdemann und Martina Janssen, *Bibel der Häretiker. Die gnostischen Schriften aus Nag Hammadi*, »Die Apokalypse des Adam«)
14   Ebenda
15   Ebenda, S. 285
16   Robinson, *The Nag Hammadi Library*, »The Thunder: Perfect Mind«, S. 295
17   Gerd Lüdemann und Martina Janssen, *Unterdrückte Gebete. Gnostische Spiritualität im frühen Christentum*, »Der Donner: Der vollkommene Verstand«. Stuttgart: Radius-Verlag, 1997
18   Ebenda
19   Burton L. Mack, *The Lost Gospel. The Book of Q and Christian Origins* (New York: Harper San Francisco, 1994), S. 295
20   Gerd Lüdemann und Martina Janssen, *Bibel der Häretiker. Die gnostischen Schriften aus Nag Hammadi*, »Das Thomasevangelium«

KAPITEL 3: DIE PROPHEZEIUNGEN

1   Michael D. Coe, *Breaking the Maya Code* (New York: Thames and Hudson, 1993), S. 61
2   José Arguelles, *The Mayan Factor* (Santa Fe: Bear & Company, 1987), S. 145
3   Ebenda, S. 126
4   Richard Laurence, *The Book of Enoch the Prophet*, Kapitel VII, Verse 11–12, übersetzt nach einem äthiopischen Manuskript in der Bodleian Library (San Diego: Wizards Bookshelf Secret Doctrine Reference Series, 1983), S. 7

5   Jim Schnabel, *Geheimwaffe Gehirn. Die PSI-Agenten des CIA*. München/Essen/Ebene Reichenau: Bettendorf, 1998, S. 18 f.
6   Ebenda, S. 334
7   N. Alexander Centurio (Übers. und Deutung), *Die großen Weissagungen des Nostradamus. Prophetische Weltgeschichte bis zum Jahr 2050*. München: Goldmann, S. 248
8   Mark Thurston, *Millennium Prophecies, Predictions for the Coming Century from Edgar Cayce* (New York: Kensington Books, 1997), S. 5
9   Ebenda, S. 6
10 Ebenda
11 Ebenda, S. 35
12 Ebenda, S. 34
13 Tom Majeski, »Airport Renames 2 Runways as Magnetic North Pole Drifts«, *St. Paul Pioneer Press,* 7. Oktober 1997; Bericht eines Interviews mit Bob Huber, Assistant Manager des Federal Aviation Administration's Airports District Office
14 Thurston, *Millennium Prophecies,* S. 34
15 Ebenda, S. 35
16 Ebenda, S. 110
17 Laurence, *The Book of Henoch the Prophet,* S. 4
18 Ebenda, S. 1
19 Ebenda, S. 57
20 *The New American Bible, Saint Joseph Edition,* Vorwort zum Buch Daniel (New York: Catholic Book Publishing Co., 1970), S. 1021
21 John F. Walvoord, *Every Prophecy of the Bible* (Colorado Springs, Col.: Chariot Victor Publishing, 1999), S. 212

22 Neil Douglas-Klotz, *Prayers of the Cosmos. Meditations on the Aramaic Words of Jesus* (New York: Harper San Francisco, 1994), S. 12–13
23 Székely, *Das Evangelium der Essener* (Buch 2), S. 136
24 Ebenda, S. 137
25 Ebenda, S. 143 f.
26 Ebenda, S. 144 f.
27 Ebenda, S. 145
28 Ebenda, S. 146
29 Ebenda, S. 92 bzw. 107
30 Drosnin, *Der Bibel Code,* S. 18
31 Ebenda, S. 189
32 Jack Cohen und Ian Stewart, *Chaos und Anti-Chaos. Ein Ausblick auf die Wissenschaft des 21. Jahrhunderts.* München: dtv, 1997, S. 64 f.
33 Drosnin, *Der Bibel Code,* S. 166 f.

KAPITEL 4: WELLEN, FLÜSSE UND STRASSEN

1 Satinover, *Die verborgene Botschaft der Bibel.* München: Goldmann, 1998, S. 332
2 Ebenda, S. 331
3 Ebenda, S. 348
4 Eugene Mallove, »The Cosmos and the Computer: Simulating the Universe«, *Computers in Science* 1, Nr. 2 (September/Oktober 1987)
5 Fred Alan Wolf, *Parallele Universen. Die Suche nach anderen Welten.* Frankfurt/Main: Insel, 1998
6 Székely, *Das Evangelium der Essener* (Buch 2), S. 81
7 Jack Cohen und Ian Stewart, *The Collapse of Chaos* (New York: Penguin Books, 1994), S. 191; zitiert nach Drosnin, *Der Bibel Code,* S. 177
8 Robert Boissiere, *Meditations with the Hopi* (Santa Fe, Bear & Company, 1986), S. 110

9   Ebenda, S. 113
10 Thomas E. Mails und Dan Evahema, *Hotevilla: Hopi Shrine of the Covenant* (New York: Marlowe & Company, 1995), S. 564
11 Boissiere, *Meditations with the Hopi*, S. 117
12 John Davidson, *The Secret of the Creative Vacuum* (The C.W. Daniel Company Limited, 1989)
13 Drosnin, *Der Bibel Code*, S. 188

KAPITEL 5: DER JESAJA-EFFEKT

1   Lutherbibel mit Apokryphen, revidierte Fassung von 1984, »Der Prophet Jesaja«, Kapitel 24, Verse 5–6
2   Ebenda, Kapitel 24, Verse 18–23
3   Ebenda, Kapitel 65, Verse 17–19
4   Lutherbibel mit Apokryphen, revidierte Fassung von 1984, »Der Prophet Daniel«, Kapitel 12, Vers 13
5   Lutherbibel mit Apokryphen, revidierte Fassung von 1984, »Der Prophet Jesaja«, Kapitel 29, Vers 11
6   Ebenda, Kapitel 25, Verse 6–7
7   Ebenda, Kapitel 25, Vers 4
8   Ebenda, Kapitel 25, Vers 6 (Anm. d. Übers.: Der Autor bezieht sich hier nach eigenen Angaben auf Anmerkungen in der *New American Bible, Saint Joseph Edition*, S. 848 f.)
9   *The New American Bible, Saint Joseph Edition*, »Bible Dictionary«, S. 335 (Anm. d. Übers.: In der vom Autor zitierten Bibelausgabe findet sich ein stellenweise stark von der Lutherbibel und anderen gängigen deutschen Bibelfassungen abweichender Text, der übersetzt lauten würde: »Die Vision des Friedens schafft eine Zuflucht für die Armen, eine Zuflucht für die Bedürftigen in ihrer Not; Schutz vor dem Regen, Schutz vor der Hitze. In der Gegenwart der Vision

von Frieden wird der Schleier, der alle Völker verhüllt, das Netz, das über alle Nationen gesponnen wurde, vernichtet werden.«)

KAPITEL 7: DIE SPRACHE GOTTES

1. Székely, *Das Evangelium der Essener* (Buch 2), S. 78
2. Székely, *Das Evangelium der Essener* (Buch 4), S. 272
3. Ebenda, S. 272 ff.
4. Neville, *The Power of Awareness* (Marina del Rey, Kalif.: DeVorss Publications, 1961), S. 10
5. Neville, *The Law and the Promise* (Marina del Rey, Kalif.: DeVorss Publications, 1961), S. 14
6. Lutherbibel mit Apokryphen, revidierte Fassung von 1984, »Das Evangelium nach Johannes«, Kap. 16, Verse 23–24
7. Neil Douglas-Klotz, *Prayers of the Cosmos. Meditations on the Aramaic Words of Jesus* (New York: Harper San Francisco, 1994), S. 86 f.

KAPITEL 8: DIE WISSENSCHAFT VOM MENSCHEN

1. Fred Alan Wolf, *Parallele Universen. Die Suche nach anderen Welten.*
2. Glen Rein, Mike Atkinson und Rollin McCraty, »The Physiological and Psychological Effects of Compassion and Anger«, *Journal of Advancement in Medicine* 8, Nr. 2 (Sommer 1995), S. 87–103
3. Ebenda
4. Székely, *Das Evangelium der Essener* (Buch 2), S. 98
5. Ebenda, S. 95
6. Lutherbibel mit Apokryphen, revidierte Fassung von 1984, »Das Evangelium nach Markus«, Kapitel 11, Vers 23
7. Hans Jenny, *Cymatics: Bringing Matter to Life with*

Sound, Videokassette (Brookline, Mass.: MACROmedia, 1986)
8 Neville, *The Law and the Promise,* S. 13
9 Székely, *Das Evangelium der Essener* (Buch 4), S. 272
10 Ebenda, S. 273 ff.
11 Ebenda, S. 256
12 Székely, *Das Evangelium der Essener* (Buch 3), S. 201
13 Székely, *Das Evangelium der Essener* (Buch 2), S. 99
14 Glen Rein und Rollin McCraty, »Modulation of DNA by Coherent Heart Frequencies«; Protokoll der Third Annual Conference of the International Society for the Study of Subtle Energies and Energy Medicine, Monterey, Kalif., Juni 1993
15 Vladimir Poponin, »The DNA Phantom Effect: Direct Measurement of a New Field in the Vacuum Substructure«; unveröffentlichter Bericht, Institute of HeartMath, Research Division, Boulder Creek, Kalif.
16 Székely, *Das Evangelium der Essener* (Buch 2), S. 77
17 Poponin, »The DNA Phantom Effect«

KAPITEL 9: HERZEN HEILEN NATIONEN
1 Székely, *Das Evangelium der Essener* (Buch 2), S. 77
2 Glen Rein und Rollin McCraty, »Modulation of DNA by Coherent Heart Frequencies«; Protokoll der Third Annual Conference of the International Society for the Study of Subtle Energies and Energy Medicine, Monterey, Kalif., Juni 1993, S. 2
3 *The Gospel of the Nazirens,* hrsg. und mit historischer Dokumentation wiederhergestellt von Alan Wauters und Rick Van Wyhe, »Prologue: The Historical Context« (Arizona: Essene Vision Books, 1997), S. XXVIII–XXIX

4	Székely, *Das Evangelium der Essener* (Buch 2), S. 99
5	Ebenda, S. 77
6	»When to Jump in: The World's Other Wars«, *Time*, 19. April 1999, S. 30
7	Matthew Bunson, *Prophecies: 2000. Predictions, Revelations and Visions for the New Millennium* (New York: Simon & Schuster, 1999), S. 31
8	Ebenda, S. 30 (Anm. d. Übers.: Rückübersetzung aus dem Englischen)
9	Ebenda (Anm. d. Übers.: Vgl. Anmerkungen 7 und 8)
10	Bunson, *Prophecies: 2000*, S. 31 (Anm. d. Übers.: Nostradamus wird hier nach Bunson zitiert; in die dt. Nostradamus-Ausgabe wurde diese Textstelle offenbar nicht aufgenommen.)
11	Ebenda, S. 35
12	Ebenda, S. 38
13	Richard Laurence, Übers., *The Book of Henoch the Prophet*, Kapitel LI, Vers 5 (San Diego: Wizards Bookshelf Secret Doctrine Reference Series, 1983), S. 58
14	Robert Boissiere, *Meditations with the Hopi* (Santa Fe: Bear and Company, 1986), S. 113
15	David W. Orme-Johnson, Charles N. Alexander, John L. Davies, Howard M. Chandeler, Wallace E. Larimore, »International Peace Project in the Middle East«, *The Journal of Conflict Resolution* 32, Nr. 4 (Dezember 1988), S. 778
16	Michael C. Dillbeck, Kenneth L. Cavanaugh, Thomas Glenn, David W. Orme-Johnson, Vicki Mittlefehldt, »Consciousness as a Field: The Transcendental Meditation and TM-Sidhi Program and Changes in Social Indicators«, *The Journal of Mind and Behaviour* 8, Nr. 1 (Winter 1987), S. 67–104

17 Orme-Johnson u.a., »International Peace Project in the Middle East«, S. 781
18 Ebenda, S. 782
19 »Maharishi Effect: Increased Orderliness, Decreased Urban Crime«, *Scientific Research Programs: A Brief Study of 500 Studies,* Maharishi University of Management Press (Fairfield, Conn., 1996), S. 21
20 Orme-Johnson u.a., S. 782
21 Burton L. Mack, *The Lost Gospel. The Book of Q and Christian Origins* (New York: Harper San Francisco, 1994), S. 87
22 Székely, *Das Evangelium der Essener* (Buch 2), S. 77

Gregg Braden
Im Einklang mit der göttlichen Matrix
Wie wir mit Allem verbunden sind
Tb., 256 Seiten
€ 9,95
ISBN 978-3-86728-021-1

Gregg Braden verknüpft in seinem neuen Werk Spiritualität und Wissenschaft auf eine vollkommen neue Art. Er erklärt die Zusammenhänge der Matrix, die schon Max Planck als »Urgrund der Materie« identifizierte. In dieser Matrix des Lebens spiegeln sich alle unsere Überzeugungen und Einstellungen wider. Lassen auch Sie sich von der Matrix faszinieren, und lernen Sie so, die Botschaften des Lebens leicht zu verstehen und umzusetzen. Das Besondere an diesem Buch ist: Sie brauchen kein physikalisches Fachwissen. Der Autor erklärt auf verständliche Art, wie Sie mit der Matrix im Einklang leben können, um Ihre Wünsche und Ziele zu verwirklichen.

Gregg Braden
Fractal Time
Das Geheimnis von 2012 und wie ein neues Zeitalter beginnt

gebunden, 288 Seiten
€ 16,95
978-3-86728-087-7

In alten Weisheitstraditionen dachte man sich die Zeit als gigantische Wellen, die durch das Universum rollen. Ende des 20. Jahrhunderts erkannten auch die Wissenschaften, dass selbst die komplexesten Dinge der Natur letztendlich aus einfachen Mustern bestehen – aus Fraktalen –, die sich in vorhersehbarer Weise wiederholen.
Der visionäre Wissenschaftler und Bestseller-Autor Gregg Braden verbindet die neu entdeckten Gesetze der Fraktale mit dem alten Bild der Zeitwellen und leitet daraus ab, dass alles – von der Art, wie wir altern, bis zu den Kriegen zwischen Nationen – einfach wiederkehrende Wellen unserer Vergangenheit sind, die mit jeder Rückkehr stärker werden. Entdecken Sie, welche Geheimnisse diese Sicht unserer Zeit offenbart und was auf uns zukommen wird, wenn der 5000-jährige Zeitzyklus des alten Maya-Kalenders am 21. Dezember 2012 zu Ende geht.